新 CHEERS

与最聪明的人共同进化

HERE COMES EVERYBODY

CHEERS
湛庐

在世界上
找到
你的位置

YOUR TURN
HOW TO BE AN ADULT

[美]
朱莉·利思科特-海姆斯 著
Julie Lythcott-Haims

叶壮 译

浙江教育出版社·杭州

你知道如何做成年人吗？

- 现今世界，成年有五个标志，分别是完成学业、找到工作、离开父母、结婚、生育，这种说法对吗？（　）

    A. 对

    B. 错

- 在职场上收获有意义的人际关系的概率大吗？（　）

    A. 大

    B. 不大

- 自制力可以后天增强吗？（　）

    A. 可以

    B. 不可以

扫码激活这本书获取你的专属福利

扫码获取全部测试题及答案，顺利进入成年赛道。

扫描左侧二维码查看本书更多测试题

YOUR
HOW TO BE AN ADULT
TURN
前 言

你的成年，可以有备而来

> 我们都已长大。
> 可长大从何时开始，又会怎样结束呢？

——美剧《实习医生格蕾》中格蕾的台词

我的上一部作品《如何让孩子成年又成人》探讨了父母如何在无意间，因为做得太多、管得太细，而剥夺了孩子的能动性与抗挫力。甫一出版，便有出版社致电，建议我针对刚刚迈入成年期的年轻人再写一本书。我欣然同意。我很高兴出版界的同人对我多有抬爱，深有认同。

过去 10 年间，的确流行着这样的说法：年轻人还没做好长大的准备，就已经到了成人的年纪。在每个人身旁，从媒体发声，到名人表态，从七大姑八大姨的闲言碎语，到年轻人自己爱用的表情包、段子梗，处处都是对于"成长的彷徨"这一话题的纷杂讨论。我把这些信息钻研了个遍。我还试图融入那些满是段子和吐槽的世界，看看能不能提供一些有益的新

YOUR TURN: HOW TO BE AN ADULT
在世界上找到你的位置

知。但令人抓狂的是，我屡战屡败。我被这个话题生冷地拒之门外，陷入迷茫：我凭什么对别人的生活指手画脚？我该怎样阐释这样一个宏大的主题，又照顾到每个读者的个体需要？这一拒就是 3 年，我一直没能写出你此时正在读的这本书。这 3 年里，我不断尝试、不断失败，与此同时，对当下年轻人的刻板印象和闲言碎语愈发甚嚣尘上。

我思考良久，想把与成年这个话题相关的林林总总串联起来；我希望尽己所能，以谦恭而好奇的心态好好观察这代年轻人，不管他们是否正处于迷茫之中；我还深刻内省，作为本书作者的我，究竟能嘱托读者些什么。最终，我决定，为了把这本书写好，放下关乎这一既重要又常见的话题的所有伪装，从直面自身的短板开始。我并不比你更聪明。我也曾崩溃过、悲伤过、恐惧过、困惑过、担忧过、羞愧过。我希望能帮助大家找到自己的生活之道。我深信，我们大家都会好好的，本书就是基于这一理念写出的。

我写的不是陈词滥调的"成年生活"。我写的，是你自己的成年。我会努力屏蔽掉外界的干扰、既有的成见和长篇累牍的废话，力求从我自己的亲身经历中给大家总结出一些我认为可能有用的想法。我会假装你就是我曾教过的一个学生，与我在咖啡厅偶遇，跟我讨点人生建议；或者假装你是我家某个年轻晚辈，一时冲动，决定向我倒倒苦水。不管我在书中写了什么，它都不该超越你自己的希望、恐惧、计划与梦想。我甚至希望你能在阅读的时候，怀揣着它们，别放下。

真的，一样都别放下。

书中已涉及很多内容，但你若能跟朋友、长辈和导师进一步聊聊这些话题，益处会更大。这样一来，你不仅能在阅读中获益，更能从最了解你的人那里收获爱与支持。毕竟，他们或多或少地参与了你迈向成年的历程。而且，他们自己本就是过来人。你大可以用一周或者一个月时间来深入探究一个章节，与他人分享你的所思所感，也可以听听他人的意见，并从中汲取养分。你甚至可以放下顾忌，敞开心扉，把自己的恐惧与顾虑表达出来，去观察、探究和理解自身的这份脆弱。这意味良多。让我们承诺互相支撑，让我们承诺为每个人希望获得的成长尽一份力。没有谁注定孤独前行。

如果你觉得这很酷，那就让我们开始吧！

YOUR
TURN
HOW TO BE AN ADULT

目 录

前 言 你的成年，可以有备而来

引 言
社会对成年的定义正在更新 - 001

第 1 章
成年人，就要拥有独当一面的能力 - 009
 独当一面的恐惧与快乐 - 013
 让"成人意识"觉醒 - 017

第 2 章
法则 1：拥抱不完美，从试错中学习 - 033
 "完美"的成长陷阱 - 034
 "成长型思维" - 039
 在工作中越挫越勇的 13 种方法 - 044

第 3 章
法则 2：培养好品行，与周围世界共赢 - 061
 你的品行决定了世界回应你的方式 - 062

坚持做 3 件事塑造好品格　　　　　　　　　　- 065
　　好人品的 16 条准则　　　　　　　　　　　　- 069

第 4 章
法则 3：勇敢做自己，取得人生掌控力　　　- 079
　　不在别人期待的角色中表演　　　　　　　　- 080
　　找到自己的人生定位　　　　　　　　　　　- 082

第 5 章
法则 4：走出舒适圈，激活充满动力的自我　- 101
　　会阻止你勇往直前的事　　　　　　　　　　- 103
　　从成长经历找到你困顿的原因　　　　　　　- 106
　　你可以选择手电筒指向何方　　　　　　　　- 110

第 6 章
法则 5：掌握社交规则，建立和维护你的圈子　- 131
　　开始和陌生人说话　　　　　　　　　　　　- 132
　　职场关系，不要止步于客气　　　　　　　　- 137
　　社群关系，找到联结对象　　　　　　　　　- 138
　　邻里关系，值得花点时间　　　　　　　　　- 140
　　导师，帮你照亮前路　　　　　　　　　　　- 142
　　友情，让你更健康　　　　　　　　　　　　- 144
　　抓住与他人联系的机会　　　　　　　　　　- 145
　　深度人际互动的秘诀　　　　　　　　　　　- 147
　　如何经营长期关系　　　　　　　　　　　　- 149

目录

第 7 章

法则 6：学会管理钱，让钱为自己服务 — 165

　　学会花钱和理财 — 166

　　了解点宏观经济 — 170

　　为人生的最后几年留够资金 — 173

　　财务平衡的方法：赚钱、花钱、存钱 — 177

　　让基金增长：复利的魔力 — 181

　　学会控制你的钱 — 183

第 8 章

法则 7：照顾好身心，让自己良性运转 — 197

　　知道如何让自己保持好状态 — 198

　　顺应你的情况 — 201

　　18 招，教你把自己照顾好 — 212

第 9 章

法则 8：在困境中破局，激发你的心灵韧性 — 235

　　大学毕业那年，我经历了一场地震 — 237

　　如何面对亲人离世 — 242

　　12 步，在绝境中求生 — 251

第 10 章

法则 9：建立使命感，投身于社会责任 — 265

　　让使命感激发责任感 — 266

　　5 步，推动世界变得更好 — 270

第 11 章
聚合超能力，在世界上找到你的位置　- 281

将正念根植于内心的 10 个方法　- 283

12 件充满善意的人生小事　- 287

值得感恩的 10 件事　- 295

结语
在成年生活中闪闪发光　- 309

附　录　迈向成年的思考题　- 319

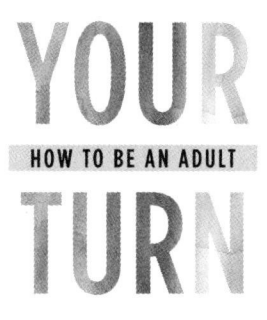

引 言
社会对成年的定义正在更新

> 我这一生呼之欲出，
> 却对年轻之外一无所知。

——蓝色少女合唱团演唱歌曲《弗吉尼亚·伍尔夫》的歌词

当你读到此文时，我已走过了人生之路的一半，我的那些青春往事，只能在后视镜中向我挥手作别。那些我曾经在拍照时竭力掩饰的皱纹，如今在我的每张照片上都格外显眼。我以前会拔掉的灰白头发，如今已经布满我的头顶。我的那些校园运动衫越穿越软，上面的洞也是从无到有，又从有到多。我知道自己正在走向衰老，但我始终在做我自己。而且我知道，你也是同样在做你自己。

做自己，多酷啊！

你可能会以为，所谓成年，便是该交税就交税，并且费尽心思弄清楚工作中的种种福利待遇。但如果你以为成年的生活仅仅如此，那就大错特错了。的确，这些东西是成年生活的一部分，但这就好像说高中生活只是进班上课、找到属于你的储物柜一样。

往大处想想吧！成年生活无法被罗列成一个又一个的具体细节。做成年人，意味着达到了某种心智状态，明白了究竟怎么做才能锻造出属于你的成年自我。其中一部分是"想做什么"，一部分是"不得不做什么"，一部分是"如何去做"。而最难的则是你自己不得不亲力亲为。不过，你身边每一个成年人都经历过这一切。他们能搞定，你也没问题。

我希望跟你谈谈，"成年"这个话题为什么在当下显得那么复杂，又不招人待见。也许你父母那代人展现出了太多的压力和焦虑，而你看着他们，难免从心里发出"喊"的感叹，心想有谁会想做成年人呢。也许，因为在学校和家里你都没法学到一些基本的生活技能，所以那些上了岁数的人以为你会的东西，你其实都不会，这让你感觉自己像个白痴。也许，你的父母跟超级英雄一样，一到关键时刻就挺身而出，事无巨细地帮你打点到位，所以你并没有什么机会来练习如何应对混乱的局面，以及处理糟糕的情绪。也许，当超级英雄的其实是你的某个朋友，他似乎已经完全走在了"成人世界"的正轨上，而你却难免自我责难，抱怨自己为什么没他走得远。可能的原因不胜枚举。

但容我先停下来说一句，所谓"正轨"纯属胡扯。我敢向你发誓，成年的过程中绝没有什么轨道、什么路径、什么按部就班的计划，没有什么你一定要坚持不能错过的东西。生命如此宏大与深邃，没有哪条赛道能够一览它的全貌。生命的宽广，一如太平洋、落基山脉、蒙大拿州的高原、艾奥瓦州或路易斯安那州的广袤田野，还有芝加哥、亚特兰大或纽约这种大城市里错综复杂的建筑与人流。你要决定去向何方、如何实践，以及怎样对准目标不偏航。你还会有同行的旅伴，也就是那些你选择与之共度一生的人。但你还是要规划属于你自己的道路。如果你想体验生命的鲜活，你就要验证自己的选择，并不断修正。

英语中的 adulting（做成年人）是个由"千禧一代"发明的新潮词。[①] 不过"做成年人"这个概念一直都是人生的重要命题。20 世纪的心理学家就提出了成年的五个标志，排序为：完成学业—找到工作—离开父母—结婚—生育。这种老观念一直钳制着你们这一代人。可现如今的世界与提出这一定义的年代已经大不相同。

先说完成学业。如果你能活到 100 岁，为什么要在 18 岁或者 22 岁时完成学业呢？如今我们都知道，无论是为了掌握一套全新的技能，还是为了通过终身学习受益，在人生的最后几十年里还能重返校园，那才是件伟大的事儿！

再说找到工作。当然，你得想办法支付账单嘛！这没毛病。但你可跟你的曾祖父母不一样，你的曾祖父很可能一辈子只有一份工作，你的曾祖母的工作很可能只是照顾家庭，而你在自己的一生中，没准会有很多份工作。当代的职业生涯发展不同以往，几乎有着无穷无尽的可能性。从概念上讲，"找到工作"属于成年人定义的一部分，但更好的说法，其实是"以某种方式养活自己"。

[①] 出生于 20 世纪末（2000 年），在跨入 21 世纪以后成年的"千禧一代"，为了表达他们在成长中的彷徨，将名词 adult（成年人）当作动词使用，由此衍生出了动名词 adulting，这个词成为近年来美国社交媒体平台的热门话题标签。——编者注

接下来，我们说说离开父母家。就算你想离开，你也不一定能立刻做到。经济大环境可能让你没法在你长大的城镇独立生存。在很多文化中都有几代人共同生活的现象，只要每个人都能各司其职、与家人和谐共处便行得通。这其中，"各司其职"才是关键。指望你离开父母家可能并不现实，但所谓成年人，还是该为自身行为负责，在一个你能称之为家的地方享受自由与独立。

最后说说结婚生子。当然，在这方面"千金难买我愿意"。你可能会一直单身且没有子女。你也可能拥有伴侣，你们可能会有孩子，当然也可能没有。你甚至可以有子女，却没有伴侣。结婚与生育，都不再是对成年人的硬性要求。所有这些都是选择而已，完全取决于你个人。而在这些方面的选择，并不能对你是不是个成年人产生丝毫影响。除非你在这方面有一条自我认同的绝对标准，那我无话可说。但结婚生子，的确不是迈向成年的必备前提。

为了更多地了解"做成年人"这一话题，我跟我的孩子和他们的朋友讨论过成年人的定义，他们当时十八九岁或二十多岁。在与他们一起吃了一顿午餐后，我们坐在房子前的院落里，好好地聊了聊。如下，便是我从他们那里获悉的关于"成年人"的标签：

- 由你说了算。
- 你能意识到自己可以做任何想做的事，并承担后果。
- 独立比什么都重要。
- 走在街上时，有那种走到哪里都由你掌控的感觉。
- 能自己做决定。

引　言
社会对成年的定义正在更新

- 会做饭。

- 购物是做成年人的重要一环。在店里选那些自己想吃的东西。由你自己来考虑购买的食物有没有营养。你可以一辈子只吃糖果，但这辈子估计会过得既短暂又痛苦。你想吃什么就能吃什么，但后果要自己扛。

- 知道自己不必做什么。我上大学的第一天知道学校次日安排了迎新会，我当时根本就不想参加，所以我跟着一群玩朋克摇滚的家伙去了电台。我跟他们说："我才不想大清早 8 点就起床，还得做一张傻儿吧唧的海报！"他们所有人都跟我说："不想做就不做！"我回应他们："太酷了！好棒！我不用非得做！"

- 做成年人就是拥有一定水平的实际能力，不然至少也是拥有一定水平的规划能力。

这些孩子和他们的欢声笑语一度充斥着院子的每个角落，但在他们各奔东西之后，一切又归于沉静。纵然我对他们能去任何自己想去的地方非常欣慰，我依然分外想念他们。尽管他们口口声声说"想吃什么就能吃什么"，但只要他们来看我，就只能吃我给他们做的饭。

不过，在美国的政策与法律中，还有一些以年龄界定的"成年人事务"。让我们大致了解一下：

- 18 岁：可以为国参战，甚至为国捐躯。
  可以创建一个自己的爱彼迎账户。
  可以投票。
  可以不经父母同意就结婚。
  从法律的视角来说，要为自己的行为负责。

- 21 岁：可以喝酒、抽烟。
- 25 岁：可以租用机动车。（大脑恰巧也是在这个年龄发育完全。）可以竞选议员。
- 30 岁：可以竞选参议员。
- 35 岁：可以竞选总统。

不同于这些白纸黑字的行为指标，在非洲的马拉维，一个叫威廉·坎宽巴（William Kamkwamba）的 14 岁少年，为了让村民们不再挨饿，造出了一架发电风车。巴基斯坦西北部地区的一个名叫马拉拉·优素福扎伊（Malala Yousafzai）的女孩，则走进校园求学，还致力于帮助其他女孩获得受教育的权利。这些例子难道不够说明当事人"成年了"吗？就读于马萨诸塞州格罗顿中学的一个 16 岁高中生在跟我交流时，认为自己现在憋在一个人迹罕至的林中学校，简直就是荒废生命。但我告诉他，别拿自己跟任何其他人比。"梭罗就是在树林中学习的，"我提醒他，"总有一刻，你能走出树林，找到人生的意义。"

本书既不打算论证上述一些法规条文的荒谬，也不打算长篇累牍地讨论那些年纪尚小便不顾一切的特例。无论你当下手头在做什么，这都是一种对你进入成年后享受自由、承担责任的召唤，并无高低贵贱之分。成年人的定义应该适用于每个个体，也应当能经受时光变迁的挑战，更应经得起不断变化的社会规范与宏大经济力量的考验。于是我想：**人生始于婴儿期，完全依托他人的照料；人生终于衰老期，在去世前也完全依托他人的照料。在这两端之间那些甜蜜的岁月，便是人的成年时光。**如果你够幸运，这段时光就不会太短。除非有严重的残疾，否则我们都有照顾好自己的能力。这差不多就是我所认为的"成年"。

引　言
社会对成年的定义正在更新

我深知你希望拥有完美的成年生活，但你却可能在认知何为成年时遭到了误导。所谓的人生赢家，并不是指考上某所名校，或者从事某份工作、某种职业，更不是拥有多少财富。它与尽善尽美的人生无关，与卓尔不凡的成就无关，与来自众人的仰慕亦无关。有的人会拿这些有的没的的标准当作衡量你人生的终点线，但你可千万别当真。因为根本就没有什么所谓的终点线。什么样的工作最值得推崇？你花了时间与心思，挖掘出了自己独特的兴趣和才能，并选择在这一领域深耕不辍，不断进步，日臻完美——这种工作，最值得推崇。还有一件事，比工作更重要，那就是如何与人相处。研究证明，在生命历程中，如果你有幸拥有几个真正了解你的人，无论发生什么，他们都会爱你、支持你，而你也会对他们报以同样的态度，那你就是最幸福的人。

没有一份清单能够总结出成年人该做的所有事情，做一个成年人需要过程，一步一个脚印，循序渐进。其间，你需要对很多相互排斥的东西加以平衡。关乎这部分的林林总总，到本书的终章，我们会谈及很多，但挂一漏万，恐怕还有很多内容没有提及。成人化心智的一个方面，便是让自己更能适应未知的状态，在混沌中摸索，继续前行。你自然而然地就能成年，但过程可能会很曲折。

甚至，你有时候还会渴望重回童年，虽然不至于回到要换尿布或者玩过家家的那个状态，但起码还想感受到自己被照顾。虽说海阔凭鱼跃，天高任鸟飞，但在这一切都有可能的广阔天地间，你要自己照顾自己，这是不是也有点让人害怕？没错。但就算是怕，你自己也打心眼儿里想去做。如今，你要学会究竟该怎么做。迈向成年的道路，该你踏步而上了。

做成年人的故事常讲常新，我是最新的讲述者，你是最新的听众。之所以要一直把这些故事讲出来，就是因为所有人都要从中汲取灵感，学会生存。在你成年之前，没有人知道你该如何长大。纵然伴随着糟心事和恐惧感，你依然要随机应变，继续成长。我自己有的时候也会害怕，那时，我会看看萌萌的小动物来减压。但无论你我，都能征服恐惧。当你再度感到恐惧，你也能再度战胜它。你没问题！

有这样一个基本的真相，我深信不疑，那就是：成年有的时候也挺让人开心的。我敢跟你打个赌——你一定会想做成年人。

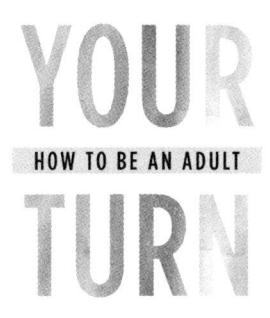

第 1 章

成年人，就要拥有独当一面的能力

> 只要看一季青春偶像剧，
> 再与其中的主角行为反着来，就成了！
>
> ——美剧《富家穷路》中大卫的台词

1994 年的夏天，我接到了一个令我永生难忘的电话。

当年的 6 月初，我刚从哈佛大学法学院毕业。接下来，我又用了 7 周时间，紧锣密鼓地准备加利福尼亚州律师执业考试，这可是我一生中参加过的最难的一次考试。同年 8 月，考试一结束，我就和我的丈夫丹一起，把之前在坎布里奇公寓里的一大堆东西统统装箱运往加利福尼亚州。我在加利福尼亚州谋到一家律师事务所的职位，需要 10 月到岗。打包行李很是乏味，我们干得手忙脚乱。在波士顿这么久，我俩一直住不习惯，所以总想着回到加利福尼亚州，难免归心似箭。当年我们在那里相遇相知，爱上了彼此，也就对那里爱屋及乌了。

我俩婚后的第一个居所就是坎布里奇公寓，可"已婚夫妇"这个概念对我们而言其实并没多大意义，因为在结婚前，我们已经同居了几年。老一辈却总爱强调："你们现在可是结了婚的人啦！"好像一个仪式就改变了我俩之间的一切似的。结婚在我俩眼中，只导致了一点不同：别人会因此将我们绑定，看作一个不可分割的整体。我们是不同人种间的结合，而彼时又是20世纪90年代，所以人们的目光会再多一分异样。这意味着我可能会说出这样的话："不好意思，他真是我老公。"而丹有可能以他更温和的态度讲："啊，没错，我俩是一块儿的，这位是我的妻子。"结婚也意味着我俩一起回我家时，我的母亲终于能允许我们睡一屋。

终于，在1994年8月，向搬家货车司机挥手作别后，丹和我在空荡荡的公寓中度过了最后一晚，随后登上了一架从波士顿飞往科德角附近的玛莎葡萄园岛的小飞机，去拜访住在那里的刚退休的父母。在20世纪90年代，他们一直在纽约过着忙忙叨叨的日子，直到我72岁的父亲被诊断出患有转移性前列腺癌。这个年龄查出来这种病，往往意味着癌症已经发展到了晚期。后面几年，他一开始的状态还不错，但到了1994年，每天奔波于大城市的日子已经让他很是疲惫。因为不知人生路还剩下多少能走，他和我母亲毅然决定把那些所谓的重要工作与繁忙日程全然抛下。他们卖掉纽约的居所，在玛莎葡萄园岛上靠近塔什穆湖的林地中买下了一栋特别棒的房子。他们隐居的房子就在泥土路旁的树林中，老两口养养花、种种菜、喂喂鸟，晚上就窝在躺椅上，父亲看看球赛，母亲玩玩填字游戏。

我们的行李正在大货车上横跨全国，而丹和我就躲在这个世外桃源。我们白天跟父母一起出门，在橡树崖、奇尔马克镇和岛上其他古色古香的小镇里闲逛。到了晚上，每天都能享受到母亲做的拿手家常菜，还能全家人一起看电视，随后就是整夜的安眠。那段日子不仅是和父母共度的美好时光，还让我能以更冷静的状态去面对父亲来日无多的事实。

在父母家的客房里，我和丹紧紧依偎在一起，都不作声，很快就能进入梦乡。有一天晚上，我们突发奇想，如果我们在这个岛上一起过着慢节奏的生活，会怎样？丹什么都能干。他既博学多才，又与人为善，还是个能工巧匠。而我作为一个更爱与人打交道的热心肠，可能会去海滩卖卖炸蛤蜊或者T恤。随后，我们的思绪进一步飘远。也许，我们该开家小旅馆，接待夏天来这里度假的游客，在另外8个月的淡季中，我们就好好放松，过那种慢节奏的生活。但我们总是以一声带着渴望的叹息结束话题。当时的丹25岁，我26岁，又刚从数一数二的法学院毕业，慢节奏似乎不太适合我们当时的年龄与人生阶段。

如今回顾起来，我想说，刚刚搬离波士顿，就在我父母的退休生活中着陆，时机着实不对。虽说我们与这种生活的交集并非昙花一现，法学院的求学生涯也只是一段生命旅程，丹和我当时设想的生活始于加利福尼亚州，而且注定要终于那里，我俩对此深信不疑，可我俩当时毕竟只是二十来岁的年轻人，正贸然冲进自己余生的广袤风景。父亲的健康状况，应该改变不了我们自己的生活，不是吗？

如果你发觉，我在回忆往昔时有那么一丝遗憾，那很可能的确如此。今天的父母与他们成年的子女更可能拥有亲密的关系，而且是那种时常联系，总有挂念的亲密。但在我成长的年代，年轻人远离家庭可太常见了。事实上，我父母和我所有的兄弟姐妹之间也都如此。除此之外，我在童年时期跟着父母搬过7次家，上大学的时候他们还搬过一次，这之后才最终搬到玛莎葡萄园岛。我曾想在加利福尼亚州扎下根来，不想再过漂泊的生活了。

在离开玛莎葡萄园岛飞往加利福尼亚州之前的某个晚上，我决定在晚餐前检查一下自己的语音信箱。我收到一条来自搬家公司的留言，让我赶快回电。我把电话打过去，又把名字报给接线员。当她把我的电话转出时，我不禁玩味起我的"奇葩"新姓氏。我和丹·海姆斯一起给我俩编了个新的连词姓氏"利思科特－海姆斯"，当时的我还没能适应。结婚两年了，"成年已婚女性"仍是我要努力去扮演的一个角色。

电话打完，我使劲咽了咽口水，转身面向丹和我的父母。"是搬家公司的电话，"我对着餐厅里的家人们说，"装咱家行李的卡车在得克萨斯和俄克拉何马交界的地方起火了。情况不妙，但也不知道会不妙到什么份上。搬家公司会把咱家的所有家当卸在奥克兰附近一个叫圣莱安德罗镇的地方，那儿有个仓库。咱们过几天再给他们打电话，定一下什么时候去看看情况。"想象着我俩的东西可能被烧光，我的声音也越来越小。随后我紧闭双唇，扬起眉毛，摆出一副"还能怎样"的表情，因为我想表现得泰然自若，也希望自己能勇敢起来。丹的脸上带着同样的表情，向我靠过来。我俩短短地抱了一下，但是这一下抱得很紧。我父母也过来抱了抱我们。随后全家人还是坐下来吃饭，母亲一如既往地给我们盛饭盛菜。

不幸中的万幸，我所供职的律师事务所为这次搬家投了保，所以我们很可能会将衣物、家具和电器换新，而且多亏我们算是中产，碰到这种不幸，也起码有父母来提供一系列基本保障。所以，这不是一个关于苦难和悲痛的卖惨故事。但我当时毕竟刚刚结婚，有很多无法被替代的东西，比如我和丈夫异地恋时写给彼此的情书，都在那辆卡车里。得知搬家的卡车起火，我第一次感到自己正迈向成年。要知道，婚礼都没给我带来这种感觉，那只是我穿着一件蓬蓬的礼服参加的一场大派对罢了。律师考试也没给我这种感觉，那只是一场难一点的考试罢了。就算是承担律师事务所的工作，也只是在某种程度上督促我扮演起成年人的角色。但这件意想不到的倒霉事，却让我意识到我必须独自面对，这一刻让我真真切切地意识到，自己已然是个成年人了。我的意思是，我父母在听我转述电话内容之后，的确向我表达了同情与宽慰，但他们的眼神中没有流露出一点打算出手处理的意味，而我其实也不觉得他们应该出手。我当然希望有人能站出来搞定这桩麻烦事，但你知道吗？这个人并不存在。我们四个人都心知肚明，这就是我和丹的事。而且我也知道我们能处理好，最起码，我们会尽最大努力去尝试处理好。我俩不再是小孩，也不想被当成小孩。能意识到这一点其实挺好。嗯，这是一桩破事！但不管怎么说，这是我们的破事。

就算你还没经历过这种能让你觉得"我知道我成年了"的事，它有朝一日也必然会出现。这件事可能糟心又可怕，会让你想要重回童年，由别人来接手搞定，再把你揽在怀中，好好保护。但你不能这么做。你会跟你自己说："天哪！大人们哪儿去了？"紧接着你又会意识到："哎呀！我不就是大人嘛！"随后，你便上前一步，直面困难。那些让你担忧恐慌的糟心事，只要扛过去，就能让你获得成长。一旦雨过天晴，你就没事了，跟当年的我一样。那些杀不死你的，都使你更强大。

独当一面的恐惧与快乐

独当一面就是你知道自己有责任去搞定某件事，而且你也很肯定自己会亲自动手。如果你是十几岁的少年或刚成年的青年，却不知道如何独当一面，那生活就是一场以一敌五的躲避球比赛，你会永远蜷缩在角落，紧紧抱头。或者有人出手，替你管理人生，那日子过得就像坐在看台上观摩别人演奏，你成了自己生活的看客。能看到别人替你挡球，甚至还能反攻，也许的确会让你松一口气，但在心理上，你的心智还是会如此反应："等等，打比赛的难道不该是我自己吗？"倘若你能成功地独当一面，生

YOUR TURN: HOW TO BE AN ADULT
在世界上找到你的位置

活就更接近一场势均力敌的比赛。你这把会赢上几分，没准下把会输上几分，但不管怎样，你都在稳步前行。

所谓独当一面，便是承担责任，躬身入局。这意味着你要勤于摸索。求职面试，租住公寓，备足药品，采买锅碗瓢盆，用千斤顶换轮胎，学会报税……你可以在摸索中解决问题，进而在摸索中获得成长，这远远好过衣来伸手、饭来张口，等着别人帮你事无巨细地处理好一切。独当一面也要"评估可选方案"。你要问问自己，你该做的是什么，自己有着怎样的能力，以及周边有什么能利用的资源和工具。随后，再从评估的过程中得出解决方案。解决方案通常并不完美，但至少是一条可以采纳的通路。

这里列出了一些基本原则，帮你在高中毕业后，梳理下一步该做什么。我对此的观点是，只学会做什么并不能让你真正成年，真正想要学着变成熟，还要懂得欣赏他人对你的期待，并激励自我去完成。

1. **注意照料自己并保持身体健康。**这包括与个人健康有关的一切事情，购买和烹饪食材，预约和咨询医生，租赁、购买或者建造一个安全而舒适的居所。这些都是你想照顾自己时需要自己考虑的最基本的东西。

2. **找一份能养活自己的工作。**不管你打算租房还是买房，你都需要一份说得过去的工作，更不用说你还得支付视频网站的年费了。你不但要从工作中获取酬劳，而且到了年底，还要填表退税。如果你不工作，你就养活不了自己。如果你不纳税，政府也迟早会找上你。所以这两件事，都得做。

014

3. **好好努力**。我们做父母的有时会跟孩子说:"凡事尽力而为。"但如果你仔细想想,这话的意思其实是"所有的事情都得尽全力做好"。我认识的人中很少有人真的能达到这种水准,起码我做不到。我们真实的意思应该是:"现实世界需要个人努力,你努力与否直接影响着你的生活。"你难免会栽跟头、碰钉子,有时甚至会把事情彻底搞砸。每当这种事情发生,你就需要处理好伤口,然后站起身来,再试一次。这其实就是你学习与成长的方式,也是你在面对不可避免的下一次挫折时,能变得更强大的方法。

4. **能做出自己的决定**。是不是要视天气增减衣物,出门是坐公交还是打车,买多少钱的洗发水,吃多贵的外卖,甚至是问问自己"今天该动身出差了,还是可以再等等""这份账单是不是收费太高了"……现在这些日常问题都需要你自己去解决,而非那永远爱着你却可能一直在唠叨你要做什么、怎么做的父母为你解决。这些细碎的问题不同于那些能改变人生的大问题,你得清楚其中的区别。希望你能处理好这些日常小问题,并在考虑更大的问题时能获得有效的建议与指导。

5. **与人为善**。不管你喜欢不喜欢,人际关系都无处不在。根据我的经验,有九成的人特别好打交道。好吧,其实只有三成,但肯定有六成是可以好好打交道的。能与他人和善有礼地沟通,并表达自我的诉求,是生存的关键。除非你选择在荒无人烟的地方避世独处,否则你就会发现,你要跟比你想象中更多的人好好合作才行。他们中有些人还是非常可爱的。

6. **有序规划和自己有关的事情**。从大衣、包、手机的选择,到日程安排与应尽义务,现在全靠你自己来保持有序规划。如果你在童年时期有过多次被救场的经历，比如，你忘了带作业、乐器或者运动器械但有人专程帮你送来，别人帮你搞定了日程上需要提前做的预约，有人替你填好了本应你自己填写的申请和表格，那在有序规划日常生活方面，你可能需要更多锻炼。但处理好这些事情，依然是你独当一面的重要组成部分，同时也是迈向成年的关键。所以，请不要逃避它，而是要拥抱它。

7. **想好再说，言出必行。** 当我在电脑上打出这些字的时候，我看到某位大学教授刚在社交平台发的一条感慨："如果你答应了来开会，那你就得在开会时出现啊！难道真有人不知道这么简单的规矩吗？"无论在职场、校园还是你的个人生活中，你对正式或非正式的邀约都应当予以回应，哪怕回应一个不怎么走心的"说不好"，也强过沉默以待。当然，含糊其词的回答仍然不见得有多好，毕竟人们想知道，大家对某次相约有没有达成共识。如果对方已经定下了日子，就要提前为这次相聚去买吃的和喝的，或是买票之类，他们当然想知道，你究竟来还是不来。不要说什么"反正我暂时也没别的安排"，这会让对方觉得如果有比他们更值得一见的人，你就会食言不来，所以难免会冒犯到对方。直接拒绝对方当然也是可以的。事实上，善于表达拒绝既能优化你的时间安排，又能保护你的心理健康。但只要你答应了，就要在日程表上记好，并准时赴约。对于有社交焦虑问题的人来说，约见他人也很有挑战。如果你的确因为突发情况无法赴约，一定记得提前发信息道个歉。倘若一时没法发信息，也要记得尽快补上。

8. **找到你的圈子，好好关心他们。** 你在某一阶段可能会构建一个小圈子，也许是一个小组织，也许是一个小团队，或者是一个小家庭，总之是有一些对你而言很重要的人在身边，你对他们好，他们也对你好。对于其中一些人，你甚至能决定毕生与其在一起。不管对方是谁，这些人都需要你能支持他们，一如他们也会支持你。这就意味着你有时得先把自己的兴趣与利益放在一边，转而去照顾他们的需求，让他们觉得更有安全感，生活更充盈。你可能会要一个孩子，当这个小宝宝降临世间的时候，他需要你百分百的全力呵护，而且在未来相当长一段时间里，他都离不开你的悉心照料与亲切关爱。

9. **规划你的未来。**不同于我们这一代"50 后""60 后"，你们这一代会有不少人能活到 100 岁。这段岁月可并不短，而你必须知道怎么把钱存下来，并能留到以后使用，才不至于一直上班上到 99 岁。其中最基本的方法是参加养老保险和医疗保险。更进一步是把钱投进股票、债券、房地产和其他投资项目中，比起把钱简简单单存起来，这些项目收益更高。

等等，做到以上这些就是独当一面了吗？当然还不够。在后续的章节中，我们会好好分析一下。

让"成人意识"觉醒

如前所述，3 年来，我一直纠结怎么写这本书。有一天，我正在这份焦虑的笼罩下翻阅邮件，在杂志、推销单和账单中看到一封手写了收件地址的信。一开始我很担心这是一封反对者批评我的信，写书的人难免会收到这种东西，而我出于自我保护的需要，往往不会自己打开来看。所以我让丹帮我读信。我满心忐忑地看着他撕开信封，拿出了一张纸。纸的两面满是潦草的字迹，这更让我害怕了。丹快速地扫视过信的前几段内容，然后笑着把那张纸递给了我。

原来这封信并非来自反对者，而像是随漂流瓶而来的一阵私语。信的作者克丽丝廷说，我的第一本著作，探讨过度养育危害的《如何让孩子成年又成人》引发了她深深的共鸣。"您讲的故事让我意识到我自己也还有没成熟的地方。"她写道。她还提到一些细节，以说明自己母亲就在过度养育："就在今天早上，为了能让我弟弟自己切香肠，我还跟我妈拍桌子瞪眼睛。他都 16 岁了！"克丽丝廷还问了我一个问题："也许我能怪罪爸妈不让我去拼去闯，他们之前不让我在雪天开车，现在还不让我开车上高速，但我自己随着年龄渐长，究竟该怎么为自己做主，去成长为更优秀的大人呢？作为姐姐，我又能做些什么来给弟弟当个好榜样呢？"

读完克丽丝廷的手写信，我兴奋得挥着拳头冲着丹大喊："这就是我要再写本书的原因！"我随后还把克丽丝廷的信拍下来，发给了我的编辑与助理。"嘿！为了克丽丝廷，我们要出本书！"不得不说，克丽丝廷给我带来了巨大的动力。她的这封信就是我等了许久的那临门一脚。

到了夏天，我给克丽丝廷打了电话。她在电话中向我介绍了一些自己的情况。她是华裔美国人，20 岁，刚刚在圣路易斯华盛顿大学读完大一，主修经济学。她家住伊利诺伊州的内珀维尔，最近正在离家不远的地方做些金融方向的暑期实习工作。我问她，为什么要写信给我。她说："有一段时间，爸妈能替我搞定大多数事情，我也乐得这样。但突然有一天，那种美好的感觉消失了，我感觉自己多了很多遗憾。"

在离开家之前，克丽丝廷的母亲从没教过她怎么做饭，这让她在大学生活的初期遭遇了不少麻烦，也成了她经历过的最大挑战。她也曾求母亲教自己做饭，但母亲并不认为这一技能当时对克丽丝廷来说有多重要，所

第 1 章
成年人，就要拥有独当一面的能力

以只是挥挥手让她走开。克丽丝廷不由得担心起自己的弟弟，如果他也缺少一些基本的生活技能，比如，不懂得为吃穿用度做规划，或者辨别不出哪些食材快要过期不能吃，那该怎么办？她还担心弟弟如果以后开始尝试独自生活，同样会因为缺少基本的烹饪技能，不得不靠速食比萨果腹。她能这么关心弟弟，我真的特别感动。

虽然克丽丝廷说自己还没完全成年，但她其实已经发觉自己身上觉醒了一种"成人意识"，并因此发生了一系列的改变。"一旦我处于'成人模式'，我不仅能在工作中好好做报告，还能把午餐安排得井井有条。"她甚至还从母亲那里接受了一项重要的家务：打扫卫生间。"能不在卫生间忙里忙外地打扫，真是太好了。"母亲跟她说。"可不是嘛！"克丽丝廷如此回应。我知道打扫卫生间不是大多数人做家务的首选起点，但我在此依旧真诚地祝福克丽丝廷一切顺利。

还有许多人不同于克丽丝廷，他们身处更加困顿的环境之中，比如童年时家境困难，不得不照料年幼的弟弟妹妹，父母失业、患病甚至离开人世，或者自己曾险些丧生于灾难或事故。这些境遇往往会让他们快速成长，但有时候，快得有些过了头。在这些困难重重的环境中，隐藏着这样一个秘密：你独立生活的能力可能变得更强！你很有可能会看着身边那些连你的一半都赶不上的同龄人，心里想着，你们可都成熟点吧！

可话说回来，我们不能刻意地等待发生什么可怕的意外，让我们站起来，掌控自己的生活。因为独立生活不仅是成年的要素，而且这种感觉真的很不错。如果生活中的大部分事务都由父母或其他监护人代劳，年轻人很可能会对自己处理事务的能力有所怀疑，心理学家将之称为"习得性无助"。

我们中的许多人，都要与那些保护我们免于独当一面的人保持距离，才能重获为自己拼搏的权利。为了我们的心理和身体健康，有一个很关键的点，就是我们要主动为了自己尽力去争取。无论面对什么挑战，所有人都天生地想去创造、处理、搞定和完善种种事务。一言以蔽之，我们要过属于自己的生活。

无论我们的个人能力和健康状况如何，当他人开始介入，并为我们做出决定，或者代替我们处理一些我们本可自己做好的事情，我们心中会油然而生一种不太好的感觉。这让我们觉得自己是条被拴着走的狗，或者像一台完美执行外界指令的机器人，甚至就是一具提线木偶。独当一面就是要毫不掩饰地挣脱这种束缚，就算没有人告诉你该怎么做，你也能自己做出选择，并承担结果。选择有好有坏，结果也有优有劣。能掌控自我，是一种人类学上的存在性体验。想象一下，有个小孩坚持要自己系鞋带，还大喊着："我自己来！"而一旁"乐于助人"的父母则努力试图参与进来。所谓独当一面，就是这一场景在小孩成年后的再现，就是其向父母表达"闪开，让我自己来！这是我的生活"的态度。

希望你能感受得到成年的召唤。加油干！靠自己！迈向成年的道路，该你踏步而上了。希望你对"做成年人"这类话题更有信心。

当你开始独当一面时，总会有一些永生难忘的"高光时刻"，就像我和丹处理搬家卡车的事一样，能让你知道自己正在投入地拼搏。而随着时间推移，你把自己照顾得越来越好，这些时刻就不再那么重要了，因为照顾自己已然成了你的日常生活。你的感觉从"我的天哪，我得自己拼一把"变成了"嗯，搞定了"。因为工作关系，我经常与年轻人交流，他们会跟我分享一些自己独当一面的例子。请容我列举如下 3 位。

第 1 章
成年人，就要拥有独当一面的能力

YOUR TURN: HOW TO BE AN ADULT 　我身边的故事

凯尔的故事：家庭的困境激发了他的奋斗

有一天，我收到了一封署名凯尔的电子邮件，他看了我以"如何在不过度管教的情况下培养出成功的孩子"为题的 TED 演讲，觉得有必要跟我聊一聊。凯尔告诉我，他 20 岁，父亲早亡，母亲又沾染了恶习，所以他在高中时就打 3 份工，妹妹则承担起照顾全家人起居的重担。"这逼着我卷起袖子开始工作，"他告诉我，"我当时产生了某种心态，而这种心态反过来又成就了我。今天我已经是一个小型非营利组织的创始人兼首席执行官。我们的组织希望能激励年轻人培养出我这样的好心态，进而改变他们身处的世界。"

我迫不及待地给凯尔打了个电话，好好听了听他的故事。

凯尔毕业于肯塔基州的贝利亚学院。但上大学并不是凯尔早就做出的人生规划。"就像是一场梦。"他说。有一位就学指导顾问来到他的高中，把所有家境贫寒的孩子集中到一个房间，跟他们说："有家大学，你们不花钱就能上。"凯尔和同学们一开始都不太相信，但他还是决定探一探虚实，便去参观了学校。结果发现，竟然是真的。就像每一个被贝利亚学院录取的学生一样，凯尔不必为上课、住宿、伙食支付任何费用，甚至还能免费得到一台笔记本电脑。可贝利亚学院决定接收他时，他还要做出一个比一般人想象的更加艰难的决定：到底去不去呢？如果去，那就是把烂摊子都留给了小妹妹去承担。"光回家就要花 3 小时在路上。我感觉很内疚，也觉得

021

自己很自私。一言难尽啊。"

凯尔跟妹妹的关系非常好。他们的父亲在凯尔 12 岁时死于黑色素瘤，这也是导致母亲沾染恶习的一连串创伤事件之一。在此之前，他们是一个完整的四口之家，在佛罗里达州过着幸福的日子。"在佛罗里达的时候，她可真是个好妈妈。当年有个大火的综艺节目叫《美国偶像》，只要晚上播这个节目，她就会叫上我爸、我妹和我坐在沙发上一起看，全家人一边看海选一边笑得前仰后合。每次我和我妹打了架，她会让我俩抱一抱。她还教过我，在别人找我麻烦的时候，千万别懦弱。"但在丈夫过世以后，凯尔的母亲因为承担不起住房的开支，不得不带着孩子们辗转搬回了自己与丈夫一起长大的地方——弗吉尼亚州的一座小城。这之后不久，凯尔的外公又去世了。她陷入了抑郁。"这之前没几年，她还因为遭遇车祸而长期服用止痛药，如今又失去了丈夫，身处一个不再熟悉的地方，还有两个孩子要照顾。"

凯尔的父亲每次离家外出时都会告诉他："你就是家里的顶梁柱。"这句话一直萦绕在他的耳边。为了维持生计，他去市场当打包工，还跟叔伯们一起下工地，一有空就去修剪草坪。做这么多，不仅仅是为了温饱，更是为了妹妹。她患有 I 型糖尿病，离不开药。凯尔本身也被诊断患有注意缺陷多动障碍，但为了省钱，他停了自己的药。

对于母亲的恶习，凯尔和妹妹的反应截然不同。"对我妹妹来说，妈妈清醒的时候是她最好的朋友，不清醒的时候是她最大的敌人。对我来说，我每天都只想让妈妈能撑到明天，因为我在心理上无法承担失去双亲的痛苦。"凯尔 16 岁的时候，他和自己的一个姨妈共同出钱，把母亲送去治疗。"那笔钱本来是我存下来上大学用的，但我们还是要先用在妈妈身上。"等到他18岁的时候，已经可以承担起家里一半的日常支出了。

我非常想知道，凯尔在需要倾尽全力才能维持全家人吃穿用度的情况下，怎么就决定了要去上大学。"人人都跟我说，我该读大学，"他告诉我，"我的指导老师这么说，我的家人也这么说。"但妹妹除外。在他出发去贝利亚学院的一周前，妹妹在走廊用双臂环抱住他，说："不要走。别丢下我不管。"凯尔欲言又止，我也没再追问，只是在沉默中陪伴着这位年轻人。我能听出来，他在压抑着自己的情绪。"这句话击垮了我，"他接着说，"天底下只有我妹妹会关心我饿不饿，会给我做晚饭。这时候离开，我肯定是打心眼儿里感到对不住她。况且，我还是家里的'顶梁柱'啊！我得照顾好妈妈和妹妹。"

但凯尔还是决定去深造。"是恐惧感让我迈出了家门，我害怕陷入与我妈同样的处境。从我个人的道德观出发，我的确做了一件错事，但这个决定后来让我的生活变得更好。毕竟有很多事，如果我当年没读书，如今也就不能做。我告诉自己，迈出了这一步，那可就是破釜沉舟了。"凯尔的话深深地打动了我。这不像是他这个年龄段的人常有的表达，听起来非常老成。

尽管凯尔的母亲在他高三快结束的时候被送去治疗，但康复进程并不顺利，后来她又复发了几次。不过如今，他母亲的状态已经越来越好。"康复疗程起了效果。但她毕竟复发过两次，我们不由得担心她到底能不能有所好转。好在现在她已经恢复得很好了，还有了工作，我真的特别高兴！"

凯尔在贝利亚学院主修工商管理与金融专业。他的信条是"进了五金店，就只买能解决问题的东西"。所以在他看来，自己的专业就是"挂在腰间的一种工具，是一把能帮我造出房子的锤子"。利用专业知识，他开创了几家机构，来帮助那些像他一样长大的孩子。凯尔不仅为自己奋斗，也为家人奋斗，甚至在为更多需要他的人奋斗。

利维的故事：选择早一步自立

几年前的一个夏天，我在叫车时碰见了利维。当时，我们一家子，包括丹、我、我家两个十七八岁的孩子索耶和埃弗里，刚在塔霍湖度过了非常棒的一周假期。原本开上 4 个多小时的车，我们就能到家，可惜我家那辆普锐斯在萨克拉门托郊外抛锚了。丹打电话叫了拖车来救援，可拖车的驾驶室又塞不下我们一家四口人。不得已，我开始在网上搜索租车公司，找到了一家离我们大约 30 分钟路程的店，然后叫了辆车，打算和两个孩子打车过去。

来接我们的网约车司机就是 23 岁的小伙利维，我跟他说我们的车抛锚了，打算去租辆车开回帕洛阿尔托。他表示："我就可以送你们回家，价钱估计跟租车差不多。路程不短，但也无所谓，毕竟我也缺钱。"说实话，我做梦都没想到还能坐跨城网约车。

利维直接一个调头，随后右转弯，我们直奔湾区的长途旅程开始了。一路上，孩子们和我东聊一句西聊一句，但过了一会儿，我发现有段时间没人说话，回头一瞅，两个孩子已经张着嘴睡着了，就跟小时候一样。利维跟我相视一笑，接着聊天，一直聊到我到家。他跟我说，在他的成长经历中，父母明确地告诉过他"18 岁就要自立",得自己养活自己。他在社区大学的学业已经快结束了,打算下个学期开始攻读学士学位。我则问了他愿不愿意就这本书所需,接受我的访谈。几个月后,我们通过电话接着聊了起来,这次,我仔仔细细地做起了笔记。

利维成长在一个贫苦的家庭。他4岁时,父母离异,共同抚养他。他父亲本有能力给他提供经济支持,但他无意于此。除此之外,父亲的酗酒问题让父子沟通雪上加霜。他母亲和蔼而善良,但挣不到钱,连补贴家用都不够。她和利维频繁更换租住的房子,有的时候,条件苦到利维都不确定回到家还能不能吃上饭。

"我日子过得不好,但我爸日子过得挺美。我上中学的时候,家里除了麦片没别的食物,我和妈妈就早上吃了,晚上接着吃。可爸爸却能在自己家吃牛排。直到我上了高中,我爸才因为我妈找的法律援助,开始每个月被迫支付900美元抚养费。但我总是更愿意在妈妈身边,一向如此。爸妈截然不同的情况塑造了我的人生观,也让我知道了自己想要的究竟是什么。

"现在我妈也攒了一些钱。她买得起房子,晚上也有饭吃了,但她还是存不出我的大学学费来。我爸有财力,可他连本书都没给我买过。有一次,我们一起吃午饭,我提到萨克拉门托大学的学费是每学期4 000美元,对我来说这可是笔大钱。而他仅仅回应了'哦,嗯'。我见过别的家长,孩子比他多,钱比他少,可做得就是比他好。不过我早就习惯了,他影响不到我什么。我很庆幸自己跟他不一样。"

我问了问利维,他对"18岁就要自立"有何期待,以及如何实现这种期待。"我高中一毕业，我妈就跟我说：'你得找份工作。如果你还想上学，那我恐怕帮不了你太多。毕竟，你还需要不少钱。'我就想，好吧，挺有道理的。于是我去上了萨克拉门托的一家社区大学，叫作美国河流学院（American River College）。与此同时，我开始在一家快餐店打工，连着干了两年。我在那里交了不少好朋友，对于初入职场的我来说，体验真的非常不错了。"

利维没法在读书的第一年就攒出独立生活的钱来，所以他还是跟母亲住在一起。但第二年，他就跟两个朋友一起搬进了一套公寓。"感觉真是不错。我自己上班，自己付房租，自己搞定所有事。我搬出来的时候非常有信心能照顾好自己。有时候我也想过多靠靠爸妈，这样就能省下一些钱，但搬出来自己住，能给人一种自信心，这种感觉也超棒。我搬出来住的第一天晚上，躺在自己公寓的床上，不由得想，哇，梦想成真了！这一刻永生难忘。我能真的搬出来住，就意味着我有能力，这让我更加自信。我知道了我能工作，能上学，能交房租，能做好所有的事。这证明了我不需要我爸的帮助，也不需要其他任何人的帮助，照样能好好生活。如今，我已经能掌控自己的生活了。我有了安全感，不仅是身体上的，也是情感上的。如果我现在出了什么事，那也该归咎于我自己。我觉得，成年的那一刻，就是你开始为自己做决定的那一刻。搬出来，是我自己做的决定，没有别人参与，就是我自己的决定。"

利维也在努力做到独当一面。"我花了 5 年时间才完成社区大学的学业，因为第一学期的时候，我上了 4 门课，有 2 门没上完，1 门没考过，只有 1 门得了 A。当时的我的确还没准备好。我不是太懊悔第一年的表现不好，因为这种经历虽然延长了我的学业，但它对我仍有价值。读书的前两年，我都不知道自己究竟想学什么专业。我当时只是为了能毕业而上一些通选课程。我后来从快餐店离职了，因为我真的非常讨厌在餐饮行业工作。我开始找兼职，只挑跟餐饮不沾边的工作干。我干过货车司机，现在是开网约车。如果多跑点，就能多挣些，而且我也能制订自己的时间规划了。自从我开始跑网约车，我在学校里的成绩也更好了，因为我有了更多的时间学习。"

我问他，对他来说，现在什么最重要。"现在是我在社区大学就读的最后一个学期了，我快转到萨克拉门托大学去攻读学士学位了。等去了以后，我就得更专注于学业，不能再犯之前在社区大学犯下的同样的错误。我与大家对好日子的期待没有不同，只想做个方方面面都说得过去的平凡人。对我来说，就这么简单。我不喜欢混乱的感觉，我在童年时期已经受够了。我喜欢宁静，喜欢平和。在人生的这个阶段，拿到学士学位，找到一份正式的工作，有一个属于自己的小屋，开创自己的人生新篇章，对我来说，就是最重要的。专注于我自己，这就是我现在最关心的事。"

我问他准备主修什么专业，他的答案大大出乎我的意料。"我在社区大学的头几年，我爸一直念叨'你应该学护理学，挺挣钱的'。所以我先是把护理学当作我的学习目标，可我没有坚持下来，后来改学了心理学，再后来，又改学了商科。你知道吗？其实这些学科我都不擅长，也不喜欢。有一天，我突然想到，我其实在成长过程中一直都很擅长历史学，我爷爷理查德曾经是个作家，他以前给我看过许多历史书，而且我也很喜欢看。我不禁思考，为什么不好好学历史呢？将来，我可以当个历史老师。我喜欢帮助他人，对人也很有耐心，肯定能当个好老师。就是那个时刻，我坚定地告诉自己，就选历史学。"

我真的替他感到高兴，尽管他的人生道路障碍重重，可他还是找到了前进的方向，而且未来的道路上还会有热爱的工作相伴左右。

我还问了利维，对后来人有什么忠告。"我爸妈从来没帮过我。"他说，"我的意思是，他们倒也付出了，但从没能让我心无旁骛地真正专注于自己的学业。我总是不得不去打工，还得靠自己买车，车坏了也只能自己修。这一路走来，我都是靠自己。但能自力更生，还是让我非常满足。这说明我整体上还是一个够坚强的人，在感情上、财务上，还有责任心上，都表现得够坚强，不需要谁牵着我的手往前走。等我毕业后找到正式工作了，这份独立会对我愈发重要。我也算得上是个独行的人哪。"他强调："靠自己，就是我的本性。"所有人在生活中都有需要他人的时候，但知道靠自己能达到怎样的成就，还是会让人分外满足，而利维深谙此道。

苏丽的故事：敢于树立边界

苏丽·阿黛尔是一位非裔美国女性，31岁，拥有斯佩尔曼学院的学士学位和加州大学洛杉矶分校的表演艺术硕士学位。在我和她交流的时候，她正在靠出演《麻烦一家人》来谋生计。这部剧是《寄养家庭》的衍生剧，现在已经拍到了第三季。但在这一切发生之前，苏丽付出了很多。我和她通了电话，想了解一下她究竟身处怎样的舞台。

苏丽是一个专业的演员，但她也有过几次糟糕透顶的试镜。刚搬到洛杉矶的时候，她就因为突发的大堵车，试镜迟到了。还有一次，她准时抵达了片场，但因为被告知有严密的安保措施，必须步行到试镜等候区，所以又迟到了。有一次，她参加电视剧的试镜，因为担心自己之前受过的舞台剧训练会让自己的表现用力过猛，所以刻意收敛了一些，结果却导致表演太过平淡，全无亮点。而在这之后的试镜里，她矫枉过正，表演又变得太过刻意。试镜被拒的信息接踵而来。她当保姆、教瑜伽，但就算打着两份工，也不足以在这样一个物价昂贵的城市里维生。不得已，她只能靠食品券来维持温饱。"当时的日子太难了，"苏丽依然热情地跟我讲，"但从那些失败中，我学到了要永远保持空杯心态。如今的我意识到，如果当初我真不费吹灰之力得到了一份梦寐以求的演艺工作，恐怕我就演不成现在的角色了。"

终于，苏丽突破了事业上的瓶颈，签约进了《麻烦一家人》剧组。她的闺密都为这件事感到欣喜。可伴随着她的发达，也突然冒出来很多莫名其妙的人，带着不明的意图，试图接近她。苏丽签下大合同后结识了一位朋友，他待人接物十分强势，而且喜欢对所有的事都加以评价。苏丽觉得，如果有个这样的老师，那着实不错，但有个这样的朋友就会很有压力。对方邀请她吃午饭，她想拒绝，可又觉得做不到。"我可能是被吓到了。"我一边听，一边想，她是被吓到了呢，还是觉得自己有迎合他人的义务？每当我们踏上成功阶梯的更高一级，都会觉得要为每个与我们接触的人留出时间，哪怕这人与我们并不熟，哪怕对方的提议我们并不感兴趣。

她的这位朋友选了一家高级餐厅。苏丽盯着菜单，不由得皱起眉头。她才开始接戏，头几周还拿不到工资，而且也快到了交房租的日子，社会福利部门还在给她发邮件，提醒她去领新的食品券。所以她只点了一杯酒和一份沙拉，而她的这位朋友却点了一大桌子菜。到了结账的时候，没人先说话，这位朋友似乎期待着在好莱坞崭露头角的苏丽能主动付款。苏丽只能尴尬地问，这顿饭钱能不能AA。可她在脑子里稍微算了一下，就意识到即便均摊这顿饭钱，也会害得她没钱付房租。这种事真的很烦人，对吧？苏丽需要竭尽全力，才能维持自己的财务收支平衡，但她所谓的朋友却认为，既然她已经成了"大腕"，请客吃大餐就是理所应当。

多亏了这顿午餐，苏丽顿悟了一点：敢于保护自己，不被他人左右自己的选择，不因他人越界而受到伤害，其实也算是一种独当一面。"突然之间，我意识到，我们这批年轻人得替自己表态，"她告诉我，"也该让我们好好表达一下自己究竟想要什么，想干什么了！如果我不断试图给别人留下深刻的好印象，我就得有非常完美的外在表现，在人前也总要装得高高兴兴。可一旦我自己独处，卸掉这些伪装，我的内心就很崩溃。作为一个成年人，我不想刻意去打动自己的爸妈、导演、经纪人或者其他什么权威人士。我得学着跟别人设定恰当的边界，这样才不至于把自己逼到崩溃。为此，我每逢重大决策，就把利弊分别列出来。现在的我已经可以勇敢说'不'了。我很信任自己的直觉与身体，碰到了什么不适合我的东西，我的身体就会紧张起来。既然无法洞悉全貌，我就必须先相信直觉。'不'这个字本身就是一种很完整的回应。它意味着'你想做某件事，我很认同，但我也很认同我自己不想做跟你一样的事'。有一种独当一面，就是为自己内心的拒绝挺身而出。除此之外，你还得让别人知道你有能力养活自己。"

"我是个成年人，在这一点上，我跟我爸并无不同。所以我跟他说话的时候不再那么含蓄，我也不再以过去的方式去博取他的认可。我在拍片休息的空当给他发信息，他会这么回复我：'别发啦！好好工作。别老给我发信息，专心干事业。'而我会回复他：'我在

好好工作呀，我也很专心。现在是休息时间，我就想跟你庆祝一下这美好时光嘛！因为我从来没跟你分享过这些呀！'

"多亏了参演《麻烦一家人》，我靠食品券果腹的日子终于结束了。我还是会收到社会福利部门的邮件，提醒我到了领取食品券的日子，但我心想，我可再也不用这玩意儿了！其实，我并不是厌恶这一生命阶段。也许在我的表达中，这段日子不好过，但一如每一个生命阶段，它一定有其意义。"

我问苏丽，她还有哪些收获。她说："主要就是坚持下去，静待花开，树立边界。我刻意与爱我的人之间建立边界，因为好的边界和坏的边界可能只有一线之隔。我从小就非常害怕别人对我感到失望，因为深知大家对我的期望很高，所以我对自己特别严格。"

"还有一件小事，"在电话访谈快结束时，她突然提到，"我也想让人觉得我这人并不好惹。我最近开始练习拳击，发现自己特别喜欢出快拳。希望有一天，我能住进看得到山景的房子，爸妈可以来看看我，我能给他们做顿饭，他们在我家也能随心所欲写写画画。我还希望有个能与我一起接待招呼爸妈的伴侣。这一切都让我憧憬，我希望自己对生活充满期待，不当那种讨厌星期一的人。"

我告诉她，在我看来，这件事可一点都不小。

独当一面的意义，就在于你知道自己掌控着自己的生活。你与父母之间的关系属于"横向关系"，你们之间可能很亲密，但在满足你的需求及

履行你的义务方面，他们不再是主要责任人。所谓独当一面，就是你自己扛起了这份责任，这种感觉特棒。

接下来，我会告诉你独当一面要具备的 9 大法则，让你在迈向成年的路上顺利扛起责任，真正掌控人生。

第 2 章
法则 1：拥抱不完美，从试错中学习

> 随它去吧！

——《冰雪奇缘》中艾莎的台词

如果这本书的使命是让你能勇敢闯入成年世界，那我们就必须先处理掉那些在门口徘徊的童年期留下的"怪物"。当代美国的育儿观对"完美"这个词有一种不健康的执着，但我并不想深究。我想谈的更宏观一些，那就是"完美"这个词很可能会害了你。你得学着挣脱它，随它去吧！

当你从滑梯上滑了下来、去倒了一次垃圾、完成了作业，你都会听到父母或者其他养育者跟你念叨："完美！"这会给你传达一种"必须做到完美"的信息，但我向你保证，事实并非如此。这样的话也会让你以为自己做的每件事都很完美，但我还是向你保证，事实同样并非如此。这样的话会把你训练得更加期待生活中具有权威的其他人，比如老师、老板也能无时无刻不告诉你"你很完美"。但他们并不会这么说，因为你实际上也并不完美。

完美就如同沙漠中的海市蜃楼，苛求它会带来痛苦，因为这本就是永远无法到达的彼岸，在你拼命向它所在的地方爬去时，还会给自己、给周遭的每个人带来强烈的压力。

让这一章成为一剂解药，专门施于你曾经听过或者想要听到的所有"完美"。你所梦想的生活并不来自"做得完美"，而是来自努力学习和进步。躬身入局，便能满足于自己的生活，这种感觉比"完美"更加美妙。当然，这种种承诺仅仅停在纸面上，并不能改变现实。想真正把"完美"踢到一旁，需要用心、努力地去实践，甚至还得借助一下心理治疗。但你今天就能决定，放弃把"变得完美"作为自己的目标，并用"我要学习和进步"来取代它。这便是一个强而有力的开端。

"完美"的成长陷阱

如果你是个完美主义者，那就是你父母养育你的方式影响了你。我们父母会给孩子规划或复制某个稳步前进的完美计划，这能给家长安全感。我说"我们"是因为我也承认，对我的孩子索耶和埃弗里来说，我也曾是个完美主义控制狂。直到现在，有时候我还是会这样。孩子的童年因此充斥着"先做这个，再做这个，最后做那个"的计划表，每件事都得按照一定的顺序进行。童年成了一个由他人设定好的计划，目的便是让更多的人能对你高看一眼，让他们觉得你表现足够优秀，到了继续做下一件事的水平。光是写下这件事，就把我弄得很紧张。

第 2 章
法则 1：拥抱不完美，从试错中学习

如果孩子没有按照计划完成任务，我们这些当父母的就会非常揪心。我们揪心的，就是怕我们给孩子设想的那个未来会走向破灭。实话实说，我们也会因此担心起自己的未来。我们会把这份担心告诉朋友、同事和家族中的成员，甚至发到社交媒体上面。

一想到自家孩子的生活可能无法"完美"执行原计划，我们就抓狂不已，甚至有时会觉得有必要进行一点小小的干预，来帮孩子达成我们的期望。这种干预会让父母频繁地出手、纠正、管理、提醒、敦促与唠叨。可矛盾的是，这种干预的确能在当下帮助孩子，甚至还真的能让孩子更接近我们所认为的终极完美目标。但这种帮助并不是什么神丹妙药。事实上，它更接近毒药，会向孩子正在发育中的大脑传递一些可怕的信息，让其感到无力、无能、无助。家长会传递出这样的信息："孩子，你在生活中就是得做别人所期望你做的事。""孩子，我们爱你是因为你在我们眼中够完美。""孩子，倘若你做不到，那一切都完蛋了！""孩子，只有按照爸妈要求的方式，才能把这件事做好。""孩子，光靠你自己还差点意思，所以我得助你一臂之力。"

这些信息听多了，你就会彻底搞不明白自己是谁、自己能做什么、自己想从生活中得到什么。我不希望你遭遇如此境遇，但如果你真碰上了，我想帮你一起克服。没错，你能做到的！

你当下的冒险之旅，已和孩提时期没法相提并论。你可是独当一面的人了。是时候抛开"要完美"这种简单的陈词滥调了。要去更广泛地思考，更舒适地活在生活中种种充满不确定性的灰色地带。你得向前迈出几步，但也得后退几步，甚至来几个侧滑步。你会决定什么时候加速，什么时候刹车。你需要兼顾异想天开的想法和以梦为马的憧憬，这就意味着你可能得朝着截然不同的方向前进。当你因为太尴尬、害怕或羞愧，连镜子都不

035

敢照的时候，还需要歇一歇，喘口气。做成年人就是不断地试错，那些不好的经历能教你更多。只有通过试错，你才能更好地面对接下来的挑战。

计划赶不上变化

我之前在大学当院长的时候，最喜欢的一个学生在大二的时候到我办公室来跟我讨论他的未来规划。他拿出笔记本电脑，打开一张电子表格，我从他的表情就能看出来，他对即将给我展示的内容深感自豪。我承认，我自己在上大二的时候，对未来研究生阶段要专精什么领域充满困惑，但我还是很感兴趣，想知道他到底有什么想法。

"22 岁的时候，我要进排名前十的医学院。26 岁毕业，进加州大学旧金山分校实习。住院实习期大概 3 到 5 年，这主要取决于我决定的专业方向。实习第一年，我会遇见我的女朋友。实习第三年，我们就结婚。30 岁的时候，生第一个孩子。32 岁的时候，不管我学业发展到了哪一步，我们都要生二胎！"他合上了笔记本电脑，扬起脸，喜气洋洋。

我强忍着自己想放声大笑的冲动。我知道他正在等待着生命中已经得到过无数次的认可："完美！"但我真给不了。我不禁想，这么聪明的人，怎么会这么不明事理呢？他的计划涉及别人的身体，但听起来却那么"理应如此"。我回想自己，到了 30 岁上下的时候，跟丹共同努力了两年半，才怀上老大索耶。我也问自己，这孩子到底是想当医生，还是仅仅在做他自认为该做的事情？最后，我还是轻轻地笑了出来。我告诉他计划听上去很棒，祝一切顺利，随后再奉上一个温柔的笑容，接着说："你知道吗？其实你没法计划去邂逅生命中的另一半。你只有在做自己爱做的事情时，才能碰上这个人，因为那时的你最可爱。希望你的实习期就是你最可爱的时光。"我还说："等你 30 岁了，并不会因为你在电子表格上写下了要怀

第 2 章
法则 1：拥抱不完美，从试错中学习

孩子，就怀得上。"我接着问："现在告诉我吧，你究竟为什么要学医？"他看上去都快要哭了，仿佛是我把他人生的剧本撕成了碎片。

我并不反对做规划。事实上，制订具体的规划，是实现人生最宏大目标的唯一方式。我也不是故意对自己的学生这么刻薄。你也看到了，这个学生来找我寻求认可，但那天我给他上了另外一课，那就是在面对未知的人生的时候，要保持谦卑。计划可能有误，所以要时刻做好准备。你可以这么理解："计划赶不上变化。"

不管你多么有钱有势，也照样有一大堆控制不了的事情。变化是一定会出现的。当变化出现，尤其是糟心的变化出现时，暂且蜷缩起来很正常。不过无论如何，你还是得生活下去，总不能蜷缩起来直到风平浪静。生活需要行动，你无法在变化面前永远沉沦。所谓成熟，就是体验环绕在周遭的不完美、恐惧、无力、愧疚和失望，并接纳这些感受，进而思考究竟发生了什么才导致你走到这一步，再弄清楚你下一步该怎么做，随后重新站起来，用行动推着自己前进。糟心的变化依然会不时发生，而你会一次比一次善于应变。甚至某个时候，你会喊出："哈！吃我一拳吧，糟心的变化！我早就准备好啦！当下的确很糟糕，但我学到了一些新东西，会没事的。"

我希望这对我的学生能有所启迪，也希望能对你有所启迪。但也许，这启迪并不成立。如果你已经准备好去实践某份人生清单，并完美执行下去，这份清单很可能不允许你犯错误或走弯路，甚至不允许你在路边的小板凳上歇口气。这会让你没有任何准备地去应对充满无限机遇和无限不确定性的生活。所以，把"完美"，以及与之相关的一步步规划、为了达成完美而付出的努力抛到脑后的想法，很可能会让你感到失落，甚至害怕。

这是意料之中的。那么接下来,让我们的探究更进一步。

生活中那些"糟糕"的词

我们一直被教导,要避免"失败",还要离它的兄弟姐妹"畏缩""堕落""彷徨""踟蹰""笨拙"远一点。这些词都描述了某种糟糕的经历,但如果我们能把它看作生活中的常规部分,甚至是教过我们的最好的"老师",那日子就会轻松很多。好的导师会鼓励你这么去做,比如,电视剧《权力的游戏》(*Game of Thrones*)中就有这么一幕。

琼恩·雪诺说:"我失败了。"
戴佛斯爵士:"很好。现在,再失败一次。"

我们这些当导师、教师和家长的,并不是虐待狂,希望看到你把事情搞砸或者身陷痛苦之中。从来都不会。事实上,如果你真的经历了这些,我们会很心疼你。在你很小的时候,我们看着你努力了好多次才能站起来,又看着你摔了十几跤,才真正学会走路。我们知道,如果让你摔倒了自己爬起来,那你胖乎乎的小腿就能更强壮,你的平衡性也会更好。我们并不希望你失败,我们希望的是你去体验那些必不可少的磨难,毕竟没有那些失败,你将永远无法成功。

失败的经历诚然可怕,但你还是要去经历。要做到这一点,你就必须离开自己的"舒适区",进入自己的"伸展区"。舒适区本身就是你感到舒服和熟悉的地方,在那里,你学不到东西。想想你的沙发。你在沙发上躺着能有什么学习和成长?我们这些父母、监护人、老师和导师,确实想帮你消除进入"伸展区"的恐慌。你对那里面的东西的确没有准备,但现在是21世纪了,跟《权力的游戏》里的狂野世界截然不同,大多数你能做的事，都不会威胁你的生命。

真正会危及生命的，恰恰是永远停在自己的舒适区。如果你在那儿待太久，最终就会厌烦、不满、没精神。你会因为生活舒适而愈发自满，然后在精神和身体上都停滞不前，最后，就是慢慢消沉、枯萎、死亡。这一切，都可能发生在你父母家的地下室。

"成长型思维"

生活中还有个非常好的词，叫作"反馈"。如果你愿意接受反馈，那它就是你的终极"生长激素"。这么多年来，我收到过很多言辞激烈的反馈，所以请相信我，我知道听见别人说"你不够完美"时会有多难受。但从长远来看，我终归还是认为，反馈的利大于弊。

我在斯坦福大学一共工作了 14 年。第四年时，一位亲爱的导师提议并认可我出任第一任新生院长，我继而获得了这一职位。于是，我整理了一份提案报给决策层，他们的回应是："放手去做！"

我便立刻行动起来。我先找了个废弃的办公室，然后又找到一位苹果专卖店的设计师，他捐赠了电脑，还把办公室装修成了苹果设计风格。我开始研发一种与新生互动的网络程序。大干 18 个月后，我们成功了。我和我的团队在学生们眼中看得见、有联结、能信任。他们的父母也很欣赏我们的工作成果。就连校友及发展办公室的同事们也对我们的新方法赞不绝口，他们认为这会给大学与学生之间带来更紧密的关系，从而给大学未来带来更多利益。于是我愈发开足马力工作。

有一天，我和一位下属去校外吃了顿午饭。等我开车把她送到楼下时，她没有下车，而是转身看着我，告诉我她无意间听到了很多分管学生事务的同事在议论我。他们觉得我：

1. **不能胜任这个职位。**"如果这个职位是公开招聘，她绝对坐不到这个位子上。"

2. **占了本属于他们的机会。**"她这是鸠占鹊巢。"

3. **野心太大。**"就知道踩着别人脑袋往上爬。"

坐在驾驶位上的我眨着眼睛，只是为了不让眼泪流下来。我热爱自己的工作，直到此刻，我都认为自己在工作上绝对完美。我听到这消息，犹如挨了当头一棒。这样的反馈，使我觉得很丢脸。我也能看出，在我的下属告诉我这一切时，她也很难直视我的眼睛。

他们所批评的，不是我写下的备忘录，不是我组织召开的一次会议，也不是我给项目做的预算出了问题，总之就不是那种我第二天上班只需努努力就能修正的事。我的那些又有创意又令人兴奋的想法并不重要，关键是我做事的时候既没有跟他人合作，也没有尊重工作上的前辈。这与我近年来在工作场所中的行为举止有关，与我的同事对我的看法有关。我这一生中，最想要的就是别人对我的认可。然而，我似乎完全没能从我认为对我很重要的人那里得到这种认可。更糟的是，我好像伤害到了别人。

我当时还不知道"成长型思维"这个词，卡罗尔·德韦克（Carol Dweck）的开创性著作《终身成长：重新定义成功的思维模式》（*The New Psychology of Success*）在两年后才出版，但我知道，唯一能改变这一切的，只有更加努力，当个好同事。我知道，这是摆在我面前的首要工作，但这并不意味着我就明白该怎么做。而且说实话，我的确有点想让那些看不上我的人承认，他们完全想错了。

我的"不合作"似乎是当下亟待解决的主要问题。我其实已经能感受到，我们学校很强调合作。无论想法有多好，只要有人没参与相关过程，他们就会跳出来把这些想法否决掉。斯坦福并非个例，学术界本身就是个强调合作的有机体，追求共识，却又行动迟缓。所以我跟自己说，好吧，我得去多跟人开开会，谈谈我的那些想法。我耸耸肩，叹口气，就着手去做。在通往我想要的结果的道路上，"合作"成了一个要攻克的障碍。

被迫合作了几年之后，我发现自己有好几次因合作产生了更好的想法。什么？我当时都差不多 37 岁了，才意识到自己的想法并不一定是最好的。我都不敢相信自己会把这些写下来，实在是太荒谬、太痛苦、太羞耻了！但没关系，这也是我成年之旅的重要组成部分。真的，以前的我就是要当房间里最聪明的那个人，而这也的确妨碍了我去体悟和倾听他人内心的智慧。

一旦我接受了这种痛苦的信息，意识到自己需要成为一个更能跟别人合作的人，我的成长就加速了。我甚至发自肺腑地想主动跟人合作，而非勉强自己。因为我知道这不仅是推进校园变革的正确过程，也是重视其他人塑造新事物的方式。人有时的确得闭嘴，给其他人留出发声的空间。

但有的时候，我的声音还是过大了。38 岁时，我做了一场演讲，让家长们对自己家的大学生别盯那么紧。演讲效果非常好，但有人告诉我必须停下来，因为我抢了同台前辈的风头。我照做了。我知道自己特别擅长公开演讲，也能乐在其中，但我也学会了顾及他人的面子。我还意识到，如果一个人能指导你，而且愿意帮你寻找好的发展机遇，那就值得为他工作。

在我 41 岁的时候，我老板和我老板的老板带我去我最喜欢的餐厅吃饭，并给了我人生中迄今为止最严厉的反馈：我 40 岁的生日太过高调，在斯坦福教师俱乐部举办，还用上了斯坦福的校乐队；我还很自私，在特派非洲地区的差旅途中买回很多小饰品，却只发给团队中那些注意到我博客中小细节的人。我又一次冒犯了别人，因为我玩得太开心，还有我选择的分礼物的方法不对。这又是对我自尊的重击。我们当时在公共场合，还是我最喜欢的餐厅，我不能在餐桌上爆发。但这一次，犹如重锤般的反馈却让我看到了一丝积极的东西。

我跟老板们表明，我在好好倾听，希望得到他们的反馈，也会尽己所能去学习提升。几分钟后，他俩告诉我，我得去一个高得多的岗位履职了。他们想把我管辖的新生教务处 6 人团队跟另外两个共计 35 人的团队合并，并让我来当负责人。这次升职并不加薪，但这能说明，对于让我来团结及领导这个新团队，领导们很有信心。而这恰恰就是我希望得到的。

这 3 个团队截然不同，甚至还暗暗较劲。而我认为，只有我们大家每天都喜欢来办公室跟他人共事，才能服务好斯坦福大学的学生们。我先与团队中的资深成员好好合作，他们都是之前团队中的核心成员。我努力在员工会议上创造出一种积极分享的氛围，让每个人都有机会跟其他人介绍自己的工作，以让外界看到、听到并理解他的工作内容。然后，我告诉整个团队，我们不要做一个等级分明的组织架构，而要组成一个能做出重大成果的人际圈子。没有谁注定就要受重视，也没有谁必然会受轻视，每时每刻，"智慧就在房间中"。这就意味着任何一个团队成员都能融入圈子，提出想法，带领大家迈出正确的下一步。我的管理风格改变了，从被迫合作转变成去认可团队每个成员的内在价值。看着人们更加相信自己、相信彼此，我非常欣慰。这种人与人之间的联结让我动容。而我们共同完成的工作，更是影响深远。

但这并非终点。在努力学习、尽力成长的过程中，我有成就，也有失败。当我偶尔想起过去那些让我感到羞愧的事，我会喘起粗气。我告诉自己：你没法回头去改变发生过的事，但你可以从中吸取教训。我想要吸取教训，我想要学习和成长，直到我的生命终结。

我希望你也如此。

练习脆弱

你有没有意识到，就在这几页书中，我表现得很脆弱？我们被教导不能这么做，特别是男性。当然，我不是男性，但我还是想专门指出这一点。我告诉了你一些我不想让别人知道的糟心事。但学者布琳·布朗（Brené Brown）[1]教导我们，不要为脆弱感到羞耻，它亦是一种力量。如果我们能承认，自己遭遇了某种伤害、某种羞辱或某种糟心事，并把真相告诉自己，也许还有一些我们所爱的人，然后谈谈下一步可能需要做点什么，我们就能变得更坚强，也能更好地应对不可避免的下一次打击。我们还能更好地将自己与他人联系在一起。我的生活就证明了这条真理。我是一个需要通过自己的努力去实现更多成长的人。你也一样。

我在前文提到了卡罗尔·德韦克教授关于"成长型思维"的研究成果。

---

[1] 美国休斯敦大学社会工作研究院教授，著有畅销书《脆弱的力量》(*The Gifts of Imperfection*)，该书告诉人们，脆弱、羞耻、恐惧和自卑这些困扰我们的负面情绪，其实是人生不完美的"礼物"，拥有它们会让我们全心投入生活。该书的中文简体字版已由湛庐引进，由浙江人民出版社于 2014 年出版。——译者注。

她的研究告诉我们，要是我们一直专注于自己有多么聪明、多么完美，这些关于自己的想法就会阻碍我们成长。我们会因此害怕更大的挑战、更难的冒险，因为倘若进展不顺，就会证明我们其实没那么完美，也没那么聪明。专注于完美或聪明，就是"固定型思维"了。相应地，她的研究还表明，我们更应该把注意力集中在自身努力上，因为努力很大程度上是可控的。这就是"成长型思维"了。

把"固定型思维"转变成"成长型思维"的 5 个技巧

探讨如何培养"成长型思维"的资源有很多，以下是一些入门方法：

1. 把"我很完美"改成"我要努力做得更好"。

2. 把"我很聪明"改成"努力就能有回报"。

3. 把"好难啊"改成"难的事我才做"。

4. 把"我不行"改成"我可以迈一步，看看会发生什么"。

5. 把"我很傻"改成"我只是还没学会"。

在工作中越挫越勇的 13 种方法

你的人生中或许会有这么一个阶段：工作中的表现对你最重要，老板和同事对你会有需求及看法，你在职场中的角色状态非常关键，决定了你在达成目标的道路上究竟是快人一步，还是落后三分。本章接下来的部分，会提供与在职场中努力学习和成长相关的建议。

先铺垫一下：你的老板，希望你能听他的话。这可以表现为你要准时上班，穿着适合你的职场需求的衣服，完成分配给你的工作，在其他人的生活中成为一种积极而非消极的力量，还能一直工作到有人来接班或者业务达成。这些都很基础。老板想要的，是靠着你让他们自己的生活能更轻松点，而这又需要你的学习和成长。

当然，你想要的和你需要的也至关重要。你想要一个能展示个人能力的机会，能获取技能的机会，能收获更多的信任、承担更多的责任，能因为自身贡献而获取公平的报酬，还能享受自己的工作。那根据前面我们对学习、成长、失败、反馈和"成长型思维"的讨论，这些概念又该怎样在职场上发挥作用呢？

1. **好好准备**。本条建议来自硅谷一家私人股本公司（帮富有的客户进行巨额投资的企业）的高级合伙人，他是 4 个孩子的父亲。关于求职面试的准备工作，他给了如下建议："首先，要了解公司，了解面试你的人，了解他们的角色和背景。知道他们来自哪里，他们的观点是什么，他们关心什么，然后去和他们面对面地交谈。这是一场你要把对方当作鲜明个体的交谈。其次，不要告诉他们你会什么，要向他们展示你是怎么学会一些技能的。比如，别说'我真的很努力'，要说'我认为自己很擅长这项工作，因为去年夏天我把两百万块砖头从这个地方搬到那个地方，这活儿可是很艰苦的'。不要说'我特擅长 Excel 软件'，更好的说法是'我在经济学课上必须创建各种模型，我就是用 Excel 软件做了好多表单和宏命令'。通过故事来展现自己的资历，会更有说服力，也能给别人留下更深刻的印象。"

2. **和别人好好相处。**一旦你有了工作，就难免跟别人打交道。在畅销书《也许你该找个人聊聊》(*Maybe You Should Talk to Someone*)的作者、心理治疗师洛莉·戈特利布(Lori Gottlieb)看来，职场中的头等大事就是人际关系。她说道："人们喜欢你吗？他们能依靠你吗？你待人接物的态度好吗？"要想跟他人好好合作，你就得对所有人表现出尊重和友善，而且尤其应该尊重那些年长的经验更丰富的人。有时人们会说"人先敬我三分，我再敬人一丈"，但我在这里想说，这句话说反了。倘若我们都这么做，那根本就没人会主动给予他人尊重，所有人都会等着先被别人尊重。理解"尊重"的正确方式应该是"想得到尊重，要先给予尊重"。洛莉还说，如果神经质的你非常容易焦虑，那就会把这种能量带到工作场所里；如果你是个完美主义者，忍受不了任何瑕疵，这也会把周围的人逼疯。我并不是想让你掩饰自己的焦虑，而是想说明，在工作中做好自我调节非常重要。

3. **"人可以牛，但不能飘。"** 这句话是蕾切尔·西蒙斯(Rachel Simmons)说的，她是一位才华横溢的作家，《女孩们的地下战争》(*Odd Girl Out*)和《女孩，你已足够好》(*Enough as She is*)均出自她手。她的工作重心主要集中在青春期女孩们身上。她写过，不管是什么性别，很多年轻人初入职场，就认为自己的智慧与资历已经意味着他们应该只负责最有趣、最重要的工作。事实并非如此。你在小时候，逢年过节都跟其他小孩坐一张桌子，现在刚进职场，你也还是要先跟其他同为晚辈的同事们坐一张桌子。这意味着你就该做下属分内的那些看上去并不重要的工作。积极地说，这也意味着靠努力就能让工作更容易、更简洁、更安全，也更能让周围的人满意。你会因此而得到"职场积分"。只要你干得够久，终归会有人来给你打下手！

第 2 章
法则 1：拥抱不完美，从试错中学习

4. **学会诀窍**。洛莉·戈特利布建议，你既要学习怎么脚踏实地干基础工作，也要勤于思考。她说，如果你负责外联，那就需要知道成年人之间的信件往来该用怎样的正式格式。不要认为"我不用学，也不要学，这跟我没关系"。如果你总觉得自己厉害，但实际上并非如此，你的老板就会认为，你只是想显摆自己的才华，而非真正去倾听工作上需要的东西。不要对有必要的学习产生不耐烦的感受。不要抱有"这个东西到底考不考"的心态。成年生活中没有考试，但学习永无止境。

5. **加入圈子**。任何职场都是一种组织形态，一个生态系统，一个交织纠葛的人际网络。你可能认为大老板是最重要的，他的副手是第二重要的，并以此类推，直到你自己。但如我所说，尊重那些在组织结构图上比你更高阶的人很重要，但永远别忘记，所有的个体都应该得到尊重。我们大多数人都渴望被关注，希望别人能意识到自己的重要性，不管在工作场合、酒会还是家庭晚宴上。判断一个人的重要性的最好方法，就是让他说说自己的情况。不要问他在哪里上学，有什么工作，而要问他最近几天有没有什么好消息分享。有时候，一个在工作中看上去没那么重要的人，却能提供最多的信息和见解，因为每个人都和他有交流。这些人很重要，所以要见见他们、尊重他们、和他们交交朋友。他们能比你更早知道他人对你的看法，如果你努力跟他们建立了良好关系，那在别人开始对你有所抱怨的时候，他们很可能会出来挺你。

6. **找个导师**。我们每个人都需要一个父母之外的人来真正信任我们。想象这样一个人，他比你更聪明，更有经验，还能照亮你的前路，甚至指点那些你本没看到的事物。找到这个人，培养并深化你与他之间的关系。和他紧密合作，弄清楚工作中他最在乎什么，让

自己变得可靠，并且无法被取代。请他喝杯咖啡，问问他最近的生活有何进展。有时候，他也会过问你，你也可以跟他分享。这之后，再写一段感谢语发给他。随着岁月流逝，时不时给他发条信息，表明你的挂念。跟他分享你的奋斗与成功，同时也别忘了问问他的近况。当你在工作中受挫、陷入困境，不知道该不该继续前行，就问问他的建议，并好好倾听。一个好的导师往往不会告诉你该怎么做，但他会问你一些有价值的问题，这些问题能让你进一步了解自己真正想要的东西。当然，这其中也有一种循环，那就是随着你的成熟，你也会成为别人的导师。

7. **拼命工作**。挽起袖子，把活儿干好。问问自己，有没有竭尽全力设想客户对项目的每一个可能的期待、需要我们回答的每一个问题。潜心工作，做出成绩。把工作干在前面，你要去证明，自己不仅胜任工作，更能理解工作本身所需要的资源，以及每个任务的重要性。就算你讨厌当下的环境，想更进一步，那也别拿眼下的工作开玩笑，得过且过。说到职业道德，我听说有人认为康奈尔大学在常春藤 8 所名校中"垫底"。（我认为大学排名纯属胡扯，所以我提这事不是为了强调什么，仅仅是因为这个故事挺有趣。）然后我也从一些公司的招聘专员那里听说，康奈尔大学的毕业生们也意识到了这种刻板印象，进而觉得自己需要点东西来证明自己。因此，他们工作更卖力，来得比别人早，走得比别人晚，干得比别人多，还更渴望得到能帮助他们进步的外界反馈。事实证明，他们才是更优秀的员工。

8. **寻求帮助**。本条建议来自我的挚友多诺万·索米拉·伊斯雷尔，他是斯坦福大学健康中心负责心理健康及幸福感的高级健康教育指导师。多诺万举办学生工作坊时，会问："你们中有谁是乐于助人，但不愿向他人求助的呢？"他接着问："你们知道迈克尔·菲尔普斯有游泳教练，西蒙娜·比尔斯也有健身教练，小威廉姆斯也有网球教练吗？"随后他总结："所以说，你到底有没有优秀到不需要别人帮助的地步呢？"老板雇用你，并不是因为你是最完美、最了不起的人。老板雇用你是因为你能努力工作，跌倒了还能爬起来，能跟别人相处融洽。该求助就求助，这样才能更快地解决问题！找个方法去利用一样东西，总好过毁了它；找到某种情况中的关键症结，总好过为自己犯的错道歉。尽管如此，我们还是要平衡求助的重要性与独立工作的必要性之间的关系。

9. **逐渐担起责任，更加独立。** 获取帮助和建议诚然重要，但如果你表现得毫无个人见解，上司想必也会非常恼火。商界有一个关于员工走向成熟的五阶段理论，我是从前文中那位硅谷私人股本公司的高级合伙人那里听到的。

第一阶段：坐等分配任务。

第二阶段：主动寻找任务。

第三阶段：意识到有些工作需要完成，思考潜在任务及解决方案是什么，并加以推进。

第四阶段：保持工作，及时告知老板或团队自己的工作动向。

第五阶段：保持工作，在定期的工作回顾中提报动向与问题。

如果你一直停留在第一阶段，干坐着等待分配工作，上司就会很沮丧。这位高级合伙人告诉我："我觉得我们的一些年轻员工太多地被告知该去做什么，甚至不知道如何去审视整个环境，看看究竟需要做些什么。如果没有提前得到具体的指示，他们就肯定想不到要做什么。但是有些非常上进的孩子就会很有自信心，因为他们在生活中独立做过更多的事，他们就更愿意去说'嘿，我觉得这件事要这么做''嘿，我看你挺为难的，要帮忙吗'或者

'客户打电话问了这个问题,我是这么想的,你觉得呢'。"所以,如果你一直困在第一阶段,你就要动动脑筋,找点事做,这也就是所谓的主动出击。只要不做得太过火,或者忘了向上级汇报就行。毕竟,你暂时还没当头儿嘛!

10. **不要回避挑战**。你可能会在没做好准备的时候,就得去承担一些管理任务了。也许是新来了一群实习生需要向你汇报工作,也许是某位行政助理成了你的直接下属,也许是你直接接手了一整个团队。作为一名管理者,你的目的不该是拿棍子撵着下属,而是要帮助他们学习和成长。这也就意味着,当他们体验到了生活中的挫折与挑战,你就多了一项不舒服的工作——给他们反馈。我愿意再次向你坦承我脆弱的一面:在我的职业生涯之中,我有时会非常害怕给别人反馈,甚至真的因此而沉默过。随后,与他们有关的种种情况变得更加棘手,而我的不及时反馈也成了问题的一部分。人类需要反馈,如此才能学习和成长。你可以友善地去提供反馈,用真诚的话语和肢体语言来表达你对他们成长的关心。但还是要果断,不要支支吾吾、拐弯抹角、语焉不详。我在斯坦福大学校长办公室的一位同事喜欢说:"挨斧头好过读档案。"意思就是他更喜欢快刀斩乱麻。大多数时候,你并不是真的要砍谁,重要的是不管反馈什么,都要说得清楚利索。你并不是在评判他们,而是在对他们的行为进行反馈。如果他们觉得自己作为个体受到了重视,那么,他们在面对你给出的强硬信息时,也会更好地接受反馈。我职业生涯中最引以为荣的时刻之一,是某次我不得不解雇一个人,但他却对我在解雇过程中表现出的善意和尊重表示感谢。

11. **为你的错误道歉,然后继续前进**。这条建议同样来自前文提到的那位高级合伙人。若是有人搞砸了，老板会希望他道歉。年轻人能做的最好的事情就是走进老板的办公室，说："我非常非常抱歉。看起来您现在很忙，但如果您想进一步谈谈，或者对我有什么建议，请告诉我，我非常期待您的反馈。"请注意其中的微妙之处：你可能想谈一些细节问题，以更好地学习与成长，但没准你的老板当下并没空。所以你需要目光诚挚地当面道歉，告诉老板你知错了，不会再犯。这也表示你接受了他们的反馈，能让他们安心下来，而且还没有占用他们太多时间。注意，我们讲的是某个具体的人该怎么做到有效道歉。通过敏锐地观察和几次试错，你会发现老板需要哪种类型的道歉才能重新对你充满信心。一旦你发现了这一方法，就可以在职场中创建一种更舒服、更能彼此信任的关系。（专业提示：你的同事都有首选的道歉用语，你也得有！）

12. **别把父母牵扯到工作上来**。我觉得有必要指出这一点，因为这已经成为许多雇主所关注的问题。你父母很可能希望参加你的面试，帮你谈好薪水、福利和奖金，或者和你一起跟老板谈一些不好定夺的事情。就算你不介意父母参与，但想想别人会怎么认为吧！他们会认为你还没长大，所以肯定不适合做这份工作！所以，别让父母掺和进来。如果你愿意，你可以事先向他们咨询，事后汇报。这是可行的，甚至很有好处，尤其是你在职场上刚刚起步、缺少想法的时候。

13. **不断构建你的人脉网**。即使你当下热爱自己的工作，没准有一天你也会换个职业，那就到了需要激活人脉网的时候。别把"人脉"当成什么坏事。所谓人脉就是一群你认识的人，他们跟你的关系不一定有多深厚，但如果你想在这个世界上找到新机会，就需要和他们有交流。人脉网的构建不是火箭科学，却要更为精密。

就此问题我求助于某领导力发展与沟通咨询公司的创始人克丽丝蒂娜·布莱肯。克丽丝蒂娜跟我分享了与有效人脉相关的一些建议。

- **不要低姿态，不要广撒网。** 创建人脉的目的是与他人建立一些更深的联系，而不是把名片低三下四地塞给每个人。通过与少数人创建真诚的联系，你很可能会发现更多长期的互惠关系。
- **提出有趣的问题。** 你提出的问题会影响对话，并能帮助你更好地找到跟对方在日常生活或工作中的共性，从而创建更好的人际关系。不要只是问"你是干什么的"，如下这几个问题我最喜欢：你觉得我们现在的这个活动／演讲／组织好在哪里？你为什么会加入现在这个项目／工作／行业？你现在正在忙活的事情，有什么能让你兴奋起来的地方吗？你在这里住了多久了，为什么要搬到这里来？
- **别让包被名片塞满。** 不要让潜在的人际关系因搁置而终结，不要收集那些最终沦为杯垫，或者在包里和房子里吃灰的废名片。在结识的第二天，就用一句简单的话来继续你跟对方的交流。如果没有或者没带名片，那就更好了，可以互相留下电子邮箱或者电话信息，这样后续跟进更容易。
- **不要当那种"无事不登三宝殿"的朋友。** 在跟别人深化关系的过程中，不要只在你需要帮忙时才打电话给对方。如果看到他们换了新工作，就奉上祝贺，在网上分享一下，给他们鼓鼓劲儿。时不时也看看他们的动态，互相了解一下新动向。一般而言，你要做一个好奇且能提供支持的人，而不是那种随机发消息，还毫不掩饰地询问对方隐私的人。当你和你钦佩或喜欢的人建立起真正的关系时，互助互惠的关系就能自然而然地出现了。

- **表达谢意和感激**。我很喜欢做的一件事就是向那些对我的职业生涯与思想有影响的人表达谢意，让他们知道我在想着他们。这些人包括我的高中老师、教授、前老板、前同事和朋友。一封简短的电子邮件，就能让对方知道你在挂念着他们，他们影响或启发了你的人生道路，以及你的境况。还要问问对方最新的情况，这也是个很好的方法，能让你和那些特别容易因为距离与时间而逐渐生疏的人保持联系。就算每年只联系一次，也会带来改变，这让重新创建关系的双方都能获得很棒的体验。

我刚刚提供给你的是一些非常具体的指导，主要关乎如何在职场中学习和成长，这能帮你当个好员工，甚至还能让你成为一个更棒的人。然而，你现在也不必太纠结于这份行为指南。最该记住的要点，就是你本不完美。有成功，也有失败，这没关系，甚至还是件好事。你并不需要逐字逐句地照搬我的话。我再举两个人的例子。

YOUR TURN: HOW TO BE AN ADULT　我身边的故事

杰米的故事：学会改变视角应对挑战

杰米是一位 42 岁的拉丁裔男子，同时也是我担任董事的某公益组织教育团队的明星成员。这一团队的目标是指导教育工作者和家长们理解孩子在发展过程中所经历的一切，以及孩子们在网上获得的信息是如何作用于"儿童大脑"及"青少年大脑"的。这意味着，一旦在教室中出现了网络霸凌、信息骚扰或者假新闻事件，杰米就能帮学校管理者、教育工作者和家长们降低负面影响，同时对孩子们的遭遇有更具共鸣的理解。"比起批评和惩罚孩子，我们能不能退一步，把这些理解成他们正常发展过程中的一部分呢？"杰米以温柔的嗓音询问我，有没有在农场工作过。务农确是他少年生活的重要组成部分。

他父母出生于墨西哥，父亲只读到四年级，而母亲在读完三年级后，就不得不辍学照顾弟弟妹妹。他们后来移居到加利福尼亚州南部的奥贾伊镇附近，父亲做园丁，母亲当裁缝。杰米是家里10个孩子中的老小，这10个孩子里，有9个活了下来。他说，自己的童年时代"家徒四壁"。家里有9个孩子要吃饭，父亲明确表示，不能有人吃闲饭。男孩子们要跟他做园艺，女孩子们则要学着做饭、做家务，还要照顾弟弟妹妹。杰米7岁的时候就开始当报童，并且帮父亲打理一些活计。

杰米9岁的时候，正上三年级，父亲却决定给他继续在工作上加担子，这也就导致了杰米口中的"人生中最痛苦的经历"。学年快结束的某一天，他父亲来告诉老师，得让杰米提前几周离校，到爷爷在墨西哥的农场干活去。杰米的老师问杰米的父亲，究竟打算干什么。他回答说："我要教我儿子一些教室里学不到的生活技能。""我都蒙了，"杰米跟我说，"还有几周才放假，我就和我爸坐上了去瓜达拉哈拉的飞机，又开了两小时的车，才到爷爷家的农场。"

杰米的爷爷在哈利斯科州的一个小镇郊区运营着一个不大不小的种植花生的农场。他是靠卖花生为生的，这可是"穷人吃得起的蛋白质"。"我赶着骡子，骡子驮着两个巨大的麻袋。我得把花生摘好，放进麻袋。从田里回来，我还得清洗花生、做花生酱或者晾花生、腌花生。爷爷会去镇上的集市卖塑料袋装的花生，这就是他的生计。"7月底的一个炎热夜晚，杰米的父亲宣布自己要独自回加利福尼亚州。"他告诉我：'我需要你留在这里帮爷爷。我给你留下回家的钱。你可以坐飞机回家，坐长途大巴也可以。'我边哭边问他，为什么要弃我而去。'没谁弃你啊！'他说，'你这是在工作。你得会工作，才能有出路。你得明白怎样才能谋生。不动用你从大脑到双手的所有部分，你就不知道活下去有多艰难。'当时的我似懂非懂。我记得那一周，我爷爷给我开了工资，差不多是三四美元。我还记得我当时想，天哪！我得这么拼命地工作，才能回到家跟亲人团聚吗？别忘了，那时的我才9岁。"

情况并不如杰米最初所料。他父亲还是来接他回家了。他们到巴士站的时候，父亲特意把他挣的钱一张张数给售票员。"他让我用挣来的钱买了票，我一直都记得。我不能用我赚的钱买我想要的东西，挺不高兴的。"杰米在四年级开学一周后，才回到学校。

接下来的几年，杰米的父亲每年夏天都把杰米送到爷爷的农场工作。"他说我必须把钱挣够，不然就别回来。所以我必须更加努力地工作，想办法去别的地方卖花生，才能多赚钱。"在帮爷爷打理花生农场的五六个夏天里，杰米学会了高效工作，学会了与人交流，学会了处理在不同情况下的种种挑战。"爷爷会咧着嘴笑着说：'你今天的钱赚够了，想不想再来点龙舌兰酒尝尝啊？'直到今天，每当我喝龙舌兰酒，都会想起这一幕。"

杰米2001年从加州大学圣芭芭拉分校毕业，从事社区发展工作。20多岁的他一直不懈努力，积累经验资历。他获得了教师资格，也走上了讲台，还做了学校管理者。30岁后，他在旧金山的拉丁裔聚居区担任少男少女俱乐部的管理者。5年里，他跟团队一起强化了学校、家长、治安管理者和医疗机构之间的联系，给孩子们提供了更好的成长环境。

2018年，39岁的他加入了现在的团队，他在团队里的任务是促使儿童更妥善地接触新技术。"儿童能不能上网、怎么上网，这很重要。网络管理人员、教育工作者和家长都是我的教学对象，我人生的使命就是为孩子们提供一种体验，让他们感受到自己与他人有所联结。因为你要能为自己发声，还得明白自己在他人面前是怎样的个体，才能真正获得成长。"

杰米说："我觉得我们在生活中的决策，会影响我们的价值观。在我界定自己的生活时，追求职业成就与坚持真我之间，一直有着某种微妙的关系。我也在摸索着去挑战自我。如果我发觉自己对一些事、一些话有了反应，我会试着改变自己的视角，从一个截然不同的角度去看待这件事，这也是我通过当年卖花生所学到的。这样一来，我就能透过别人的视角来放下自己的执念，也能从那些带来压力的事务中，回归到我真实的生活状态里。所以不管你内心有什么烦恼，试着换个角度想想。我爸说'要挑战你的第一反应'，这样你才能保持善良与感恩。这也许就是我很少因为琐事烦恼的原因。"对杰米来说，不管过去还是当下，目标永远都不是达成完美。

阿南达的故事：看清什么是自己真正应该为之负责的

阿南达·戴是一位30岁的女性，来自蒙大拿州的利文斯顿。她是全家4个孩子里最小的，父母离异时，她才2岁。她父亲获得

第 2 章
法则 1：拥抱不完美，从试错中学习

了 4 个孩子的监护权，靠着卖保险养活全家人。阿南达 7 岁时，她父亲把家搬到了北卡罗来纳州的罗利，他还是接着卖保险。"我爸要养 4 个孩子，收入又不是很高，所以他总是过着捉襟见肘的日子。纵观我的童年，我一直在思考着父母离异造成的影响，家里有没有缺钱，以及我怎么才能帮爸爸减轻负担。"

学业成了阿南达的救命稻草。"读书看起来就是一道通往截然不同的人生的传送门。我竭尽全力要上大学，而生活也会因此有所不同。好好学习集中了我所有的精力，我别无选择。我还读了很多小说，让我有所共鸣，同时也启发了我可以成为什么样的人，或应该成为什么样的人。"

"我一直背着包袱长大，"她告诉我，"小时候，我性格内向，脾气也不好，对外界也不够敏感。只要你把所有的事都归咎于自己，你就不需要依赖别人，也就不会对他人失望。只要你别那么敏感，你也就不会受那么深的伤害。所以，我的日子过得还不错，但就是因为自我太封闭，所以没能敞开心扉去拥抱更多的体验。我 16 岁的时候，读了一本书，里面提出一个问题：'想象一下，你老了以后是什么样子？'我思考了一下，你知道那些特别会讲故事的老奶奶的样子吗？我就想成为那样的人。能通过讲故事来影响他人，简直就是一种魔法，而我就想成为拥有这种能力的人。可我突然惊恐地意识到，自己根本没有能力去讲故事，因为我的生活方式无法让我抓住机会去拥有各种经历和体验。我希望能拥有一些可以拿来当故事讲的经历。

"我想，如果没有周遭熟悉的事物的影响，我能更容易地去重新定义自我。我想转变为我想成为的那种人。一蹴而就并不现实，

057

但只要你知道了前因后果，你就能找到解决方法。远行就是一个收拾行装，投入彻底不同的环境的机会。它倒逼你去改变。重点不是我去了哪里，而是远行者就是我自己。"

在申请大学期间，阿南达了解到一个间隔年项目，她决心开始自己的间隔年。2009 年秋天，阿南达去了西非国家塞内加尔，住在一个混讲法语、沃洛夫语和克里奥尔语的生态旅游村的寄宿家庭里。

阿南达在塞内加尔要待上 7 个月。待了 5 个月后，在一个炎热的日子里，她和间隔年项目办公室的几个人一起徒步去了 12 千米外的海滩。"我跟另外一个人在水边，还有一个人留在树林边看东西。在海滩上，我们看到有两个家伙从林子里钻出来，拿走了我们的包。在这之前，我觉得这只是平常的一天，就是和同事们的一日游，一切都会顺利。但这时我身上除了一件泳衣、一条裤子和半瓶水之外，什么都没有。我的第一反应就是，完蛋了！我该怎么回家？我没了钱，没了手机！紧接着，我就想到自己麻烦大了。我之前并没有跟项目负责人报备这次出游，她会把我踢出项目组的。我怎么能到这步田地呢？我感觉自己要完蛋了。

"我们开始往回走，穿越树林时，碰到了一个人，我用沃洛夫语告诉他，我们被抢劫了。他把我们带到了附近的一个村庄，来自当地某个大学的几名研究人员正在那里研究水盐度。他们说可以用卡车载我们回家。

"一路上，我都想着负责人会把我踢出项目。我痛苦万分。因为如果回顾我的童年，你就会发现我总是会想'这全都是我的错'。

第 2 章
法则 1：拥抱不完美，从试错中学习

"我满怀内疚地坐在那儿。当时，我还患上了 H1N1 型流感，状态糟透了。项目负责人却表示他们不会把我踢出项目，因为我本身的自责以及丢失的东西，已经比他们能做出的任何惩罚都要糟糕了。'想想你能得到什么教训。'她说。我意识到，我要么内疚而痛苦地再熬几个月，要么原谅自己，在塞内加尔的最后这几个月里重新发光发热。最终，我原谅了我自己。我的手表被偷了，但我不再那么在意时间了。一直给我带来自责的这次糟糕经历，变成了我解放自己的机会。"

阿南达意识到了，在某种潜意识的层面上，儿时的她会为父母的离异而自责。在纠结是否原谅自己的海滩之旅的过程中，她开始学会不再轻易自责。"我学会了原谅自己。我学会了去控制那些我能控制的东西，比如我的反应、我的建议，更学会了放弃控制那些在我能力范围之外的事情。这种对生活的全新理解非常重要，因为它能重新调整你努力和付出的方向，进而让你在这个世界上更好地前行。你不该细致入微地管理生活中的所有细节，而是要学着营造适当的环境，这样生活才能越来越好。"

阿南达明白了，她应该学会提出真正的好问题，而非接受"这全都是我的错"这样一个肤浅的答案。她上了北卡罗来纳州立大学教堂山分校，并换了几次专业，最终决定学习公共政策，主要研究国际发展与公共卫生，并辅修创业家精神。

"大学毕业时，我本想着可以回到塞内加尔，但我当时的一大疑惑是，为什么那么多从业者都有着好的初衷，做起事来却像没头苍蝇一般？我决定继续学习，这样我才能带着技能回去。"于是，阿南达在旧金山谋了份工作，这是一家工业 3D 打印机制造企业。她在那里为公司设计了一款全新的自行车座椅。她最近跳槽到洛杉矶的一家初创企业"声音未来"。"我最近一直在学习,"她告诉我,"下一步,我要找到能发挥自身专业知识的领域。我并不把撒哈拉以南的非洲看作欠发展的地方,我把那里看作一个充满机会的地方。我的角色并不是要去那里拯救谁。我需要带着技能,去和那里有想法的人共同打拼,创建真正能解决问题的伟大企业。我得做好充足准备,才能为自己争取到席位。"

你会犯错,这是个好消息。做上几次深呼吸。告诉你自己,你并不需要听到"完美"这个词,感到"舒适"就好。反复犯错,直到有想法自然浮现在脑海中。放心,它总会出现。别忘了你现在的生活就是一个学习的进程,去找那些能帮你成长的老师,他们无处不在。

你唯一能控制的,就是自己的行为与反应,其他的要顺其自然。进一步在自己擅长的领域磨炼,不为挫折而改弦更张。不仅是对别人,更要对自己提出优质的好问题。在所有需要努力的事情中,去做个好人,这不仅能让你在道义上保持"正确",还能让你的人生开启更多的可能性。至于做个好人究竟意味着什么,以及该如何做个好人,就是我们接下来要探讨的方向了。

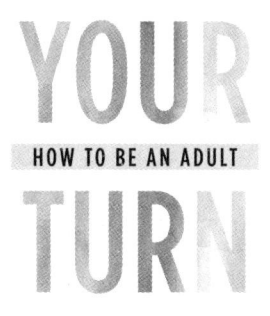

第 3 章
法则 2：培养好品行，与周围世界共赢

> 倘若在原则的执行上随心所欲，
> 那原则也就不是原则了。

——美剧《良善之地》中其迪的台词

生活并不是要以尽善尽美作为终极目标，这会把所有人都逼得焦虑。当你的生命结束，你会被家人、朋友、宇宙和任何你所信任的事物衡量，会有那么一小段影像反映着你的真我。你这一生做的一切，在此时被浓缩为简短的定义：好人或是坏人。而我们在此讨论的就是你的品行。

这听上去还好，毕竟你能够控制自己的品行。但品行究竟是什么呢？它是你人格与行为特质的外在表现，别人可以在与你的互动中观察与体验到。如果你一个人流落荒岛，那你不必太担心品行。但我们是社会性的物种，你的品行影响着他人，故而非常重要。品行决定了你的成败，所以还是当个好人比较明智。

你的品行决定了世界回应你的方式

我的儿子索耶出生于 1999 年初夏，女儿埃弗里出生于差不多两年后。刚刚为人父母的丹和我听其他人说，所谓育儿，便是用砂纸打磨孩子生而有之的棱角，无论这棱角是来自基因还是性格，这样他们才能融入这个世界，学会跟别人友善高效地互动。同其他所有父母一样，我们也期望自己的孩子能成为一个好人。

如今 20 年过去了，我觉得很有意思的是，我们之前的理念是通过打磨孩子来改变他们，而不是给他们提供一个小工具包，里面放着让他们在这个世界上生存所需的工具。事后来看，工具包可能是个比砂纸更善意些的比喻！不管形式如何，我们的意图是正确的。品行很重要。好的品行往往能让那些跟你交往的人受益，从而使你更有可能"多个朋友多条路"。事实上，好的品行意味着共赢，人人都能从中获益。虽然你可能觉得自己已经成年了，不再需要学习这些东西，但我发现，我作为一个成年人，仍然时不时需要复习一下，所以我想你也会从中获益。

来自长辈的智慧

我母亲 82 岁了，她来自英格兰北部靠近苏格兰边境的约克郡。在探讨优良品行的养成之前，我想先说说我母亲喜欢讲的一个民间传说。

故事的背景是一位老者坐在村口的椅子上，他的工作就是盯着人们来来往往，并盘问进村的陌生人。

老人端坐着，神情肃穆，若有所思。他思考着人与人之间的异同，思考着时间流逝所带来的改变。这时，一个从城里来的陌生人出现了。很明显，这是个外地人，他先是看了看四周。"这里住的是些什么人？"他问道。老人反问："你的来处都是什么样的人？"陌生人叹了口气，说："他们都是多疑、狭隘、刻薄的不义之人。""我的朋友……"老人回答，"这里的人跟他们一个样。"

陌生人离去了。老人继续端坐，直到又来了一个人。"这里住的是些什么人？"他问道。老人反问："你的来处都是什么样的人？"陌生人说："很高兴您能这么问，我很想念他们，到目前为止，他们是我见过的最棒的人，很多人特别优秀，每个人都是好邻居。"老人的脸像初升的太阳一样灿烂，他甚至偷偷流下了一滴眼泪。"我的朋友……"他回答，"这里的人跟他们一个样。"

这个十分贴切的故事非常有寓意。抛却对他人的偏见吧。对我而言这是一件非常真实的事情，我写了一整本书来讲授我应对偏见的经历。我们的生活，在很大程度上受到了我们行为与观点的影响。**我们的品行决定了我们的认知，也决定了世界回应我们的方式。**你给了别人什么，你也会得到什么。就这么简单。

如果你想变得重要，那很好；如果你想得到认可，那很好；如果你想成就伟业，那也很好。但你还是要知道，要成为伟大的人，必为他人服务。这就是对于伟大的新定义。

我很喜欢这个观点。通过如此定义伟大，我们明白了人人皆可伟大，因为人人皆可服务他人。你并不是非要有大学学历才能帮助他人，你不是非得靠着巧舌如簧才能帮助他人，你不必非得知道柏拉图和亚里士多德是谁才能帮助他人，你不一定非得懂爱因斯坦的相对论才能帮助他人，你也不一定非得知道热力学第二定律才能帮助他人。你只需要一颗感恩的心，一个因爱而生的灵魂，就能够帮助他人了。

我想和大家分享的另一个关于品行的描述来自斯坦福大学的教授埃玛·塞佩拉，她是斯坦福大学同情与利他主义研究教育中心的科学主管。塞佩拉教授和我都在某个邮件组中，她最近在给我们所有人发的一封邮件中写道，她的学生在追求一些外界定义的成功时，错过了更为重要的人生意义：

我前几天问了我的几个学生一个问题："你所认识的最棒的人，有着怎样的品格特征？注意，是'最棒的人'哦。"

他们回答："爱他人、关怀他人、善良。"

我接下来问他们："这些品质难道不就是真正的成功吗？做一个能给他人生活带来正面影响的好人，难道不是一种成功吗？"

从我母亲到塞佩拉教授，她们都很好地提醒了我们，究竟什么才是好的品行。回顾我的人生岁月，当我挣扎、愤怒或悲伤时，最难表现出良好的品格。我上五年级的时候，一位叫苏茜的同学因为膝盖有伤，得到了各种关注。当时的我很是嫉妒。有一天，大家都在休息的时候，我走到苏茜的座位，掰断了她的尺子。她发现后告诉了老师，老师又向全班同学质问是谁干的，而我一言不发。事实上，我之前从没跟任何人说过这件事。为什么我一直忘不掉这件陈年旧事呢？因为我的灵魂一直都知道我做错了，而且我也没有争取过他人的谅解。我的灵魂，一直记录着我的品行。这件事已经过去 43 年了，我想，我该联系一下苏茜了。

坚持做 3 件事塑造好品格

我这个人以前偶尔也挺"混"的。我用"混"这个词来概括所有构成坏品行的行为，包括撒谎、欺瞒、刻薄、占便宜、滥用权力和伺机报复。正如我们在前面所讨论的，没有谁能完美，完美本身并不是重点。我们生命的意义在于学习和成长，而这个道理同样也适用于品行。我能接受自己生来有各种各样品行上的瑕疵，但如今我已经成年，便不能任由这些瑕疵留存在我的身上。我敢说，随着时间推移，我的的确确成了一个更好的人。即使我已进入暮年，我也仍要在品行上越来越好。例如，当我婚后与我母亲生活在一起时，我发现了很多难以接受的地方。那时我 34 岁，她 63 岁。母亲、丹和我一起搬进了一幢房子，成了关系平等的户主，这么做的唯一目的是让我们的孩子能进入理想的公立学校。这样一来好处诚然很多，甚至还有高质量的免费儿童托管，但坏处是我和丹作为夫妻的隐私更少了，我觉得母亲有时候会批判我及我的育儿方式，她还会对我指手画脚，好像我还是个小孩一样。三代人在同一个屋檐下生活了 11 年后，丹和我终于攒够了钱，再给母亲造了一幢小房子，这样对大家都好。

随着我终于开始爱自己并接纳自己，不再在意包括我母亲在内的其他人如何评判我，我发现自己其实想还击我的母亲。因为在我成长的过程中，她总是很严厉、固执、听不得不同意见。现在我终于可以说："看！你也有自己的缺点！"我并没有对她很刻薄，只是相处时有了更多的不耐烦，总是纠正她。她说我不对，我说她不好，就这样反反复复。

2017 年夏天，我在日记中为当年接下来的日子设下了几个目标，其中就包括改善我和母亲之间的关系。慢慢地，我养成了一种习惯，我不仅像对待邻居老人一样友善地对待我母亲，更会在相处中投入我期望从她身上得到反馈的那种善意。我的正念练习可以让我注意到对话发生的那一刻，我有着怎样的感受，也可以让我调整自己的情绪，更好地决定该怎样回应。在和母亲的交流中，过去的我可能会被冒犯，进而有所反应，但现在的我更豁达了，会去思考并决定到底怎么沟通、如何反馈才能让我们的关系真正变得越来越好。

进一步改善我们关系的机会出现在新型冠状病毒（以下简称为新冠）大流行的初期。当时是 2020 年的 3 月下旬，我们已经在家里待了两个星期，除非必要，否则从不出门。丹、埃弗里和我正在前院，母亲挎着包走过来，说自己要去商店，因为"过去这两周里，我只见过你们 3 次"。我清楚地知道，这两周她起码见过我 20 次，肯定不是 3 次。为什么？因为这日子可太难熬了！每天除了用消毒水清洁房屋，坚持给隔离在楼上的索耶送吃的，陪伴脾气不太稳定的埃弗里，写这本书，跟丹享受短暂的共处时光，我都会去我母亲的小房子跟她打个招呼，看看有没有什么能帮忙的。而现在她竟然睁着眼睛说瞎话！我当时气疯了，觉得自己的努力她完全看不到。我也有点害怕，担心这是她记忆力出问题的表现。防备心理和恐惧感会让人表现得像个混蛋。丹、埃弗里和我试图劝阻母亲外出。我们提醒她，我们随时可以去商店替她买任何她需要的东西。我们也提醒她，按照本地政府的明确规定，她这个年纪的人现在不能出门。我还很"混"地跟她说，要是她真的感染了病毒，我们都不去医院探望。可嘴皮子磨破了都没有效果，她一直念叨自己需要见见人。80 多岁的她大跨步地走向自己的车，她已经萎缩的身体，竟充满了力量感与正义感。她扭头大喊："要是商店人太多，我就回家！"

我们眼睁睁看着她开车走了。当时 18 岁的埃弗里把我拉到一边，说："妈妈，我想你和嘎嘎都没错。"（我的孩子管我母亲叫"嘎嘎"。）在我看来，我母亲的所作所为不可理喻，所以我对这孩子接下来要说的话也持怀疑态度。但她毕竟是我的孩子，所以我还是接着听。她说："妈妈，我知

第 3 章
法则 2：培养好品行，与周围世界共赢

道你们每天都去看嘎嘎。你每次都很努力，我都看在眼里。但对嘎嘎来说，你并不是真的去跟她交流。你并没有进去坐上很久，她也没给你倒水喝。"

啊！我全明白了。这孩子说的一点毛病都没有。我瞬间冷静了下来。母亲回来后，我匆匆进了她的小屋，把埃弗里的话告诉了她。她也完全同意。而且她也冷静了下来，并为之前的冲动道歉。她将不好的状态归咎于手机上弹出的一大堆信息。我们整个利思科特家族有个聊天群，这对一个80多岁的老人来说，可能的确有点难应对。我教她怎么关掉群消息提醒。从那天起，我一直努力给我母亲提供她所需要和应得的高质量陪伴，这就意味着每个工作日早上8点，我都会跟她一起在她家门廊上喝咖啡。我相信人的灵魂会时刻提醒自己，你在品行上有着怎样的表现。那天晚些时候，我还专门把埃弗里拉到一边，向她重申我非常钦佩她强大的洞察力。如果有人就像我的孩子一样，教给了你一些东西，那就要承认并感谢人家。这也是一种好的品格！

我以亲身经历证明，我们可以靠努力来改善品行。我也喜欢尝试让别人参与到我的品格的确立中来。我们家的后院有个篝火坑，周围摆了八九把木椅。夏天的傍晚，我和丹有时会请朋友、同事一起来家里吃晚饭，然后带着饮料、甜点去后院。我会坐在我最喜欢的那把椅子上，这样刚好能看到夕阳西下，不知为什么，此情此景总能让我更平静、更专注。每个人都坐好后，我会跟大家说："我希望自己能不断学习，不断成长，直到生命终点，所以我特别想知道自己究竟需要做什么。不是为了获得某个职位、达到某个级别或者赚到多少薪水需要做什么，而是为了成为一个更好的人需要做什么。如果你跟我一样，如果你愿意的话，不妨跟我们分享一下你正在做的事情。你究竟要成为怎样的人呢？"一般大家的分享都很顺利。人们会敞开心扉，畅所欲言。有一次，我收到一位朋友的丈夫手写的感谢信，我跟他只有一面之交，但他明确表示，永远忘不了那次篝火边的谈话。

但偶尔，分享并不顺利。有一次，几位董事会成员来我家喝了几杯酒后，大家移步到了后院。我们聚在篝火边，手里拿着喝的，我说了我的开场白，而一位董事摇了摇头，说这是个又天真又自恋的问题，简直太自以为是了。我笑了笑，做了个深呼吸，先感谢了她对此的拒斥及解读，然后说："的确，需要有一定的空间和财力，才能在生活中问这样一个问题。问这样的问题，显得我好像有点自以为是，可话说回来，难道这样的生活不值得我们去探寻该如何继续进步吗？这样我们才能成为一个对工作中、社群里的其他人更有益处的好人啊！"可她只是一直摇头，就是不能理解我为什么要这么做。不过我确实相信，扪心自问"我要成为什么样的人"是一种很有效的方法，能让我们不断地控制自己，为自身品格的完善设定目标，不让我们因世俗的成功与地位而自满。

就在我写这本书的时候，我每天都坚持不懈地做着这 3 件事：

1. **在谈话中给别人留出空间。** 我本是个外向的人，所以我很容易说出自己的想法，分享自己的观点，甚至乐在其中。但我从《内向性格的竞争力》（Quiet: The Power of Introverts in a World That Can't Stop Talking）的作者苏珊·凯恩（Susan Cain）的研究中明白，内向的人只有在安静的空间中，才能更好地表达自我。要是我们这些外向的人一直喋喋不休，那就无法给内向的人留下表达的空间。我时时刻刻注意这一点。丹就很内向，所以每当我们和其他夫妻一起外出，倘若对方问了一个我俩都能回答的问题，我会微笑闭嘴，甚至把目光移开。我会在微笑中扬起眉毛，等着丹开口。这些行为我都是有意为之，就是为了不让自己嘴快抢了别人表达的机会。不要误会我，我并不是逼着自己沉默，我只是学着不去做房间里第一个说话又说得最多的人。

2. **克服我的偏见**。十多年前，在斯坦福大学高管教练的帮助下，我了解到，如果我能密切关注自己对周围发生的事情的反应，我就能更好地控制自己的行为表现。通过正念，我可以注意到自己快要产生某种感觉，也可以跟自我就情绪感受的体验和产生原因进行沟通，然后在周遭情况继续发展的时候，决定我究竟该做些什么去对之进行反馈。我很努力地去觉察自身的刻板印象、偏见和片面的认知。我对与我肤色不同的人，会区别对待吗？我对不同的残障人士，会区别对待吗？我对蓬头垢面、衣衫不整的人，会区别对待吗？这些还只是我能注意到的一些偏见。感谢珍妮弗·埃伯哈特（Jennifer Eberhardt）对于内隐偏见的研究，她的著作《偏见》(*Biased: Uncovering the Hidden Prejudice That Shapes What We See, Think, and Do*)颇值得一读。我并不因为自己存在某些偏见而感到难过，因为我已经明白，唯有找出它，才能克服它。在我看来，这就是一种心理上的魔法。我的做法就是在必要时调整它。

3. **和他人分享自己的进步**。这既强调了持续努力对我们品格塑造的重要性，又可能因为我个人成长的某些经历引起他人的共鸣，使之也投入完善品格的努力中。嘿嘿，说的可能就是你哦！

好人品的 16 条准则

我已经说过，我知道自己有缺点，我也不知道所有问题的答案，相信你也能体会到。接下来我列出的 16 条，是我多年来一直被教导并坚持学习的关于好品行的准则。我希望你能把这些准则放在心上，并想想其中哪一条对你来说尤为困难。

1. **别那么自我。**你只是数十亿人中的一员。你的需求和愿望诚然重要，但其他人的也一样。如果你能读到这本书，那已经意味着你可能享受到了比地球上绝大多数人更优质的生活。做个深呼吸，告诉自己，要时刻保持谦卑。天底下发生的绝大多数事情，都跟你扯不上关系。希望你能因此感到解脱，而非悲伤。利用你所拥有的优势，在生活中变得更友善，带给别人更多安全感吧。

2. **你的人生目标就是学习与成长。**这一条可太美妙了！世间有那么多需要我们去学习和探索的东西。对自己犀利的一面和鲁钝的一面，我们都要保持好奇。要有志于成长为那种能让他人获得安全感，并时时有联结的人。

3. **常常微笑，让笑容温暖自己的内心。**我想提醒一下，这条准则与情绪相关，而情绪对我们来说并非完全可控，所以对某些人来说，执行起来尤为困难。研究表明，我们每个人都有不同的情绪基点和态度基点。有的人生来更乐观，有的人本身就偏向中性，甚至悲观。这就是我们的硬件情况。但在硬件之外，我们也会经历一些让我们感到兴奋或沮丧的事情。有时我们只是情境性抑郁或焦虑，但有时也可能是达到临床水平的抑郁或焦虑。这些感受本身都很真实。可只要我们能够在与他人的交往中表现出积极的态度，就会像用了助推剂一样，使交往变得更加顺畅。如果我们能优化自己的情绪基点，至少在我们需要与别人互动的时候去调整一下，对我们自身，以及互动的对象，都将大有帮助。采用腹式呼吸，能够帮助你调整情绪基点。

4. **举止得体**。虽然我成长于能"野蛮生长"的 20 世纪 70 年代,但我那严格的母亲可一点都没有放松过对我的约束。我的朋友们都能直接称呼她的名字,但我必须用敬语来称呼所有的大人。我的朋友们从来不说"请"和"谢谢"这样的话,但这些词已经深深地印在了我的脑海中。我还很小的时候,就不得不关注自己在礼仪上的细节,而我的同龄人却大可不必。但随着我年龄渐长,我愈发意识到,得体的举止就像一条红地毯:沿着它走,总能碰见好事。所以,在丹和我当了父母后,首先想在索耶和埃弗里身上树立起来的品质就是讲礼貌。早在他们有了朋友、学会分享之前,早在他们足够成熟、会助人为乐之前,他们就已经被要求拥有得体的举止。如果他们说要吃饼干,就得把"请"这个字也说了。如果他们说要哪个玩具,就得说"谢谢"。游乐场和餐馆里的陌生人会跟我们两口子说,我家孩子这么有礼貌,我们可真是太幸运了。可我们很想大声回复:这才不是什么运气!(专业提示:品格好的人往往不会吹嘘自己。)

5. **有耐心,要优雅**。天底下有很多与你无关的事。所以要给别人腾出空间,让人家去做他们应该做的事情。尤其是事态紧张的时候,更该如此。你要表现出有耐心的样子,往往就是慢慢点点头、脸上带着温柔的笑意,仿佛岁月静好,没有烦恼。耐心就是一条温暖的毛毯,能让一切都平静下来。

6. **有序行动,善于妥协,与人分享**。我母亲对这一条的执行也很严格!她教育我,如果有朋友来家里,饼干不够分的话,就要把饼干让给客人。我出了家门,却发现社会上的规则并不一样,这让我非常困惑。当时我 4 岁,在别人家里说:"我是客人!所以把多的饼干都给我!等你到我家了,多的饼干就给你!"饼干始终美味，但生活就是让它始终不够分配。虽然饼干可以掰成两半，但生活中我们所向往的太多东西，是不能对半切开的。如果我们都知道要有序行动、善于妥协、与人分享，而不仅仅是只顾一己之私，丝毫不考虑他人的感受，会怎么样？在分享这件事上去探寻更有创意的方法吧，不管是以物易物，还是用服务换服务，或者是在工作场所、交际场合改变自己的角色定位。如果大家都把这一条当作自身的价值观，将大有裨益。

7. **努力工作**。哈哈，我又要提到我母亲啦！父母的一大作用，不就是向我们灌输这些永远伴随在我们左右的格言警句吗？我已经听到她在说"要干你就好好干"了。小时候听到这些话，会让我心生不快，感觉她在评判我，但如今我已成年，完全能明白她的真实用意了。如果你做事半途而废、虎头蛇尾，势必会影响工作的进展，那些看到你没尽力并因此受牵连的人，无论对方是你的老板、同事、下属、家人还是朋友，甚至只是陌生人，都会感到恼火与沮丧。要用真正的努力去达成最初的承诺，进而鼓舞和激励他人。努力工作还有个额外的好处，那就是能让你心情愉悦起来。在行为科学家丹尼尔·平克（Daniel Pink）的畅销书《驱动力》(*Drive : The Surprising Truth About What Motivates Us*)[①]中，他认为对工作的深度投入，就是"灵魂的氧气"。

8. **乐于助人**。有的工作不是我们的分内事，但倘若我们能搭把手，那也非常好。这些工作可能是要完成的任务，可能是要解决的问题，可能是要处理的事情。一个品格优良的人会问自己："我能不

---

① 该书颠覆了传统的激励理念——"给我奖励，我就更努力"，提出了真正驱动我们行动的是我们想要主导自己的生活，延展我们的能力，让生活更有意义的深层欲望。该书的中文简体字版已由湛庐引进，由浙江人民出版社于 2018 年出版。——编者注

能帮上什么忙？"并据此采取行动。会这样问自己问题的人往往乐于助人。不过我还是想补充一下，如果你的初衷并不是为了得到别人的认可，而是相信帮助他人本身就是一种福分，那这会对你品格的修炼更加有益。做好事不留名的人，是最可爱的人。

9. **保有同情之心。**索耶 2 岁的时候，就已经很想要个小弟弟或者小妹妹了。从埃弗里出生的第一天开始，他就对她充满了爱意与耐心。多年来，他们关系亲密，毫无兄弟姐妹之间的竞争芥蒂。但到了他俩一个 7 岁，一个 5 岁的时候，老大有时还是会跟老二找碴。埃弗里就会向大人恳求说："罚他！"可这对我和丹而言，并没那么简单。为什么平时善良随和的索耶会如此表现？之后几年，我读了一些相关的书，开始意识到，倘若有人表现得不够友善，那往往是因为他们自己受到了伤害。研究中最典型的例子就是那些欺负别的孩子或者虐待动物的小孩，他们很可能之前遭遇了来自他人的伤害。索耶 11 岁时的某一天，又非常刻薄地对待了埃弗里。我安抚了老二，却并没有惩罚老大，而是温柔地问他："今天也有人对你很不好吗？"他看着我，仿佛我读懂了他的心思，接着告诉我那天他碰见了什么问题。我告诉他这很可能就是他对妹妹不好的原因。他跟妹妹道了歉，妹妹也接受了。我感觉到这是自己育儿方面的一次经典的成功案例。几年后，胜利果实愈发巩固。某天，我在斯坦福工作了一天，非常辛苦，回到家后刚把菜端上桌，就开始对丹和孩子们发脾气。索耶走过来，温柔地跟我说："妈妈，今天有人对你很不好吗？"我看着他，无语凝噎。他的问题像帮我按摩一样安抚着我。孩子的智慧让我欣慰。（专业提示：孩子们可都有着大智慧！）我一把把他揽进怀里，亲吻他的额头。答案当然是我受气了，但我没必要把工作上的气撒在家人身上。我道了歉，大家也都原谅了我。

10. **要意识到自身的偏见，并敢于承认**。正如我前面提到的，这是我平时就会注意的一条。再次重申，我非常感谢珍尼弗·埃伯哈特教授对此课题的研究。当你意识到自己因为他人的外在表现而在心中形成偏见与刻板印象时，你要告诉自己："我对那个人的想法，可能是错的。如果我把他当成我最好的朋友，我还会这么想吗？"仅仅意识到这一点，就可以解除成见对你思想和心灵的束缚。接下来，你大可以带着微笑与对方交流，这不仅能温暖你的内心，更能让你带着善意投入互动，以友善换来友善。这方法并没多难，甚至还会熟能生巧。想象一下，倘若我们每天都能如此对待他人，世界将会多么美好。

11. **说真话**。真相有时候会非常可怕。每当可怕的事情发生，或者犯下什么难以挽回的错误，我们都不想直接去面对。但谎言与掩饰只能换回一时的解脱，从长远来看，它们会像流沙一样吞噬你，直到你深陷其中难以自拔，而事情也因此变得愈发复杂与可怕。成年所代表的一大进步，便是在你身处困境时，还拥有敢于了解真相、面对现实的能力。每当做了什么错事或者坏事，你难免觉得自己会被这些污点定义，它们的负面影响挥之不去。一旦你把这些事藏在心中，它们就会试图在你的心智中定义你，有如时隐时现的可怕影子。可你只要把它们说出来，影子就会在阳光的照射下无处遁形。你可能会担心，倘若真相大白，你会有大麻烦，然而事实恰恰相反。谎言与掩饰会扼杀良心，而真相则会滋养它。不过，并不是说时时刻刻都要说真话，毕竟有时实话最伤人。你也不必把真相说给每个人听。所以，要利用你自己的判断力来决定在什么时候、跟谁说出真相。就算因为种种原因，当下的确不是分享真相的好时机，也要和自己对话，想想自己究竟保守着什么秘密，为什么会暂时沉默，以及什么时候应该发声表达。你可以跟其他人说:"是我干的,对不起。我希望从中吸取教训,也在努力做得更好。"而这,也恰恰是其他人对你的要求。说完了,你也就释然了。

12. **该求助就求助,并优雅地接受他人的帮助。**前面我们讨论了在工作场所中"求助"有多重要,其实"求助"也能更广泛地应用在生活中。坚韧粗犷的独立主义者往往觉得自己是一座不需他人帮助的孤岛,他们的确会有点让人头疼。我不由得想到系列真人秀《幸存者》里面经常出现的桥段,某个人在按照自以为最好的方式搭建庇护所,而其他人则仅仅是在一旁看着。这种人总是试图去证明什么,最终往往是浪费了他人的时间和资源。而且有些事本来就是该别人来完成的。当别人一再主动介入,并向你提供帮助时,通常就意味着你已经让身边的人觉得不太舒服了。不要总是自以为你的方法才是唯一的方法。不妨退后一步,敢于承认"嗯,你的想法可能也不错"。其实,我们自己的想法和方案,往往并非最优解,而且只靠我们自己,往往独木难支。别死要面子活受罪,去优雅地求助和接受帮助吧。

13. **为自己的错误道歉,并从中吸取教训。**人非圣贤,孰能无过。很多过错都非常明显,难以忽视。不过,有时我们的言行伤害了他人的感情,却没那么明显。这是人际交往中最大的麻烦事。你说的是一回事,但在别人的认知中却是另一回事,而且这两种解读竟然都能成立,于是难免产生误会。你能控制自身的意图和举动,但无法掌控别人的看法和态度。别说"如果冒犯了你,那我很抱歉",这种话根本不是道歉。真正的道歉应该是"很抱歉,我冒犯了你。我并不是故意的。我知道冒犯了你,非常对不住"。盖瑞·查普曼(Gary Chapman)博士在其著作《道歉的五种语言》(Five Languages of Apology : How to Experience Healing in All Your Relationship)中提到，根据我们的成长环境、个性特质和忧心困扰的不同，我们每个人都会有特定的"最需要"听到的道歉话语，帮我们从发生的事情中走出来。这5种话语分别是：

话语1：表达歉意。（"对不起。"）
话语2：承认过错。（"我错了。"）
话语3：弥补过失。（"我能做些什么来弥补吗？"）
话语4：真诚悔改。（"我尽量以后再也不这样了。"）
话语5：请求饶恕。（"请原谅我好吗？"）

你越了解对方，就越明白哪句话对其最有效果。但如果你不了解，也分析不明白，那就直接说句"对不起"吧。

14. **在打算争辩与拒绝之前，先想一想他人的意见。**我们总是会给一些我们不希望与之为伍的人贴上"落后"或者"顽固"的标签。我们总是没耐心听别人把话说完。相应地，我们也时常打断他人，甚至干脆无视对方。这非常不妙，会使我们的社区与家庭走向分裂。如果被无视的是我们自己，那我们内心自然也会痛苦。我们不希望因为自己做过错事而被永久地批判，那我们又为什么要如此苛求他人呢？我们应该做得更好。深吸一口气，听听对方究竟在说什么。问他们几个问题，这样就能更好地了解事情的来龙去脉。要真正地去寻求理解对方。人很难在周遭充斥着对立的恨意时做到这一点，但如果一个团体、一支队伍、一群朋友、一个家庭、一个班级、一个年级、一所学校或一个办公室的人都能同意先把自我搁置，带着尊重去倾听他人的意见，那也许我们就能做到了。

15. **宽容**。这条我才刚刚开始学着去实施。多年来，我一直挺小心眼的。如果一个人让我非常不爽或愤怒，我就会迫切地想让对方理解他给我造成的伤害。但随着年龄渐长，以及长期和心理咨询师共事，我逐渐意识到，我其实并不能改变任何人的行为或观点。也就是说，这个人到底会不会从我的角度来分析事情，完全取决于他自己。心理学家说，当我们对他人心怀愤怒与怨恨，这些情绪就会像肿瘤一样，长期存在于我们的心智与心灵之中。我没法让对方理解我的想法，同时我还会白费大量的精力去生对方的气。而耿耿于怀的状态，又直接影响了我的生活质量，甚至会波及我的寿命。这可是有科学依据的！即使你认为你不能或者不该在心理上对他人的所作所为一笑而过，我还是建议你想个方法让自己释怀。

16. **慎独**。当你跟别人在一起的时候，行为上很容易表现得非常端正。可你在独处的时候呢？你还能好好表现吗？或者，会不会因为没人看到，你也曾做过一些明知不可为的错事？真正衡量优良品格的标准，就是哪怕没人在旁，你也照样能有原则底线。不然就是表里不一，外在世界的你和内心世界的你，就不是同一个人了。你得成为一个表里如一的人，你得永远知道自己是谁、自己行为的模式及其成因。你得坚持不懈地努力，去成为这样的人。你得像尊重别人一样尊重你自己。否则，你终将后悔，没法相信自己居然真的做了表里不一的事，变成了另一个自己。请记得，要表里如一。

以上这些特质，就是好人品的神秘配方。如果你觉得这 16 条准则太难记，或者不想一直带着这本书，那么总结下来便是：要爱他人。

YOUR TURN: HOW TO BE AN ADULT
在世界上找到你的位置

人类在许多方面发展水平惊人，能破译基因图谱，也能把高科技设备送上火星。但我们还是无法逃避真实生活中各个领域里的竞争，文化之间、国家之间、体育队伍间、社会组织间，概莫能外。研究表明，这是因为我们古老的祖先需要形成"群体"，以保护自身免受他人与外界的伤害。如今，就算是"穿了件彩色衬衫"这样的小事，如果你刻意在办公室提及，也能让人产生"自己人"和"外人"的联想。我们脑中的"蜥蜴脑"① 部分似乎天生就知道我们跟谁一伙，并对另一伙人产生巨大敌意。

我们在物种方面的演进已如此高级，但我们对其他客体的"妖魔化"还是不时伴随着痛苦或暴力出现。作为非裔美国人，我对此深有体会。如果我能改变人类的某个特质，那我希望我们不再根据那些没法改变的特征，比如种族，来评判和伤害彼此。

想象一下，倘若有一天，地球上的每个人都能拥有这16种优秀的品格特质，不管对自我还是他人都能表达爱意，那么，我们的生活将会产生质的飞跃。我深信我们完全能做到。

品格是这样一种东西，它让别人认识我们，并且在我们作别这个世界后，还能留下深刻的印记。

你不仅要富有成效地与他人互动，还要尽可能让这个过程和谐愉悦，而且平衡好与自己的责任之间的关系。这也是我们接下来要解决的问题。

---

① 人脑中掌握情感、本能，而非理性思考的部分。

第 4 章
法则 3：勇敢做自己，取得人生掌控力

> 如何去衡量一个人，或者一个英雄？
> 看他是否成功地做了他自己。

——《复仇者联盟：终局之战》中弗丽嘉王后的台词

每逢节日、亲戚的婚礼或者其他一些会让一大家子人聚在一起的活动，总会有一个你很久没见的亲戚过来问你这样的问题："你考上了哪所大学？""你在哪儿上班？""你学什么专业？""交女朋友没有？"

每每这时，你都会目光游移一下。你的大脑其实正在所有可以做出的反应中加以选择，看看是要报喜不报忧，还是表现得更真实一点，虽然这可能会让对方觉得困惑、失望甚至反感。最终，你把身体重心换到另一条腿上，开始回答：你已经在社区大学攒了些学分，现在等着转学；你的专业是计算机科学；你试录过音乐专辑，在建筑行业打过工，现在在一个非营利性组织做一些初级工作，与此同时，你还和某个在华尔街上班的朋友有创业想法，有时开开网约车；你没有女朋友……总之，都是些你知道对方不想也不愿真正知道的东西。

你的回答能换回怎样的反应简直显而易见。

但只要你的回答能让亲戚满意，你就成了"别人家的孩子"。对方会对你灿烂一笑，甚至来个击掌，再加上"太棒了！"之类的评价。如果他们脸上挂着那种"哦？"的神情，那可糟糕了。他们会抿嘴微笑并略略点头，尽全力掩饰自己对此的不屑。偶尔真有一个愣头青亲戚，会直接说你的行为大错特错，愚蠢至极。但我认为最折磨人的反应，还是纵然他们根本就不知道你说的是什么，而你试图进一步好好解释时，他们也根本不会试着去了解你、理解你，反而把对你的不理解转化成对你们这一代人的批判。"你们这帮'00后'都什么毛病？我们当年都知道好好找工作，好好干到退休。"此刻，遍寻房间，也难找到一个能解救你的人。

不在别人期待的角色中表演

儿时的我们，只想着让父母以我们为荣。其实纵然成年了，还是这样。比如说我吧，我都53岁了，我父亲在我27岁的时候去世，他只陪我走过当前生命的一半，可直到今天，如果有人跟我说"你做得很好，你父亲会以你为荣"，我还是会有哭出来的冲动。我不清楚为什么，但父亲的肯定对我就是如此重要。

第 4 章
法则 3：勇敢做自己，取得人生掌控力

如果你有时选择给出让亲戚们满意的答案，纵然与你的真实情况、计划和梦想有所不符，我也不打算说你什么。在许多家庭和社群中，"成功"的定义其实都相当狭窄，仅仅指那些"正轨上的"学校教育、某些特定的工作、与家人认为合适的人保持关系、拥有一定的财富或权势。如果你走的正是这条路，那你可能会从对你重要的人那里收获不少认可。让我们面对现实，这感觉真不赖。如果你真的想做让别人开心的事，或者别人是真的爱你这个人，那真的太好了！你只需要拥抱着你爱的人，沿着你选的路接着走。但不要认为这种情况是理所当然的。

心理治疗师的沙发上，最频繁的来客都是已经步入不惑之年甚至知天命之年却仍然非常不幸福的人。他们做了"该做的"，也成了"该成为的"那种人。按照上面的狭隘定义，他们无疑是成功的，但他们非常渴望去弄清楚自己究竟想成为什么样的人，究竟要拿余生去做什么。在此，我就是想确保你不要有朝一日也坐到那个沙发上。我并不是要抨击心理咨询，我认可并且参与其中，我只是想说，不要因为害怕让父亲失望而做出错误的抉择，最后还要落得做心理咨询的结局。

其实，不仅是父亲，还有母亲以及父母的朋友！一大家子人，甚至还有整个家族！没准爷爷奶奶才是最难搞定的！我当院长的时候，碰到过很多学生，非常苦恼于"不得不"把某个具体的科目学到某种具体的水平。我估计你也能猜到是哪些科目：经济学、金融学、法律预科、STEM 学科（科学、技术、工程、数学的综合学科）或者医学预科。我认识很多在斯坦福读预科的学生，他们一直都想找个机会告诉父母，自己其实不想当医生。可他们又觉得，似乎只有真当了医生，才敢跟父母说这番话。我也认识一些精英人士，他们已经在人生的某个方面（财富、名望，也许还有声誉）大为领先，但依然感觉自己真正想要的生活正在越来越快地离自己远去，财富、地位及随之而来的一切，都无法掩盖幸福感的下降。

至于生活中的个体行为，我也见过很多对自己有具体期待的学生，不管这些期待是针对文化归属、个人能力、稳重程度，还是他们与同伴交往的方式，或者是课堂表现，就算他们知道自己要成为，或者本就是与别人不一样的人，他们也被这种期待制约着言行。无论他们在课堂上还是实习中、工作中，甚至梦寐以求的求学深造中多么"成功"，这些学生在跟我交谈时，眼神中总是透着一丝恍惚。他们有着卓尔不凡的成就，却一直把真实的自我压抑在内心深处。我真的很是痛心。

你要成为什么样的人？是一个知道自己注定要成为谁，不管他人的看法，去追逐内心梦想的人，还是一个在四五十岁才觉醒，意识到因为害怕别人失望才做出所有的人生选择的人？

找到自己的人生定位

我用了 20 多年的时间，在别人的眼中证明自己。到了快 30 岁时，我觉得已经达到了目的。不过有一天，我还是在重重心理压力下崩溃了。

如果说我对你的成年之旅有什么期待，那就是希望你能比我更早地认清自我、认清人生目标。对我们许多人来说，成年的一个重要组成部分就是"偏离正轨"。因为只有这样，我们才能看到真正的道路。换句话说，也许你必须经历九九八十一难，才能找到自己的幸福源泉。

1995 年，我 27 岁，丹和我的幸福婚姻已经持续 3 年。在我从法学院毕业后的这一年里，我们一直租住在加利福尼亚州门罗帕克的一个中产社区，离斯坦福大学也不远。这是我俩第一套真正的居所，一个小小的二居室。它在一家小超市后面，并不高级，但它很干净，摆满了临时用的

第 4 章
法则 3：勇敢做自己，取得人生掌控力

家具——因为搬家的卡车在路上失火，这些都是用保险公司给的赔付款买的。我们每周四晚上都在沙发上一起看情景喜剧《老友记》。我们还买了一辆可爱的红色小车，是 1965 年款的名爵敞篷车，我们叫它"玛姬"。

当时我很确定自己做的一切都是对的。我是硅谷某知名律所的新人律师，负责专利、商标和版权诉讼。我每天都穿上拿自己的高薪置办的 5 套安·泰勒品牌西装中的 1 套，内搭奶白色或者黑色的上衣。为了让我具有混血特点的头发更显"专业"，我还用卷发棒把它拉直，梳成马尾。我背着全新的黑色蔻驰皮包去上班。我非常上进地研究关于知识产权及其保护的法律简报与案例。律所合伙人及资深律师教导我、表扬我，也赋予了我更多责任。我挣了很多钱，真的很多！我看上去特别适合这个工作。然而，在 1995 年夏天的某个周六晚上，入职 9 个月后，我坐在房东所说的"后廊"，实际上就是一块水泥板上，像个婴儿一样号啕大哭。

我哭是因为工作生活不平衡问题，我的生活基本就是工作了，每个星期天下午 2 点，我的胃就会剧痛，其原因是我对次日上班的极端焦虑。更糟糕的是，这种痛苦还带来一种孤独感，因为每个人都为我在表面上的成功鼓掌喝彩。最难过的是，我还对自己的状态感到羞耻，我的父母那么爱我，那么支持我，还给了我那么多生活上的便利，我却是这个样子。那晚，我坐在冷冰冰的水泥板上，跟自己交心：你得到了那么多，却窝在这里哭。那么多人受着罪呢，你又不受罪，你过的日子还不好吗？清醒点。

我试图通过想象绘制我过往的人生图景，比如，我在工作和学校中的抉择，我长久以来看重的事情，遇到丹、和他结婚，还有我目前在律所的工作，以厘清生活成功和内心挣扎之间的脱节。我试着逐渐抬高视角，鸟瞰我的这张图。从这么远的地方俯瞰，我多少明白了，进律所是一个大转折，导致我远离了那些长久以来对我很重要的事情，让我陷入了生活的边缘地带，远离了我之前设想的位置。我不由得感到困惑。透过眼泪，我想搞明白，我是怎么走到这一步的？情况为什么会这么糟糕？我明明每一步都走对了啊。

多年后，我知道了自己在迈尔斯-布里格斯类型指标[①]里属于ENT/FJ型，也就是说，在"思考还是感受"这个尺度上正好处于中间，这个尺度所衡量的是"在做决定的时候，更喜欢先考虑逻辑性和共性情况，还是更喜欢先考虑人际关系和特殊情况"。我兼具两种对立特质，难怪干法律这行这么难呢！

写本书之时，我已52岁。25年前，痛哭一整夜之后，我离开了律所，并在之后为自己开创了一条在大学内做行政管理的全新职业发展道路。我拥有了一份非常有价值的工作，那就是指导大学生们成长。后来我还更进一步，开始写书与演讲。没准我未来还会有更多职业身份，谁知道呢。关键是我知道了，我能自己决定做什么。我一直在独行，只为寻得一个挚爱的身份。不管别人怎么看，我都可以选择和那些愿意接受我的人共处。当我最终受使命的感召，去做我想做的事，成为我想成为的人，我的生活就拥有了平静和安宁，喜悦与美好。

从我自己那始料未及的人生旅途中，以及我和那些努力为自己创造有意义、有目标的生活的人进行过的海量互动中，我总结出一条给你的建议：别再取悦别人，要用自己的方式定义事业的成功和自我的身份。

---

① 迈尔斯-布里格斯类型指标（MBTI）是以瑞士心理学家卡尔·荣格划分的8种心理类型为基础编制出的16型人格心理分类模型。

第一步，倾听你的心声；第二步，不要批判它；第三步，按它指引的方向前进。

听起来很简单吧？但能做到可不容易！

第一步，在充斥他人意见的喧嚣中，倾听自己的心声。

我们年轻的时候，脑袋里满是噪声，别人的意见和期望告诉我们在自己的生活中该怎么做、不该怎么做。你该这么做，你该那么做；别这么干，要那么干；别和那些人瞎混，跟这些人交往才有价值……在家庭里，对我们的生命至关重要的人，自然会以这样的方式去影响我们。

但现在你成年了，很不幸，你是第一代从社交媒体的图片上体验到"错失恐惧症"的人。很多价值观、期待和评判跟你压根就没关系，却像潮水一般扑面而来。

在我成长的进程里，我并不太知道别人都在做什么。当然，现在的人们也不会向你展示他们做的所有事情，他们会通过有意识地筛选，只去呈现那些美好的东西。你根本就没法用别人单方面传达出的信息来真正评价自己究竟过得好不好。

我们中的许多人都暗暗想过，如果真的自主选择，我会做些什么。我们中的许多人，也至少有一种期待自己能拥有的身份。这种感觉对我们来说是非常真实的，也能帮我们拥有自由自在的人生。但考虑到别人的意见，或是现实所需，或是父母对我们的期望，或是对让亲人失望的恐惧，我们会说服自己，无论我们想做什么，都不现实，甚至不合理。直到我们死去的那一天，内心还是会有个小小的声音，呐喊着我们究竟是谁，又究竟想做些什么。我们需要大量地实践，才能知道自己的心声究竟是什么，进而把自己从别人的期望中拯救出来。

让我们先回到那块冰冷的水泥板，我，一个 27 岁的可怜律师，正坐在上面。别忘了，那是 1995 年，互联网的发展才刚起步，我还无法便捷地用搜索引擎去查"怎样才能拥有更好的人生"。而且那天还是周六，书店和图书馆也都关门了，没谁能给我提供指导。

于是，我回屋拿了一张纸和一支笔。然后我挤坐在厨房的小桌边，画下一根直线，把纸平分成两边。左上角，我写下了"我擅长的"；右上角，我写下了"我热爱的"。我的直觉告诉我，这些问题的答案，及其之间重叠的部分，能让我的生活重回正轨。

不瞒你说，左半边难倒了我。我坐在那里，不停地用铅笔末端的橡皮戳着桌子，等着灵感出现。我知道别人眼里的我擅长什么，但这个问题的意义，是让我从自己的内心深处去挖掘对自我的了解。最终，我写下的答案都与"人"有关。刚写下来的时候，我还觉得有点傻里傻气。我觉得回答这些问题让我过于"暴露"和脆弱。我想，要是律所的其他律师看见这张纸，肯定要笑话我。

右半边可好写多了。我当时是真的在"头脑风暴"，脑子里蹦出什么，我就写下什么。

写完后，整张纸成了这样：

第 4 章
法则 3：勇敢做自己，取得人生掌控力

我擅长的	我热爱的
・帮助人们成长	・奶酪汉堡
・解决别人的问题	・斯坦福大学
・让人们彼此联结	・我的朋友
・陪在别人身边	・好看的小说
・激励人们为一项事业而奋斗	・红酒
	・丹（我的爱人）

我盯着这个靠"头脑风暴"得出来的奇怪表单，那朴素的笔记已经能揭示我的心声，让我意识到自己确实是个善于跟他人相处的人。这也许是件好事，甚至可能与我未来的工作相关。从第一次和自己内心对话开始，我渐渐过上了自己钟情的生活。别管别人说什么，先听听你自己对自己说的是什么吧。

第二步，不要批判你的心声。

我需要靠着"头脑风暴"才能让内心发出声响："嘿！你是个善于交际的人，你得去做跟人打交道的工作。"可这真的是一种顿悟吗？我一直都知道自己擅长社交。27 年来，我一直以为擅长和人打交道只不过是我

087

作为一个女性，更擅长拿右脑来处理人际关系罢了。所以我才不顾一切地去锻炼和证明，我同样有左脑所代表的那种分析能力。跟别人打交道看上去很简单，也没什么值得称道的，而且帮助他人好像也不是什么正经工作。因此，我不认为这种工作该由我这种受过高等教育的人来做。

当下社会上流行的观念大致是这样的：受过高等教育的人，不该"委身"去做跟自己不相称的工作。多年来，我见过许多斯坦福大学的本科生，他们梦想成为一名急诊医师或护士，冲在病患护理的一线，却迫于"充分利用"斯坦福大学的教育经历的压力，当了坐诊医生。我还见过其他类似的情况，有的学生想给孩子们当老师，却被告知从事基础教育的人都没他们那么高的学历，如果真想上讲台，那就该立志当大学教授。这些观念家人有、同行有，甚至斯坦福大学的某些教授也有。但我想说这种观念都是胡扯。工作不分高低贵贱。如果你擅长某项工作并热爱它，如果它给了你机会，让你能以你认为有意义的方式对世界做出贡献，如果它让你干得很爽，那就别听那些觉得你该靠自己的教育背景换个工作的人瞎叨叨。这种"劝说"有时会裹上一层"分析"的面纱，比如："你花了这么多钱读书，为什么要做一份挣不了大钱的工作？不亏吗？"没错，你的确需要好好规划收支，但只要能付得起账单，你就有权利决定自己要做什么工作。即使你或其他人看不出来你的工作和你在学校所学的专业之间有什么直接关联，上面这句话也依然成立。教育能从根本上充盈人的内心与灵魂，它永远不会被"浪费"。

所以，当我刚给自己的心声留出一点说话的空间，就得到了新的启迪。那晚，我坐在厨房的小桌边，坦诚地告诉自己，我4年前上法学院的初衷就是帮助人们摆脱不公，让人们能过上有尊严的日子。那些遭殴打的妇女，那些在买房、求职时受到歧视的人，还有那些在刑事案件中有童年创伤的被告，我在乎他们的处境。那我为什么要帮大公司去争取专利、商标和版权的利益，而不是去帮助全人类呢？我还要等多久，才能去做那个我一直都想成为的人呢？坐在桌边许久，我再度泪流满面，但这回是欣慰甚至带着希望的泪水，因为我觉得自己的生活很可能要重回正轨了。

我是否有足够的勇气去遵从心声，辞掉为我带来盛誉的律师职务，接受薪水的大幅下滑，转而去帮助他人呢？事情远没那么简单。我已经完成了第一步，听到了心声，现在要努力完成第二步，别去批判它。我开始允许自己变得更加真实。只有这样，我才能找到那些能让我发挥人际交往能力的工作。我本可以很容易地转做与公众福祉相关的法律服务，但我并没有这么做，可能是因为我害怕这个领域的律师认为我出身不好，毕竟我从法学院毕业后，先做了公司法的相关工作。我很害怕面对这种情况。此外，我也厌倦了无休止的争论，以及诉讼中大量琐碎的文件。我早年通过学法律去帮助他人的梦想，早已化为乌有。

但我的内心告诉我，如果我能成为斯坦福大学的一名行政人员，就能帮到那些我愿意帮助的人。

第三步，按心声指引的方向前进。

在你听到自己的心声，且不再批判它之后，最后一步便是按照它指引的方向前进。这需要你下定决心、制订计划、努力践行。要想真正行动起来，你必须敢于和一些人分享你的计划。如果你能在这段旅程中得到下面提到的几个人的帮助，且他们能相信你并支持你，那你就会前进得更加顺利。

先说回那个小餐桌边的我吧。我已然确定，要把职业生涯转向学生工作或学员管理，所以我很可能要直接在该领域求职。而更好的起步方法，应该是积极接触想进入的行业、领域或职业场所中的某个人，约着喝一次咖啡，或者给他打个 20 分钟的电话，也就是所谓的"信息访谈"。为什么要聊 20 分钟呢？因为就算是最忙的高管，也能抽出这点时间。在信息访谈中，不要直接求职，你需要跟他讨论一下他的工作及行业、他是怎么入行的、他对你这样想入行的新人有什么建议。（专业提示：记好时间，如果已经聊了 20 分钟，可以说："不好意思，我想稍微提醒一下，我特别喜欢这次谈话，不过我们已经聊了 20 分钟了，我怕耽误您的工作，毕竟您很忙。"如果进展顺利，对方很可能会再多给你 10 分钟，因为大多数人的日程安排都是以半小时作为划分单位的。可如果他们说自己有事要先忙，你也千万别生气。）随后，要给对方写一封短短的感谢信。在你开始申请相关工作的时候，也跟他们打个招呼。

信息访谈的妙处在于，你的约谈对象可以是陌生人。大多数比你走得更远的人都很珍视自己成功路上的付出，所以当他们收到你的邮件，恳请他们拿出 20 分钟时间来讲讲自己所在的行业，不少人都会答应下来。对他们来说，这并不是什么大事。他们需要做的，仅仅是谈谈自己的情况。大多数人都不会觉得为难，而且也喜欢这个话题。所以，只要你没有什么出格的表现，他们会对跟你之间的交流很满意，这也意味着他们更愿意帮帮你。你只要有对方的电子邮件地址，就能发起一次信息访谈。在你跟对方交流之前，可以先在行业内做个范围更大的信息搜集，这样你就能问出一些有见地的问题。

现在让我们谈谈你的人脉，它由你的家人、朋友、同学、熟人、现同事、前同事、老师、邻居，以及他们认识的人组成。这些人都可能帮你争取到信息访谈的渠道。他们甚至能直接把你的简历放在合适对象的办公桌上。如果你觉得"我没有人脉呀"，那请你想象一下，如果我问

第 4 章
法则 3：勇敢做自己，取得人生掌控力

"有谁在乎你"，你会想到谁呢？你可以通过和这个人取得联系，来开始构建自己的人脉。跟他们说说你的近况，也问问他们最近过得怎样。跟他们分享你的想法，以及聊聊人生方向，再寻求他们的反馈与建议。然后带着真情实感，问问他们能不能为你迈出的下一步做些什么。他们的帮助可以很简单，比如，告诉你他对你的信任，这样一来，你就能更自信。或者作为推荐人，给你写上一封推荐信。如果你的生活中真的没有什么人脉，我也希望你能意识到自己可能有着另外的优势。总之，要充分利用自己的资源。

为了能让我的职业生涯有所发展，我首先跟斯坦福大学招生办和学生处的人做了一些信息访谈，这样一来，我就更多地了解到我该做的工作，以及当下作为一个门外汉，该取得怎样的进展。然后，我写了一封非常棒的求职信，申请一份负责学生事务的工作，还争取到了几封特别用心的推荐信来支持我。但我的简历上没有任何资历能证明我可以胜任学生工作。在 3 年时间里，我先后被斯坦福大学 3 个不同的办公室拒绝，并在私下得到反馈说，我在面试中讲得太多，对方因此担心我缺少团队精神。这也是我多年后做院长时得到的真实反馈，我已在前面同你分享过了。最终，我还是幸运地得到了来自斯坦福大学法学院的一个机会。有人休产假，需要人补缺，而我曾在那里求学的经历成了我的加分项。

制订计划并付诸实践，这对我来说没难度。难的是我该去找谁。首先，自从我重构了自己对生活的渴望，不再寻求获得他人的赞许与掌声，我就很害怕告诉生活中的其他人，我真正想做什么。当然，丹除外，他总是能看到我的真我，爱我的一切。不过，我还是从"头脑风暴"的过程中汲取了一些能量，收获了新的动力，我的心声得以释放。于是，我开始倾诉自己的梦想，向周围的人表露我的想法。有的时候，对方向我竖起大拇指，或者跟我击掌鼓劲，也有的时候，情况真的很糟糕。

在我找工作的那几年里，有一次，丹和我一起跟他的一个朋友肯吃饭。肯差不多跟我们的父母一样大，刚巧也是一名服务于企业的律师。我知道晚餐时的谈话会很像一场友好的拳击赛，就像你跟律师交流时那样。事实上，我事先就被警告过，肯有着超强的分析能力，他还在哈佛大学法学院读书的时候，就把自己的法学教授给撺掇辞职了。我既紧张，又兴奋。事实上，我曾经很喜欢在交流中掌控节奏，甚至来上几个出其不意的刺拳，这让我有一种正在得分的感觉。刚一上菜，肯就开始过问我的工作情况。我发现自己想不出任何能让对方有所触动的事情。在他对我进行了一轮试探过后，我觉得虽然自己嘴上应承得不错，但他已经摸清了底细。我决定坦诚一点，直言自己真的想离开法律行业。"哦？"他回应道。我深吸了一口气，快速地瞥了一眼丹，然后扭过头，看着肯。我告诉肯，我认为自己可能要停止执业，转而在大学校园里做招生工作或学生工作。他放声大笑，用餐巾擦了擦嘴，然后丢回桌子上。"你要想清楚，那就是一帮愚蠢的官僚。"随后，他把餐巾折好放回腿上，换了个话题。我深感屈辱。丹在桌子底下牵着我的手，温暖地看着我。这顿晚餐还远远没有到结束的时候。

那次谈话，简直有四分之一个世纪那么长。当你终于鼓起勇气，告诉别人自己想做什么，却因此遭遇嘲弄时，你很难不介怀。在嘲笑声中继续向梦想前进，需要莫大的勇气。若提出批评的人还是你的家人，或者是在某方面与你有关系的人，那情况更糟糕。我现在 50 多岁，想以一个过来人的身份对你说：走下去，尊重你的心声。就算有人嘲笑，也要继续走下去。指摘他人的人，往往对自己生活中的某些方面也不甚满意。做成年人的一个重要方面，就是找到勇气去做你想做的事，哪怕那些声称最爱你的人会因此抛弃你。因为，这是你的生活。你可千万别忘了。

我只是想让你们看一下，我在开启这一令我非常幸福的职业生涯新旅程的过程中所经历的曲折和坎坷。转行让我精疲力竭，也让我饱受挫折。总之，这件事对我来说并不容易。倘若没有足够的运气，对你而言，也不会容易。但这是能做到的，也值得为之放手一搏。

这能让你转向生活的另一面，个人的那一面。你可以彻底掌控自己的一切，而不再让别人指手画脚——从身份开始，进而发展到社群、组织、关系、人脉。在自己本不适合的职业领域中混日子，本来就不好过，倘若这个职业还限制了你个人的身份表达，那就更痛苦了。

因为擅长人际交往，我见过很多愿意分享自己生活的人。我会去倾听，也尝试去探究对方的内在真我。如果听到对方说自己开始停止取悦他人，转而在工作、生活和爱情中做回自己，我就会非常高兴。我仿佛听到已故诗人玛丽·奥利弗问："生命狂野而宝贵，你欲将之用于何处？"我也听到了诸多答案。我想让你了解一下，这种强大的自我意识大概是什么样子的。

YOUR TURN: HOW TO BE AN ADULT 我身边的故事

亚历克斯的故事：在坚持理想中做回自己

我跟亚历克斯相识于 2008 年，我当时 40 岁，在高校当院长，而他还是个青春少年。如今，亚历克斯在瑞典的音乐流媒体平台 Spotify 公司做设计研究工作，他观察用户行为，并设计出更好的操作方式来让用户使用软件，这也是他的理想工作。"这就是我想花一辈子去做的事。"我和他的交流，就是为了了解他是怎么知道这就是毕生所爱，又是如何在这个方向上开辟出一条道路的，以及他若是在这条路上遭遇了阻碍会怎么办。

亚历克斯对设计的热情可以追溯至童年时代，当时的他就在速写本里画满了汽车、轮船和其他的机器。高一的时候，他看了一个电视节目，主题是介绍大卫·凯利在硅谷创办的著名设计公司IDEO。当时他就心想，这才是自己真正爱做的事。如今他已知道，这还是一种真正的工作。"当时我就说，我要进这行。"听他这样说，他母亲鼓励他去找找大卫·凯利，申请个实习的机会。于是某个下雨天，亚历克斯站在了凯利的办公室，看着这位大佬翻着自己的速写本。凯利看上去挺喜欢这些作品，他便鼓起勇气，申请次年夏天来这里实习。虽然公司通常只接受研究生的实习申请，但凯利还是在这个孩子身上看到了自己喜欢的东西。在高中毕业前，亚历克斯每年夏天都去这里上班，随着时间的推移，他向前辈们证明了自身的能力，也学习了很多技术诀窍，还逐渐理解了何为"用户体验"。这是设计的一门分支，其核心就是与人真实交流，再找出什么能引起对方的共鸣，并通过设计，让产品及体验真正贴合用户。所有迹象都表明，亚历克斯适合吃设计这碗饭，可社会压力却构成了新的阻碍。

亚历克斯是乔治城大学的优秀毕业生，但他认为自己在择校时"犯下了第一个错误"，其原因便是该校并无设计专业。"每个人都说乔治城大学是我能进的最好的学校。"因为"每个人"的想法对亚历克斯很重要，他也就照做了。"可是没设计专业也就罢了，连机械工程专业都没有！我当时觉得，这下完蛋了。但我跟自己说'既来之，则安之'，得想个办法搞定。"因为用户体验设计是一门关于人类需求和欲望的学问，亚历克斯认为可以退而求其次，主修心理

第 4 章
法则 3：勇敢做自己，取得人生掌控力

学，母亲却有不同看法。母子之间当时的对话大概是这样的：

"你要进外交学院，那是全校最好的学院。以后就当个外交官。"
"不，我想学心理学。"
"为什么？"
"我以后要做设计啊。"
"可学心理学找不到工作呀。"

我自己给成千上万的大学生做过指导，早就习惯了听到家长这类关切的话语。我懂，她这是爱的表现。她想给孩子最好的，而且她相信自己知道，对孩子而言什么是最好的。但她错了。作为社会科学之一的心理学，几乎是任何行业都需要的重要背景学科。尤其是在我们当下这个充斥着自动化、机器人和人工智能的时代，学习心理学，恰恰可以让你了解最宝贵的职场资产，也就是"人"本身。但我并不需要跟亚历克斯讲这些，他已然走在了我的前面。"她错得离谱，但我真的很在乎她！她觉得自家 19 岁的儿子搞砸了，本应该在华盛顿最好的大学里读最好的专业，学外交！但我还是学了心理学。我这是曲线救国，乔治城大学没有设计专业，我必须先学心理，未来才能进设计这行。我妈说：'好吧，那你去学神经心理学，这样起码能找到工作。'我说：'不行，我要学行为心理学。'她又说：'行为心理学找不到工作呀。'"

双方冲突非常明显。亚历克斯爱着自己的母亲，也尊重她的智慧、教育背景和多年的经验。尽管如此，他内心还是有个声音提醒着自己，他要努力一辈子，去当个设计师。最终，他还是横下心来遵从了自己的选择。大学毕业后，亚历克斯搬回湾区，在旧金山找了份工作。几年之后，他去了位于斯德哥尔摩的 Spotify 公司。

"心理学中的一个理论认为，在承担巨大变动的时候，你其实可以同时产生很多小的变化。我很想利用这一点，让新鲜事物产生积极影响，所以我不能让自己被旧金山的生活所牵连。我全面投身于 Spotify 的工作，也快速地学习瑞典语。在这里，我为自己做决定，弄清楚如何支付瑞典的税款，如何使用瑞典的互联网，以及如何在瑞典结交新朋友。我还学着给自己做饭，这样就不用一直点外卖。我有责任照顾好自己的生活。"

他也反思了自己跟母亲的关系。亚历克斯非常感激母亲能努力引导他走上正确的道路，以及这背后的爱与关切。但他也知道，如果要拥有好的生活，唯有自己亲自动手去创造。父母最近来瑞典看他，亚历克斯说，他跟父母的关系从没这么好过。"他们这次来看我，我说：'妈妈，你好好看看。我在瑞典的 Spotify 上班，我找到了从 14 岁开始就想从事的工作，我身体健康，心智健全，你们还能来看我，你还有什么不满足的呢？你的养育很成功呀！你有一个在瑞典干着热爱的工作，能好好生活的儿子，你还想要什么呢？'她说：'你说得对。我一直在敦促你，但其实并没必要。你从小就想要的东西，现在你已经得到了。好吧，你说得对。'我说：'你已经做得很好了。好好享受子女长大后的生活吧。我会永远陪着你，我们是拆不散的一家子。我永远爱你，但我现在长大了。'"

他的语气自信，因为他内心真的这么想，而非仅是搪塞。我认为亚历克斯靠研究人们想要什么来谋生，真的很棒。毕竟，人们做着自己想要做的事，才能成长。这便是亚历克斯的故事。

第 4 章
法则 3：勇敢做自己，取得人生掌控力

埃琳娜的故事：投身于理想事业，回馈家庭的付出

埃琳娜是移民家庭的孩子，她的父母挤在加利福尼亚州奥克兰的一间小公寓里。父母白天靠打零工赚钱，晚上还要努力上课学英语，多亏了政府的补助，收支才能勉强平衡。相比于其他家人，埃琳娜的职责很简单：好好学习，天天向上。她也的确做到了。"看着你爱的那些大人们努力为生活打拼，会给你的内心带来动力，让你必须也抓紧时间，行动起来。我很害怕伤害自己的家人，也害怕自己做出的选择让他们的付出丧失意义。我非常害怕自己走在错误的道路上。"

但大学时就有了出问题的苗头。她当时就读于加州大学伯克利分校，选择的专业是政治经济学，这是一个由多个强调数据和量化的社会科学主题构成的交叉学科。"但只要不是做医生、律师或者工程师，我的家人就觉得不是正经工作。"她说。埃琳娜的父母并非不爱女儿，也不是想控制女儿。他们只是想保证，她未来能过上稳定的生活，而这恰恰是他们从未拥有过的。埃琳娜对有趣的政治科学话题充满热情，但这似乎跟父母想要女儿有个安全稳定的未来并无关联。他们担心女儿做了一个会伤害自己的错误决定。于是，埃琳娜选择退让一步，主修经济学。"我自认为的对家庭的义务，限制了我在大学里的思想自由和决策自由。我让家人的视角框定了我要研究的事物。当时的我很担心会出差错，担心如果我失败了，我的世界会崩溃，我感觉周遭的恐惧彻底包裹了我。"如果恐惧带来不了动力，那便一无是处。她知道自己必须在大学毕业后，把专业转变为一份好工作，而她正是通过有条不紊的规划，做到了这一点。她积极准备招聘会和面试，争取实习机会，每年夏天都去打工。几分耕耘，几分收获。毕业后，她在世界顶级咨询和会计师事务所之一德勤的旧金山办事处做技术和管理咨询工作。23 岁时，埃琳娜已经收到了非常好的评价，也赚了不少钱，升职指日可待。就在那时，她决定把这一切全部放下，转而投身于奥克兰的一家非营利教学机构。事态走向了失控。"我爸妈被我收入的下滑程度吓坏了。我妈说：'我们拼了命工作，就是为了让你离开奥克兰。你居然还要回去？'"

连续几周，她一直在怀疑自己的决定。"我往家里打电话，爸妈就会说：'我们花了那么多钱把你养大，你为什么要换个薪水这么低的工作？'然后我就挂掉电话，哭了起来。"从埃琳娜得到工作机会，到正式投身工作，中间整整6周的时间，没有一个长辈为她感到高兴，更别说感到自豪了。

我问她在如此境况下，是怎么鼓起勇气转行的。"德勤是一个很好的企业，我只是对自己坐拥如此多的特权感到不安，总是感觉不对劲。我阅读政治经济学和劳动经济学的期刊，研究发现，受教育程度越高，遭遇监禁的可能性就越小，而参与投票的可能性就越大。我开始给孩子们做志愿服务。我并没有以那种利用经验和特权的方式来做志愿服务，而是希望打造一个我真正引以为荣的社区环境。我感觉我急需投身于教育。"

我问她，那收入下滑的事怎么办？我其实很能理解她，当年我从法律界转行到高校的时候，也经历过收入锐减。换工作的时候，工资和生活成本是必须考虑的要素，而且每每在工作中追求更大的意义时，它带来的金钱就会更少。"对我来说，这需要做个风险核算。我要去教学机构，收入肯定会减少。如果情况糟糕，我只能怪自己，那就回高校继续深造来解决问题。爸妈在我身上投入那么多，做出了巨大牺牲，让我锤炼出了一套被市场认可的技能。所以不管怎么说，我都不至于给爸妈打电话说：'我得搬回来和你们一起住了.' 我有本事不回去，我有我的骄傲和倔强，所以我拒绝让自己以这种方式失败。"成年的一大预兆就是如埃琳娜所说的，"这是我的责任，我来搞定"。

她也的确搞定了。在教学机构干了几年后，埃琳娜在特许学校成长基金会的奥克兰办公室找到了她梦寐以求的工作。她的工作可以让优质的教育实践得以推广，进而确保有更多的孩子能够实现梦想。埃琳娜的父母看到，教育事业虽然不是他们最初希望女儿投身的事业，但也给女儿带来稳定、有保障的生活，这正是他们长久以来的期望。

一路走来，埃琳娜不断成就自己的梦想。后来，她认识了安德鲁，两个人也住在了一起。埃琳娜和安德鲁养了一只很棒的狗，名叫查理。当他们训练查理，并专注于做查理的好主人时，他们意识到，这可能是为了让他们有一天真正抚养一个孩子而做的热身。如今，她32岁，已与安德鲁成婚，生下了一对双胞胎。查理现在9岁，特别喜欢两个孩子。只要埃琳娜或安德鲁把双胞胎中的一个放下来一会儿，查理就会走过来，把头贴在孩子腿上，仿佛在说："放心吧，有我呢。"

"生儿育女，让我对为人父母有了更深刻的理解。我爸妈支持着我走过了这一过程，无论是在情感上，还是在帮忙照看孩子、分享抚养智慧上。"埃琳娜的父母深深以她为傲，无论是她所打造的生活，还是她所做的工作。我敢肯定，她并不会认为父母这么做理所当然。"我的某些决定一开始并不被家人理解，最终却产生了非常积极的影响。不仅对我，对我们大家来说都是如此。"

你是自己人生的建筑师。我做院长的时候，曾和成千上万的年轻人一起面对过疑惑与不安，有关于职业发展的，有关于个人身份的，还有介于两者之间的。我的工作并不是告诉他们要做什么或成为谁，而是简单地提出一些好问题，引导他们向自己敞开心扉。我还会提醒他们，别再取悦他人，因为对方压根就不了解你。

随着时间推移，不断试错，经历增多，你会越来越熟悉你自己。我要问问你，你究竟是谁？你擅长什么，热爱什么，重视什么？什么样的工作能刚好把这些结合起来？你又在什么领域能找到归属感？你想让怎样的自我去主宰生活？你能规划出一条最适合自己的道路吗？

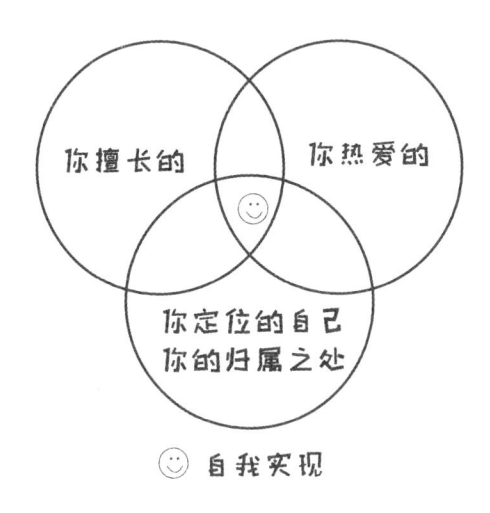

我会一直支持你去追寻自己的彼岸。但我知道，还会有许多东西成为你的阻碍。那么，接下来，我们就谈谈如何战胜阻碍。

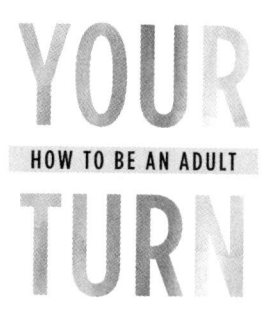

YOUR TURN
HOW TO BE AN ADULT

第 5 章
法测 4：走出舒适圈，激活充满动力的自我

> 我要触碰大地……
> 我要种下狂野不羁的种子……

——南方小鸡乐队演唱歌曲《牛仔带我走》的歌词

你正迈入成年。所以，别苦等什么催你奋进的信号，也别把要做的、擅长的、喜欢的事留到以后，更别指望别人来替你安排成年的生活。明白了吗？你有自己的自由，你不再是一个事事言听计从的孩子，而且死亡这个人人会面对的终点离你也还有段距离。当下，行动起来吧。

你正处于自己人生的"野蛮成长期"，这个对人生阶段的定义由作家芭芭拉·纳特森－霍洛维茨（Barbara Natterson-Horowitz）和凯瑟琳·鲍尔斯（Kathryn Bowers）在其著作《比青春期更关键》（*Wildhood：The*

Epic Journey from Adolescence to Adulthood in Humans and Other Animals）中提出①。在这一阶段，你将学会生存，定位自身的社会地位，驾驭性冲动并培养自力更生的能力。倘若这一时期听上去有点"原始感"，那很正常。《比青春期更关键》一书非常详细地记录了 4 种生物在青年期的成长历程，分别是鬣狗、企鹅、鲸鱼和狼，而且展示出这 4 个物种的成长历程，其实与年轻智人（也就是你）惊人地相似。正如我们在前面所讨论的，做成年人的 3 个基本组成部分是想做什么、不得不做什么和如何去做。而野生环境中的幼年鬣狗、企鹅、鲸鱼和狼肯定也要迈向成年，它们也正在积极学习如何长大。但对它们来说，"想做什么"甚至都不在成年的要素之中。除我们之外的其他动物并不会思考自己是否愿意或者是否准备好了迈向成年。如果它们真的不想、不必、不会成年，那恐怕就死定了。

我们很幸运，身处于祖先所创造的内置了安全机制的人类社会。然而，矛盾的是，倘若这个安全机制十分强大，处处都是能帮我们规划、修正和代劳的好心人，反而会导致我们没机会学习与成长。这就使得我们可能已经成年，却依然没有成熟。太优质的安全机制会导致习得性无助，进而引发焦虑和抑郁。而正是那些我们想做的事，让我们得以突围，也把我们从纠结中解放出来。

所以，本章将探讨你在追求内心所期待的事物时会遭遇的阻碍，以及如何激活充满动力的自我。

---

① 该书告诉年轻人如何通过人生的 4 场考验，获得成年的 4 大能力。该书的中文简体字版已由湛庐引进，由中国纺织出版社于 2021 年出版，并入选 2021 年度中国教育新闻网"影响教师的 100 本书"。——编者注

会阻止你勇往直前的事

从前的人，别无选择。想当年，人们甚至会让孩子去工作以增加家庭收入。一到 18 岁，就要靠自己，自己的路只能自己走。然而时过境迁，我们创造了一种新的童年，孩子被好好地呵护起来，这在很大程度上是件好事。如今的这些孩子，有了这样一种感觉：我大可以慢慢来，有条不紊地成年，而不是非得在 18 岁或 21 岁生日那天，突然被贴上"成年人"的标签。

他们可能有这样一种普遍心态：20 多岁的阶段，并不需要忙忙碌碌，这本就是该玩的阶段，开心就好。的确，玩得开心无可厚非，而且天底下本就有不少好玩的！但同时，你还是应该弄清楚自己是谁、擅长什么、将如何谋生、在生活中需要谁，以及打算如何改变世界，并着手去做相应准备。"成年"是个强调主动的词，只要你主动，就会激发非凡的动力。

前文说到的畅销书《也许你该找个人聊聊》的作者洛莉·戈特利布，和我是大学同学，我们一直互相支持彼此的创作。我在和她讨论本书的受众，并问她有何见解时，她回应我："我干了这么多年心理咨询，对这事可有太多见解了！"她开门见山："很多三十出头的人回顾自己 20 多岁时会这样说：'我当时并没注意到，我其实并没按照自己想要的方式去构建好人生的基础。'"她的首要建议就是，你在 20 多岁时尝试做的各种事情，其实都在为你以后在生活中做出更好的决定、收获更好的结果打下基础，所以你现在就得紧张起来！不要做那个手握"神药"但是一直到最后都没用过的人！该用就用！

还有一种常见的错误心态是"要让自己有得选"。不少善意的亲属和同龄人会提出这条建议，但这容易产生误导。"要让自己有得选"听起来是解放，实际上是陷阱。请容我解释一下：

- 第一，它意味着某种宏观的选择，你可以，而且也应该为此做好准备。没错，宇宙浩瀚，你有无限的可能性，你可以不辞辛苦地学钢琴、医学、经济学、物理学，未来也许会成为钢琴家、医生、企业家、宇航员。

- 第二，"要让自己有得选"意味着有一个绝对不是当下的完美时机，会清晰地出现一条正确的道路。其实，并没有什么正确道路。要想尝试新东西，最好的时间就是现在。当然，除非你正处于某种危机之中，暂时无法清晰思考。在尝试新事物之前，应该先专注于把麻烦搞定。

- 第三，"咱们现实点"，当跟你说话的人不喜欢你正热切追求的事物时，他们往往会说出这句搪塞的话。一旦顺从他们，你就把自己的权力交了出去，不再做自己的决策者。他们也许爱你，但不管他们说什么，都比不上你本人更了解你自己。不要当别人的宠物、作品或傀儡。

- 第四，这种"有得选"的思维，容易让你进退维谷。你该什么时候做出选择？这之前要做点什么？你不能永远像盯着橱窗里的展品一样，端详自己的生活。

- 第五，选择太多会导致困惑和焦虑。有个在杂货店做的调查表明，如果让你试尝 3 种果酱，你很可能会买一种，但如果给你 20 种去试，你很可能会选择一种都不买，直接回家。

- 第六，如果真出现了使你兴奋的事，而你仅仅因为在等待某个来自外部的、更明确的信号，便错过了本来值得去尝试的事物，这就是有"神药"而不用的悲剧！

第 5 章
法测 4：走出舒适圈，激活充满动力的自我

对不确定性和未知的恐惧就像一个若隐若现的巨大怪物。可离开生活确定、指令明确的童年后，有各种可能性和图景的成年阶段本来就充满未知。对之有些恐惧，既合理，也有用。但你还是要做出选择，是进入成年阶段开始冒险，还是停留在安全又无趣的舒适区。不过我向你保证，停在舒适区会让你越陷越深。

而且，正如我们前面讨论的，"停止取悦他人"。即使你本人并不害怕未知，善意的家属或同龄人也可能会通过无意表露的失望或嘲笑而对你产生阻碍。比如，父亲特别希望你去参加他为你安排好的实习；母亲会夸你有多么聪明，还暗示你能靠自己的聪明才智做些什么；你的朋友取笑你喜欢做的事情又蠢又怪，不像他们自己的追求那么贴合实际。如果你担心别人怎么说，就很难对一份工作、一个想攻读的专业或一个你喜欢的人做出勇敢的选择。旁人可能对你抱有期望，可你如果拿自己的生活来取悦他们，那就会把自己紧紧卡住。如果你要取悦所有人，那你肯定取悦不了自己。记住这究竟是谁的生活，是你的。

输入这段文字时，我正在职场社交平台上与一位 24 岁的法国人交谈，他叫雨果。他的父母似乎在尽自己最大的努力，告诉他该去从事什么工作。雨果看了我的 TED 演讲后，特地给我写了一封 3 页的信。我喜欢人们表达的心声，比如雨果给我写的这封信！童年时，他的父母替他做每一个决定。大学毕业后，父母为他安排了金融领域的实习，金融是他父亲所处的行业，可雨果本人对这份工作并不感兴趣。如今，父母告诉他得找一份与数据科学相关的工作，或者与技术和编程相关的工作，但雨果本人对此并无激情。于是，他来问问我有何建议。我问他："做什么工作会让你很兴奋？干什么工作能让你充满活力？"他立即回答（这也说明他内心深处其实知道）："理疗，我很了解这方面的知识，也干了很多年。我知道受伤了如何治疗，也知道健身和健康行业在理疗方面有什么问题和误区，还

知道如何解决久坐这样的生活方式带来的问题，如何让身体的疼痛立即消失，还有老年人可以做什么动作来保持健康状态，以及人们在锻炼时哪些动作做错了，什么动作不用做，等等。"他在这方面简直才华横溢！但接下来的话让我始料未及："所以，做理疗就是我的备选计划。"

别啊，雨果，千万别！其实我没有把这些说出来，只是脑子里这么想。这位年轻人花这么多时间和一个完全陌生的人倾诉，总结了自己目前的人生，差不多是在乞求我帮助他摆脱父母安排的轨道。于是我回答："我觉得你其实并不需要我告诉你，但我还是想说，去做理疗师吧！去投身那个行业，去接受你需要的培训，去积累你需要的经验，去成为你想要成为的那个人。"但我还是担心，雨果距离真正的解脱还差得远。他告诉我："我想，也许有一段特定的话，能改变我的想法，能激励我，能改变我对事情的看法，能让我走上正轨，能让我拥有更充实的生活。我就是想知道，这段话是什么。"然而这段话并不能从我这里或他父母那里说出来。这段话需要如同呐喊般从他自己口中爆发出来，就像罗宾·威廉姆斯在《死亡诗社》中引用诗人沃尔特·惠特曼的话去引导学生们一般，他要自己对自己说出这些话，把自己带离父母预设的轨道，冲进自己在灵魂深处想栖身的宇宙。

从成长经历找到你困顿的原因

既然谈到了父母，那我们就深入聊一聊。毕竟，你的童年经历，与你现在是感到停滞不前，还是正处于大跨步前进的阶段大有关系。在洛莉·戈特利布的私人心理咨询实践中，她发现，许多年轻人会表现出对父母所拥有的事物的渴望，比如有家人和朋友相伴、能畅享假期的生活，以及一份他们喜欢却又不至于过度操劳的工作，但是他们在童年时又缺少关于如

第 5 章
法测 4：走出舒适圈，激活充满动力的自我

何获得这些事物的必要训练。洛莉·戈特利布与我分享了几个好例子，刚好能说明童年经历如何导致年轻人当下的困顿。

- **关于如何与他人相处**：如果你的家人不管在吃饭时，还是在一对一交流时，都不断地把视线移到手机屏幕上，你就很有可能没法学会如何与当下对你来说很重要的人共处。如果每次有人与你互动，似乎都是在对你进行外围指标的评估，比如过问你的测验情况、考试成绩，则会使情况变得更加复杂。总的来说，你可能因此缺少洛莉所说的"被他人理解的美好感受"。这种感受来自他人对你的关注，而不是对你的成就的关注。恰恰因为你缺少这种感受，就可能导致你不知道怎么去为他人创造这种感受，进而影响关系的建立。

- **关于如何在关系中表现出相互关怀**：如果你从小就被教导"你做你自己"和"他们做他们自己"，每个人都可以做自己，那这是一种保持开放和接受所有个体的教育方式，非常棒。然而，虽然对个体差异保持开放非常重要也很有价值，但如果你从中仅仅意识到"我只要做我自己就好，我不必为他人负责"，就可能会出麻烦。同时，如果你从原生家庭得到的另一个信息是"你所有的需求我们都会满足"，甚至会出现更进一步的问题。比如，你的父母会不会表现得好像他们自己的需求并不重要？或者换句话说，从父母的行为上看，他们的需要是不是就是为你争取特殊的机会，比如争取合适的学校、社团、大学或实习岗位？倘若你由这样的父母抚养长大，可能会发生的情况便是，你对感情的想法是让对方放下一切，以便你可以好好地做你自己。等你成年后进入一段感情，你会对自己说："我对所谓爱的经验是，对方需要确保不能阻碍我本人的需求和目标。而现在我和有自身需求的人在一起了，对方阻碍了我自己的需求，那这感觉不像是爱啊！"基于你的成长经历，你对关系的期望

107

与培养优质关系所需的实际条件之间会产生巨大的矛盾，这可能会导致你难以对其他人做出承诺。

- **关于人与人之间的分歧、和解和妥协**：有些孩子是在监护人或者老师等成年人的照料下长大的，这些大人会替他们处理人际交往中的分歧、和解、妥协等事宜。比如，你在上学的时候，如果某个孩子把另一个孩子给惹恼了，而学校又进行了这样的干预：成年人直接出面评判，让学生之间进行交流，甚至还搭配着交流大纲，那孩子们就肯定无法学会怎么靠自己来解决冲突。因为缺乏足量的练习，从未真正有担当地走向对方，表达"嘿，这事得有个说法"，待这些孩子长大，就可能成为一个不会应对分歧的成年人。如果你在童年就习惯了由成年人出面为你处理分歧的模式，那么成年后，在工作场所与其他人际关系中，不可避免地碰到分歧时就会非常麻烦。

- **关于工作的劳苦**：如果在你的原生家庭里，你的照料者会以你为中心去做计划，替你处理事务甚至收拾你的烂摊子，那你可能根本就无法明白，从头到尾地完成一项工作，究竟需要付出多少辛劳。你可能无法明白，几乎每份工作都有不怎么愉快的一面。到了现实世界，你可能就会觉得"做这个太无聊，做那个太烦人，还是换个工作吧"，而非"嘿！这本就是进程曲线的一段，什么工作都有无聊的那部分"。最难的是，现实世界中并无明确的通天大道。相比之下，童年时代，总有人告诉你该做什么作业，要完成什么任务，学校里某个项目的下一步该怎么做，你甚至还有个学业顾问，而那个人替你做了所有该你做出的选择。对所有人来说，学生时代的结束都挺可怕，如果你习惯了别人早就替你准备好一切，自然就不容易搞清楚自己该怎么迈出下一步。

- **关于由谁来决定怎么做对你最好**：如果把你养大的人总是说"我这

是为了你好"，那从青春期开始，你为自己做出决定的能力都很有可能受到限制。洛莉·戈特利布的一位来访者说："我正在读研究生，可我甚至都不知道，我究竟是不是真的想读研。其实，我并不怎么了解自己，也不知道自己想要什么。"洛莉还有一个来访者，当男友向她求婚时，她愣在了原地。"这两个人在表面上简直是天作之合，大家都看好他们，除了这个女孩自己。男孩求婚的时候，她犹豫了，男孩也看了出来。于是女孩给我打电话，希望得到紧急帮助。她说：'我不知道到底要不要嫁给他。我觉得只能留在他身边，因为我没什么理由离开呀。'我说：'这不就是你该先拿出一点时间，追问自己真正诉求的原因吗？'有如灯光突然熄灭，而她又没有形成自己内在的罗盘去找到方向。内心的声音向她倾诉：'我觉得自己和这个人并无共鸣，也不觉得对方就是我的人生伴侣。'但她听不进去，因为还有其他吵吵嚷嚷的声音：'他真的很棒！他就是那种你应该嫁的人，你嫁给他才能得到你应该拥有的家庭。嫁给他，就像你上大学时需要参加某个课外活动一样。'她后来选择了分手，现在正在和另一个人约会，而且'以前从来没有过这种感觉'。现在的她说：'我过去总是找我认为应该约会的那种对象，但这回，我有了自己想约会的对象。'顺便说一下，求婚的男孩是哈佛学霸，而给她带来欢乐的新男友却没上过名牌大学。"如果你相信自己的父母已在你的工作、学校或人际关系中充分考虑到了怎么使你的利益最大化，你就很可能会付出巨大的个人代价，服从于他们，或者因为有一个比其他人更值得去爱的人而产生内在冲突，倍感纠结。

你可以选择手电筒指向何方

乔·霍特格雷夫是西北大学工程学院的教授，也是该院的院长，负责给那些纠结不已的学生提供帮助。乔做过一次 TED 演讲，题为"手电筒如何改变了我的生活"。演讲中，他解释了自己的哲学：身处那导致我们纠结的动荡时刻，我们的关注点究竟在哪里，这事关重大。就好比，你拿着一个手电筒，你的意图就是拿着手电筒的那只手，它可以选择手电筒指向哪里。你的注意力所集中的地方，就是手电筒和它产生的光束。而你的意识所在，便是手电筒所照亮的东西。倘若意图不稳定，注意力和意识也会跟着恍惚起来。"恍惚的心智，都是不开心的心智。"乔说的这句话意思是，每当我们的头脑走神时，我们往往会进入自我中心化的沉思，进而体验到某种担心的感觉。相应地，专注的头脑就很平和宁静。

在内心的不确定感很强烈时，我们的手电筒就会在做出选择、截止日期和对失败的预期间来回跳动。这会让我们感到不安与疲惫。但手电筒终归还在我们手中，只要有意控制，就能变得更专注、更平和、更快乐、更成功。

想象一下，某个学生走进乔的办公室，跟他探讨自己在工程课上的表现有多糟糕。乔问："你的意图是什么？不失败，还是要成功？"学生认为二者并无区别，但乔说有。如果你的意图，也就是你拿着手电筒的手仅仅是不失败，那么手电筒的光束和你的注意力就会集中在关于失败的描述、对你成功产生威胁的事物、失败导致的恶果，手电筒照亮的地方，也就是你的意识，就会是恐慌、沉重、胁迫感，以及那种我还不够好、我没有得到足够支持的感觉。然而，乔说，如果你的意图是成功，那么手电筒的光束则会与策略、机会和资源有关，手电筒照亮的地方将是好奇、兴奋、承诺，以及一种我要努力、拼尽全力去成功的感觉。

第 5 章
法测 4：走出舒适圈，激活充满动力的自我

对自我充满好奇

要想拿稳手电筒，并把它指向正确的方向，你需要先足够了解自己。也许你已像雨果一样陷入了困境，也许你无法允许自己去追求真正想要的东西，也许你根本就陷在别人给你写下的人生脚本中，也许你压根就不知道自己到底想要什么。不管哪种情况，乔·霍特格雷夫都会请你先探究自己陷在纠结中的动机，而非先探究能鼓舞你前进的动力。是不是因为要让自己总能"有得选"而无法采取行动？是不是因为不确定自己究竟想要什么而害怕做出承诺？是不是因为虽然正在做的事情或者共事的人不再让你感到兴奋，但改变现状让人害怕？是不是因为某份工作看起来很辛苦，所以还没开始就已放弃？是有人挡着你的路吗？是不是觉得还不够了解自己，压根不知道自己究竟想要什么？你要认清保持现状的原因究竟是什么。因为只有在好奇自己为什么停滞，认清停滞的原因之后，你才能真正超越它。

收到雨果第一封来信 3 个月后，我们又联系了一次。他的回应令我大吃一惊。随着深入思考自己与父母之间的互动，雨果开始问自己，如果父母不喜欢我想做的事情，为什么不让我看看，他们想做的事又是什么呢？这时的雨果，已经拿起了手电筒。他突然意识到，父亲一直敦促他在金融服务领域做技术和编程工作，这也是他本人的工作内容，可他却从未真正向雨果展示过这种工作究竟是什么样子。"我觉得我爸是因为担心我不喜欢，所以才不告诉我他的工作内容。终于有一天，我俩坐在一起吃饭时，我说：'天哪！你能告诉我你是做什么的吗？你干这行 30 年了，可从来没教过我什么相关的知识，我甚至都不知道你究竟是做什么的！我想让你教教我。'第二天，他就带我去参加了一个非常重要的商务会议。我看到了该怎样进行商务谈判，这对我俩来说，都是非常棒的经历。我感觉有我在他身边，他变得更轻松了。也许听上去很怪，但他觉得有人保护着他，就

像房间里多了一个盟友。对我来说，这也是我第一次感受到他以我为傲。就在那一刻，我对自己的担忧消失得无影无踪。"

乔·霍特格雷夫说过："光照到哪里，就要注意哪里。把你身体的感觉、自身的情绪和头脑中的故事协调好，让光去照耀那些能滋养你的事物，而非困扰你的事物，就能让一切大不同。"当下的重点，就是你引导思想的方向决定了你是继续沉沦于纠结、悲伤和恐惧，还是向前迈进。你自身就拥有这种力量。雨果已经明白了，虽然他还是喜欢理疗，但他如今也非常喜欢数据科学，不仅因为它增进了父子之间的亲密度，而且因为他本身也擅长数据科学。他说："我参与了一个数据科学训练营，我的最终项目深获认可。我非常满意！一件小事就能改变一段关系，真奇怪。以前，我跟父亲的交流就像两个人犯了哮喘，可如今，我们的沟通像溪流一般顺畅。他会很兴奋地和我分享每天发生的事，告诉我他的财务计划，以及他为人处世的方法。最重要的是，他乐于跟我聊天。就在几天前，我还参加了他跟资产经理的谈话，我见到了他们如何应对自己的客户、选择策略和规划产品，我见到了一个投资组合从开始设计到完成规划的全过程。这整个过程让我卸下了胸口上的巨石，也让我产生了火箭般的推力。我以前一直认为，虽然有条不紊地长大，我却没有为生活做好准备，现在，这样的想法消失得无影无踪。"

雨果在信中的语气完全变了。上次的 3 页内容看起来简直是人在深陷困局时的恳求，而 3 个月后的这次交流，他整个人充满着乐观、踏实的感觉，一点儿都不纠结。一如乔·霍特格雷夫教授所言，雨果握稳了手电筒，也就能更清晰地和父母沟通。他也体验到了洛莉·戈特利布所说的"被他人理解的美好感受"。"之前所缺失的部分，其实就是让我爸爸有价值感。他向我介绍自己的工作，邀请我进入他的世界，就是创造那种美好感受的过程。这些美好的时光能够产生强大的能量，击破之前的那种空虚感，影响你所做的一切。"

当我回顾雨果的第一封信，我会将其解读为一个孩子在等着别人告诉他该如何处理自己的生活。如今我知道了，他渴望的其实是能与父亲更好地对话。

14 件能推动工作和人际关系发展的事

摆脱困境需要大量艰辛的工作，无论是为了获得某些实际效果，比如找份更好的工作，换个更宜居的城市，或改变自己的约会模式，还是为了改善情绪。我知道你想摆脱停滞的状态、想从事重要的工作、想和那些能与你产生共鸣的重要个体共处，我知道你想有能靠得住的人与事，我知道你想大展宏图、有所作为，我也知道你想和他人共同体验那深刻而持久的爱意，不管遇到什么艰难险阻，他们都能支持你。洛莉·戈特利布常在咨询中这样问来访者："为了推动自己的工作和人际关系发展，你打算做点什么与之前不同的事情呢？"因为她经常处理相关的问题，有很多独到的看法，所以我把她的建议和我的加以统合，就好像我俩在同时给你建议。

1. **抽出时间和自己独处。**因为没法做到跟外界随时随地保持联系，我们这些上了岁数的人，不得不经历一些独自一人的时光。不过，我觉得这还真是一个值得从过去的日子里拿回当下的做法。我俩并不希望你孤独，独处和孤独有着巨大的差别。洛莉说，一直刷手机的人并不孤单，却很孤独。正如我前面所说，年轻人经常会跟心理咨询师讲："我不了解我自己，也不知道自己究竟想要什么。"所以，第一步就是要更好地去了解你自己。而独处就能帮你做到这一点。

   正如洛莉所言："只有在沉默中，我们才开始倾听自我的声音。"她还指出，这也是为什么我们更容易在没有外界打扰的情况下产生最棒的思想！她说，你其实不必一直忙活。你需要远离工作、学校、媒介、社交媒体和答应好的事，甚至远离朋友和家人，去休息一下。你需要一个她所说的"安全港湾"。在那里，你能跟自己共处。你可以用这样的形式来与自己独处：一个人散步，思考自己的想法，冥想，阅读，自己做饭，享用自己的晚餐，写日记。你会开始了解内在的自我。与自己独处得越多，就越能找到自己真正想要的东西，以及阻碍自我的东西。

练习独处、接受独处至关重要。就算你恋爱了，还是需要独处的能力，因为你不能确保和你交往的人每时每刻都投入与维护这段关系。洛莉说，这也是做成年人的一个简单道理。

2. **关注内在，要多注意自己不舒服的感觉。**洛莉发现，也许是因为父母和照料者过度介入，也许是因为自身主动阻隔了对情绪情感的体验，很多年轻人都不够熟悉自身的感受。这就导致他们在处理自己不舒服的感受时缺少经验，进而认为这种不舒服一无是处。然而事实并非如此。这种不舒服并非什么必须去摆脱的东西，而是值得去关注、思考，甚至引以为荣的事物，你大可以将其超越。

所以，要先对这些不适感抱有好奇心。问问自己，我有怎样的感受？我身体的哪部分感受最强烈？我的内心究竟发生了什么？洛莉说，在分析的过程中，你可以积极地将这些感觉加以利用。假如你感到焦虑，那有个很好的管理方法，就是问一问："让我焦虑的究竟是什么？"也许是我入错了行，得做出改变。也许是我意识到了自己的懒怠，得加把劲儿了。还有一些很有价值的问题，比如"这感觉说明什么""我能做些什么，以求有所改变呢"。

3. **学会调节自身情绪。**洛莉认为"调节"是为了"让自我更平和"。以前是父母帮助我们调节情绪,但随着我们的成长,我们需要学会自己来搞定。通过关注内在,注意到自己身上发生的事情之后,你可能会说:"我知道自己现在压力很大,我要忙活的事太多了。我要去跑跑步,这有助于调节情绪状态。我还要打电话给朋友,联络一下感情。我要读会儿书,我要制订没那么大压力的时间规划,我要确保自己睡个好觉。"

洛莉说,调节情绪的一个很好的方法,就是"取得联结"。比如,找个风景秀丽的地方散散步,与大自然取得联结;通过语音通话或写封长信,与朋友取得联结;通过阅读,与自我取得联结;通过冥想,与身体取得联结。

但要注意,刷社交媒体、暴食、饮酒不算在内,这只能让你逃避自己的真实感受。洛莉的一位朋友说过:"互联网是效果最好的短期非处方止痛药。"社交媒体关注外部,关注其他人在做什么,而我与之相较又是如何。这不是联结,而是断裂。参与其中,只能激发不悦的分析和攀比。你在不停刷信息流时,很可能会分散自己对各种内在感觉的注意力。你刷着别人的帖子,看到的都是别人生活中最精彩的片段,自然会感觉自己很糟。每一个"赞"都是一剂新的止痛药,但你一开始其实就不需要这种药物来止痛。

4. **与他人相处时,人要在,魂也要在。**当有人在你面前,你却只盯着手机,这分明是表达着一种"你对我不重要"的态度。如果我们想证明自己真的关心对方,并想与对方取得深刻且有意义的联结,那就要在跟对方交流的时候身心俱在。这就意味着,别在你和某人交谈时发信息,别在和某人约会时刷短视频。放下你的手机,把你的注意力和你的时间留给对方,直到共处时间结束。一旦这么做,你就会体验到洛莉所说的"被他人理解的美好感受"。

洛莉的说法是，你得刻意做到人在魂也在。具体的做法是：和朋友出门时，别把手机放在中间的桌上。如果有人发消息，先别着急回复，因为这一小时，是你和朋友一起的时光。没错，一开始真的会很不适应，但你必须加以练习，学着身心俱在。你可能会注意到，这一小时会让你神清气爽、精神抖擞，如果你边聊天边回消息，边聊天边自拍，或者边聊天边刷短视频，那绝不会这样。洛莉指出，这并不是对新技术的指摘与贬损，只是要让我们更加慎重地考虑自己该如何使用技术，才不至于失去与他人真正相处的能力。

5. **不管起点在哪里，去采取行动，做一些不一样的事情。** 本条助你摆脱停滞的建议杂糅了即兴表演、设计思维和心理学知识。在即兴表演中，你会被扔上舞台，并在没有剧本的情况下做到诙谐有趣，其诀窍便是"随便找个起点"，因为这本就是事物发展的形式。而在设计思维中，则强调"行动导向"，意思就是动起手来，先看看会发生什么，总好过什么都不干、重复旧模式。而洛莉说，心理咨询师也会鼓励你"做一些从没做过的事"。她说，如果你不知道自己究竟想要什么，或者你知道现在这份工作不适合你，或者你还在和不适合的人约会，那"与其坐着抱怨，不如换换做的事，换换见的人。要专注于你希望投身的行业，而不是白混 10 年日子，反复思考自己为什么不喜欢当下的工作。积极主动地走出舒适区不是件容易事"。可如果你想摆脱停滞，就必须这么做。

洛莉说，你大可以先启动一个计划，它不必那么完美，但能带你达到某个新阶段。这总好过什么都不做。毕竟，你在世上经历得越多，你的日子也会过得越好。若你不采取行动，只是空想，那不会有任何进展。拿手电筒做类比的西北大学教授乔·霍特格雷夫说过："这与'怎么做才对'并无关系，却关乎'什么才适合我'。"你大可以更进一步，去问问："在当下，什么才适合我？"这个问题小很多，答案也相应地小很多。因之产生的焦虑，也就会小很多。

　　洛莉说，由于你年轻时的生活可能没那么稳定，总是换新工作、搬到新城市、结识新的人，那采取行动，会让你走上一条趋于稳定的道路。她分享了一位来访者的故事。这位来访者最近开始做一些志愿者工作，这也打开了她的社交圈。她遇到的人，都是她之前不可能遇到的人。这对她的事业也大有裨益，这是她之前万万没想到的。这一切改变，都是因为那个周六的早上，她迈出了自己的舒适区。

6. **不要一见问题就退缩。** 当来访者表示，在工作或感情中遇到了问题，洛莉都会平静地回应："好的，这是你第一次和老板（伴侣）产生分歧，那你对此有什么想法吗？"但她发现，来访者往往已经找过自己的朋友，这些并无头绪的朋友会说："你老板真讨厌，辞职吧！"或者："跟他分手，你得找个贴心人在一起。"朋友们的直接反应可归结为"这个人让你心烦，我们爱你，不希望你心烦"。这可以理解，毕竟，他们是想表达出对你的支持。但更有经验的人则会说："你为什么不去和对方谈谈，去了解下你俩之间究竟怎么了？"

　　洛莉说，如果你一碰到分歧就想着逃离，那很可能是因为之前缺少足够深入的练习。所谓深入，就意味着要探究矛盾，做出妥协，保持大度，设定界限。这要求对方也能大度，以及做出艰难的选择。只要涉及人际矛盾，这就是取得进展、解决问题的唯一道路。

　　显然，本条建议与上一条建议有点矛盾。你可能会这么想：什么时候该做出改变，什么时候又该坚持下去呢？随着时间的推移，尝试这两种方法的大量经验能让你培养出更棒的直觉，去决定在各种特定情况之下，怎么做才正确。正如洛莉所说："你可能并没意识到，自己有好的想法，也有充分的内在资源及答案。别做那个只会等大人指令的孩子。"

7. **评估那些你一直保留着的选项**。记住，一直保留着选项会让你处于不确定的状态，进而给你带来焦虑。问问自己，你当下都有什么可选项，为什么？你还打算坚持多久？以及，由谁来决定这些选项中，究竟哪一个最适合你？如果你向特定的方向前进，导致其他大部分选项消失，又会发生什么？如果你不管选哪条路，最终都能成功，你又会怎么选呢？尽量不要让"合适的工作"或"合适的人"这种外部定义掺杂其中。有的人做着你从未听说过、可能是做梦也想不到的工作，他非常快乐；有的人拥有你永远想象不到的情感关系，他也非常快乐。没有哪个选项在本质上就是合适或者不合适的。要做就做你自己，得抓紧！

8. **培养自己的见解**。成年期是培养你的"世界观"（关于世界如何运转的理论）和"工作观"（关于工作对你意味着什么的理论）的时候。越早意识到你重视什么、你相信什么、哪些对你重要、哪些对你不重要，就能越早弄清楚你要先放弃哪些想法和选项。所以，我在这里罗列的一些问题，都与"……对我来说最重要"有关。比如：我想把生活安顿在……；我要努力以……方式来成长；我在做……的时候效率最高；我真的很喜欢创作……；我生活在一个……的世界里。一开始，你会觉得很奇怪，仿佛自己说话的方式都老气横秋起来。那就对了，要的就是这个效果。

9. **与给你安全感的人多分享**。当你在个人或者工作方面，做出了一个摆脱停滞的重大选择时，身边能有几个人支持你，这会对你有非常大的帮助。但不是每个人都能这么幸运。一旦决定走上某条前进的道路，就去告诉那几个无论如何都会支持你的人吧。他们可能是你那善良有爱的亲戚，也可能是那令人敬畏的高中老师、教练或导师，总之就是那个相信你，愿意支持你，与你没有利益关系，一直都在关心着你，为你加油鼓劲的人。我把他们称为"信得过的人"。

在更多的朋友和家人知道你的决定之前，不妨先设计一个简短的演讲来描述自己的下一步规划。人们往往会提出质疑，而你的小演讲能让他们闭嘴，或者能让他们淡定些：

话术 1：用清晰、有力和冷静的声音来进行表达。（我已经决定……）

话术 2：引入你的自主意识或价值观。（我知道自己……/ 我一直喜欢……/ 我非常相信……/ 我想尝试……）

话术 3：明确表达你的下一步计划。（接下来的 18 个月我将在某个领域拿到证书。/ 我决定搬到某地做某事。/ 我想让你知道我和某人谈恋爱了。）

话术 4：防守往往是更好的进攻。（我知道这可能跟你们对我的印象有所不同……）

话术 5：以请求支持作为结尾。（我希望你们大家能信任我，能一如既往爱我。）

让"信得过的人"帮你去应对可能发生的任何后果，也许他们会主动打个电话，去说服你的父母，他们甚至会乐于这么做。

10. **改变你与父母的关系。**成年的一个真正信号是能离开父母，独自生活。因为改变你和父母的关系会以一种相当重要的方式去推动你的生活。所以，是时候摊牌了。这很难，我知道！但是时候了。可千万别忘了，通过这本书，我也在支持着你。

所谓难处，自然是如何改变你跟父母的关系。尽管你可能希望他们开始像对待成年人一样对待你，但难点在于，这实际主要取决于你自己，毕竟你无法改变他人。所以，除非你有变化，否则你跟父母的关系也没法改变。很棒的一点是，一旦你以成年人的状态出现在他们身边，他们就很可能会开始把你当作成年人去对待。相应地，你如果还是孩子气十足的话，他们当然容易气呼呼地质问你为什么就是长不大。所以洛莉通常会这样说："你能做些什么不一样的事，来改变他们与你的互动方式吗？"洛莉还建议，可以从改变自己和父母的对话方式开始，要像成年人跟成年人对话的状态一样。他们不太会立刻大变样，但一定会觉察到你在表达上的变化。

也许正是你挥之不去的孩子气，让他们误以为还需要继续替你打理一切。他们暂时还没有变化的理由，而你又意识到了其中的问题。倘若这就是你们彼此影响的模式，那我建议你找个时间好好跟他们谈谈。这能发出一种信号，让他们觉得这次交流很重要。你可以这样表达："爸爸妈妈，感谢你们做的一切，没有你们就没有我的今天。现在我想要有所担当，所以有一些想法，咱们可以先……"

错误的交流方式是把陈芝麻烂谷子的事都归咎于父母，而不是自己表现出对生活的担当。如果你心里想的还是"我爸妈不同意我做这个"或者"我爸妈逼着我去读法学院"，那你依然只是一个在对抗父母的孩子。洛莉说，你需要和父母创建一种新的关系，别去奢求他们根本给不了你的东西，比如让他们去改变之前养育你的方式，这对他们来说几乎不可能。她也鼓励你把自己的生活捋清楚，再跟父母谈谈自己现在想干什么。和父母为过去的事吵架，经常会带来个人发展的停滞。

做成年人意味着自己处理自己的事情，而你内在的真我又很可能多多少少让父母失望。对于让父母失望这件事，我认为你应该坦诚接受。这恰恰是本书通篇论点的关键。你的一大任务，就是检查自身的恐惧所在，并接纳它的存在，因为这就是你的生活。是的，一部分年轻人只是期待实现父母对自己生活的愿景。但你真正的意愿，永远比别人的意愿更重要。我甚至敢说，就算父母威胁从此再也不跟你说话，你也敢去做真正对自己有利的事情，这照样是成年的一个标志。我鼓励你就这些问题，去问一下自己：如果我让父母失望了，后果会怎样？我会怎么应对？我该如何弥补？做一件我知道自己真心想做的事，却意味着失去父母的支持，会有怎样的感觉？

11. **做好失败的准备，再试一次**。人生并非考试，以一次成败论英雄。并没有谁有权力评判你"可悲又失败，没有后路啦"。每天都有新机会。做出决定，加以践行，这是个不断进行的过程。你需要一点一点去挖掘自己究竟要成为谁，你需要通过尝试不同的事情来让自己进步，而非困于标签，无法自拔。你要找到在这个世界上前行的稳定方式，并据此来平衡一切。正如我之前所提到的，并没有什么失败可言，因为根本就没有一条所谓正确的道路。那些经验和教训，以及更多的经验、更多的教训，它们能让你一直前行，成为自己想成为的人。

12. **接受失控**。如果什么事都由你说了算，那你大可以精准地决定自己做什么工作、住在什么地方、和谁分享自己的生活、生不生孩子以及什么时候生。但大多事情，其实你说了不算。偶发事件、运气和他人的抉择，都会严重影响你自己人生的展开方式。你的任务是在走自己的路的同时，明白周遭有很多你无法控制的东西会影响你。其中一些甚至能把你打趴下，你大可以觉得惹不起躲得起，换条路接着走。还有一些会遭遇你的反击，因为你对自己走的这条路的信念非常坚定，从不质疑。甚至还有一些打击最后被证明是宝贵的财富，能让你看到全新的、美妙的人生风景。要接受失控，也要信任自己那矢志不渝的理想道路。成年人都知道，自己正在复杂的系统中生活与工作，而这些系统又夹杂着各种不同的生活、文化与功能。

13. **干就完了**。"干就完了"的意思就是要及时出手，敢于拿下。现年30岁的莱克茜·巴特勒以前是我的学生，她曾效力于多家著名互联网公司，主要做技术领域的公关、合规与隐私保护工作，为管理层的公平举措提供建议，以及指导年轻的专业人士从自身经验中获取最大价值。她对"干就完了"有何建议呢？她说："我在职业生涯中做过很多复合型工作，但根基从未变过。我工作尽心尽力，要么把手头的事情做得更好，要么尽快顺利离开。你必须有足够的勇气和毅力来掌握自己的生活和自己身上的种种可能性。去通过访谈采集信息，去看看心理咨询师，去和朋友聊聊，去想想自己的优势，如果你什么都不做，那就不可能有结果。所以好好干，天下没有毫无代价的自由。"

14. **着手培养某种深刻且持久的自我意识**。我管我儿子索耶的高中朋友们叫"大象"，因为这帮孩子身体壮、声音大，把我家的天花板弄得轰轰作响。其中一位告诉我："我的身体状况和阅读能力决定了我自己干什么才开心，那等我变老了，我该怎么办呢？那时候，我就没法酷酷地滑冰，就是个动不了的老头，坐在哪里，也就烂在哪里了。"另一位"大象"则回应道："你得找到快乐源泉，别指望你的身体那种随时可能消逝的外在事物，也别指望什么会把你毁掉的臭毛病，你得找到内在的快乐！"我有句话要告诉他俩，因为只有你自己才知道自己究竟是谁，所以总得靠自己来制订一个稳定的计划。我一直喜欢跟人打交道，也希望自己的工作能帮助他人。我曾做过律师、高校行政人员、活动家、作家，但我也想成为一个以歌词与歌声打动众人的歌手，一个用稿件和嗓音打动众人的播客记者。后面这些，我目前还都没做到，但我要把这些理想留存在心里。对其本质，也就是"运用文字与声音"，我将着手运用在我做的每一件事上。只要你秉持着真我行事，无论去向何方，无论发生什么，你都能从容应对。

停滞是个讨厌的状态，比如，职场晋升无望，希望组建家庭而不得，上大学选错专业，谈恋爱选错恋人，以及被困在错综复杂的家庭关系中，等等。接下来，你要读到的故事都跟这些事有关。这些故事各有不同，但又存在共性。

YOUR TURN: HOW TO BE AN ADULT　我身边的故事

迈克尔的故事：创造机会，积极沟通

我在一个清晨接到了迈克尔的电话。他30多岁，在美国的一家公司当副总裁。他的妻子米歇尔是我常去的健身房的高管，她听我聊到这本书，当即就表示该采访一下迈克尔，因为他的成长经历很不简单。

迈克尔通过电话接受我的访谈时，正准备出门上班，稍后还要乘国际航班出差，而妻子已经去上班了。他 14 个月大的儿子正和保育员在一起。我能听到电话那头传来的声音：狗叫声、家具和婴儿用品碰撞的声音。与他长大的家庭环境相比，他现在的住处一定安静了很多。当年，离异的父母抚养他和他的 3 个兄弟姐妹，家里还有父母重组家庭后的许多继兄弟姐妹，大家都只在乎自己。父母身处中下阶层，家里过着饥一顿、饱一顿的生活。

"对我爸来说，只要我们能上大学，上哪所并不重要。他总是说：'能深造可是个好机会，一定要好好把握！'"迈克尔确实努力，小学和初中阶段成绩名列前茅，还在运动方面取得了很好的成绩。他天生好胜，干劲十足。"就如同肩膀里装了个马达一样。"他告诉我。接下来他上了高中，如何把家庭作业和运动平衡好，给他带来了前所未有的挑战。从儿童向青春期的过渡很是艰难。"16 岁时找到工作，那是我碰见的最好的事，"迈克尔说，"这让我有机会去平衡自己到底该优先做什么。"对迈克尔来说，同时处理工作和学业构成了一种快乐的组合，于是他选择去读波士顿的东北大学，因为那里有个被称为"合作教育"的项目，用独特的方式整合学校教育与企业实习。按照要求，东北大学的本科生要从大二开始，交替进行 6 个月的学术学习和 6 个月的专业实习。迈克尔一开始上医学预科，后来转到金融和会计专业，并辅修生物学。东北大学有个遍布世界、几乎涵盖了各行各业的雇主网络，这些雇主都渴望能雇到训练有素的大学毕业生。到了大四，迈克尔已经在普华永道会计师事务所谋到了一个毕业后就能去的职位。他当时还在波士顿当酒吧招待来攒积蓄。不过此时，生活已决定要打乱他那完美无瑕的计划。

大四那年的春季学期，迈克尔听到风声，瑞士银行集团（以下简称为瑞银）预订了他工作的酒吧做独家招聘活动。这次活动是邀

第 5 章
法测 4：走出舒适圈，激活充满动力的自我

请制的，只请了常春藤盟校中最顶尖的院校，也就是哈佛大学的学生。他重新规划了日程，以便正好能在这场招聘聚会中工作，他还把自己的简历藏在吧台边的一个小隔间里。喝完散场的鸡尾酒，所有的哈佛高年级学生都回到了查尔斯河的另一边，西装革履的活动负责人走向吧台，递给迈克尔一大笔小费。"我不要你的小费，"迈克尔跟他说，"我就想见见你们人力资源部的招聘专员，把我的简历给她。"

后来，这位招聘专员做了迈克尔的师父，但那天晚上，她只答应收下他的简历，把它放进了雪片般的一堆简历中。尽管如此，她还是欣赏他的这份热忱，回到办公室后，又专门把简历发给了相关同事。最终有人决定，给他一个机会。"在'超级日'里经历了一轮残酷又快节奏的面试后，我成为 18 名被瑞银聘用的本科应届生之一，也是唯一一个非一流学校的毕业生。在交易场上，我的绰号就是'二流'。"这个"二流"后来被加利福尼亚州瑞银的一位对冲基金客户雇用，并在加州大学洛杉矶分校获得了工商管理学硕士学位，随后加入谷歌，并在那里从业超过 10 年，获得 3 次晋升，还发布了一个虚拟现实/增强现实系统。而下周，他才过 35 岁生日。

迈克尔很能为自己做主。他知道自己想要什么，他会用身边能找到的任何资源来为自己创造机会。为自己做主的能力让他在本科时从医学预科转到了金融和会计专业。为自己做主的能力让他重新规划日程，这样在瑞银与哈佛学子的招聘聚会上，他能刚好在一旁工作。为自己做主的能力让他能做出选择，成长为自己期待的样子，也因此获得晋升的阶梯。但迈克尔的成功不仅仅来自敢为自己做主，他还有很多深入的思考。

"要跟任何人都能交流，这很重要，"他告诉我，"真诚、能够共情和包容也很关键。实际上，我很关心自己团队成员的福祉，这也被证明是职场中的一笔财富，因为只有健康的团队才能走向成功。我的团队里没有人会觉得自己的声音被忽视。房间里的每个人都承担着责任。"

在迈克尔看来，若没有共情能力，便不会有责任感。迈克尔说，只有真的能共情某个人，真正关心对方是谁，经历过什么，并以积极的倾听来加以证明，才能让对方更加真实地投入进来。对方对你的信任程度可能会因此改变，并最终生发责任心。判断对方可靠与否的最简单形式就是问这样一句话："你原本打算做的那些事，后来到底做没做呢？"迈克尔说，这整个过程中最有价值的技能就是积极倾听。"只有通过积极倾听，才能创造共同愿景。"无论你是身处团队，要推动企业走向成功，还是在构建一个能让你过上最好生活的社群，本原则都适用。积极倾听是一种关键技能，可以为你创建在任何情况下都能倚仗的关系。

"我之所以能成功，还因为我能跟妻子好好交流。"我理解迈克尔的话，因为在我家，丹一直是孩子们的主要养育者，我母亲时不时会帮帮忙，而我一直在忙工作。对此，我既心怀感恩，又觉得幸运。"我之所以能成功，是因为我一下班回家，就能给孩子洗洗澡，这是我每天最美好的 15 分钟。让你成功的从来都不是什么竞争力，成功跟获胜完全是两码事。人际关系，便是成功的一切根由。"迈克尔说。

第 5 章
法测 4：走出舒适圈，激活充满动力的自我

吉姆的故事：跳下没有终点的快车道

吉姆的父母在他出生前就从韩国移民来到美国，并在圣路易斯附近将他抚养长大。从那之后，他的生活便走上了快车道。他提前一年高中毕业，在约翰斯·霍普金斯大学主修公共卫生学，还进入了哈佛大学牙医学院。一切按部就班。但在 2000 年，牙医学业的第二年快结束时，他开始对自己的当下与未来产生了强烈的不确定感。"牙医学院就像某种引力，把我拽向某个不喜欢的方向。要是我听之任之，它会把我越拖越远。"

回顾过去，他意识到自己第一次感到不适，是在考虑大学毕业后何去何从的时候。"我没接触过多少不同的发展道路，也没寻求过多少不同的人生选择。我知道有专精某个领域的专业学校，我也知道自己喜欢科学。我认为我该读完研究生。我对医学院没什么兴趣，但认为跟医疗保健有关的事物很有意思。那选项似乎明朗起来：牙医、脊椎按摩疗法或者足部医疗。老实说，干这行在生活上、事业上都很不错，在牙的问题、背的问题和脚的问题之间，牙科也似乎最有吸引力。"

决定一做出，他就感觉到了解脱。"我当时想，太好了，就这么办。琢磨那么多也没用，精心安排，好好规划，就该这样。后来我考上了哈佛。这更验证了我的方向，谁会傻到不去上哈佛呢？所以我就去了。"第一学年，他很享受，学的是跟类固醇有关的科学。第二年冬天，他第一次真正接触到了牙科。站在那儿把手伸进别人的嘴里，他却什么都感受不到。"我开始意识到，如果我现在就对这事没感觉，那 1 年后、5 年后，甚至 10 年后，我能有什么感觉？"内疚突然涌了上来。父母花过的钱，他投入过的时间，更不

用说"每个人"都知道他正在哪里学什么。所有这一切都强化了引力,迫使他继续坚持既定的计划。况且,他其实也没别的计划。第二学年结束时,这种被拉扯的感觉愈演愈烈,让他难以忍受。

最终,吉姆离开了牙医学院。他如旋风般探索了那些未知的领域,只求找到自己真正想做的事。他现在 44 岁,是一家教育公司的副总裁,公司主要帮助教师们提高自己游戏化教学的水平。他有妻子,有儿子,很幸福。在跳下那不适合他的快车道 20 多年后,吉姆和我通了电话。"当我回忆起当时的那种引力,以及思考如果我留下来接着学牙医,我的未来道路将会怎样时,还是会觉得很不舒服。我无法想象余生的每一日,都带着这种感觉去生活。我过去该问自己一个难以回答却必须正视的问题,那就是'对我来说,到底该不该学牙医',但我没这个胆量。所以,我只能问些更简单的问题,问些我能考虑明白的问题,问些我以为对家人和亲朋好友更有意义的问题,比如'我是不是太累了才会这样''我是不是需要休息一下'。我这一生都走在一条准备好了的路上,所以就算我说自己可能要休息一下,他人也会感到震惊。没人能理解我。他们将之归咎于我浮躁、贪玩,可现实是,我对于当下要做的事真的充满困惑。我承认这有点自作自受,因为其实我也没彻底敞开心扉。我很担心他们的反应。对于他们顺理成章的提问:'你还能做什么?'我甚至都没个答案。我只是想什么都不做,给自己一些空间,看看会怎样。"

最难说服的人是他亏欠最多的人:吉姆的父亲在他上大学时过世,他和母亲相依为命。"从小到大,一直到现在,我都很听我妈妈的话。我很爱她,也很尊重她。如果她想让我做点什么,我一般都会帮她处理好。但那是我人生中第一次偏离她的要求。"

第 5 章
法测 4：走出舒适圈，激活充满动力的自我

多番沟通后，他母亲的态度终于稍稍松动了些，虽然不至于大开绿灯，但起码允许吉姆暂时请假。"我终于有机会问问自己，究竟有哪些事，是因为我之前走在一条不容分心的道路上而错过的。"他把这一年叫作"随机年"。他参加了肯塔基州的跆拳道比赛，还获得了一枚金牌；他去新西兰做背包客；他甚至跑去好莱坞当"群演"挣钱，出演过曼迪·摩尔和安妮·海瑟薇主演的《公主日记》。

在这拿来"休息"的一年快结束时，他有了很多放飞自我的经历，却还是没有对自身的职业生涯目标做太多思考。为了将来有回头路，他想再休学一年，所以就联系了大学里的学生处负责人，而对方建议他先回学校在招生部门工作一段时间。"我瞬间就喜欢上了回到校园的感觉。那里有能量的聚集、智识的增长，有激动人心的时光，有生命的火光。这种环境比做牙医更能激励我，我虽然还不知道自己想在校园中扮演什么角色，但那种通透的感觉，正是我要的。"

他回到哈佛，攻读一年制的教育学硕士学位，然后成为缅因州布伦瑞克的鲍登学院分管新生的助理院长。这之后，一位在斯坦福大学做了几年新生院长的女士，也就是我，发布了一份助理院长的招募启事，而吉姆抓住了这个机会。我俩就这么认识了。我希望你能明白，我为什么会认为他的人生轨迹能激励新生们去思考自己真正想要的生活，进而认为他就是这一岗位的最佳人选。愉快地共处 3 年后，他离开了我们，去攻读工商管理学硕士，这让他有机会去更多不同的公司工作。从停滞到进步，从逃离错误人生道路的拉扯到感受自己走在正确的路上，回顾往昔的决定，每一步都有其意义。但如果你告诉 20 岁时的吉姆，他考上牙医学院但会退学，能拿到武术奖牌，能出演几部电影，能进大学当院长，能获得工商管

理学硕士学位，还能领导一家致力于为老师们提供支持的公司，他肯定会嘲笑你。

现年 44 岁的吉姆已经知道，当年纠结于要不要离开牙医学院时，母亲其实只是想确保他将来能有一个优质、成功、稳定的生活空间。她只是担心自己的儿子错失良机。"我明白她有多不容易，纵然如此，我也并不希望她阻止我去探索我当时真正需要的事物。"他知道，在母亲的内心深处，她最终还是会接受和支持自己的改变。他也知道，在那一刻，母亲就算有着无私的关爱，也给不了他真正需要的东西。能够在你的头脑和心中同时认清两种不同的真相，也是摆脱停滞的重要举措。

尝试新事物是可怕的，正如人们所说，认识的魔鬼总好过不认识的魔鬼。但你的生活应该是这样的：有活力、有方向，以及多多少少得有点乐趣。你理应拥有这种生活，所以，请坐上驾驶位，开始为生活踩下油门。接下来，我们将探讨人际关系，这需要你多多去想，以及多多去做。

第 6 章
法则 5：掌握社交规则，建立和维护你的圈子

> 不要和陌生人说话。
>
> ——所有人都这么说

大多数"千禧一代"和"00 后"孩子都是听着"不要和陌生人说话"的魔咒长大的。这意味着别和陌生人进行语言交流，更别跟着他们去任何地方；后来又演变成了别跟陌生人有眼神接触，别在步道上或商店里与陌生人攀谈；再后来，变成了要完全无视陌生人。很多孩子在长大后，不仅害怕陌生人，也不知道如何跟陌生人互动。他们没有学会如何去领悟不认识的人所发出的社交信息。最终，他们高中毕业，进入真实世界，却发现生活里处处都是陌生人。

接下来是我在本书中要提出的最明确的观点：陌生是我们所有关系的

起点。通过种种方式，陌生人会变成熟人，而其中的一些会进一步变为邻居、朋友、同事、导师、爱人、伴侣和家人。进化生物学、人类学和社会心理学领域的研究表明，我们是高度社会化的物种，必须相互合作和友好地互动，这不仅能让我们达成目标，也会带给我们好心情。甚至有研究表明，就算是跟那些只见一次面的陌生人有互动，也会对我们的心理健康状态产生积极影响。

开始和陌生人说话

我总坐飞机，但每每身处机场，我都要停一下，看看人们在登机口、在排队安检前、在到达大厅与心爱之人的互动。他们把手搭在彼此肩上，他们额头顶着额头，他们拥抱在一起，他们扑到对方的怀里，他们深情相吻，他们彼此紧紧贴着不愿分开。看着人们把感情倾注在对方身上，我必须把视线移开，不然会被感动到哭。人与人的接触是一种古老的、动物性的本能行为，我们以此得以生存。我在机场看到的这一幕幕最能清楚地证明，人与人之间的联系对我们至关重要，这使得有时陷入凄凉、单调和平庸的生活变得美妙起来。

可在当代却存在着一种因缺乏人际联系而带来孤独感的危机。这难道不是一个奇怪的悖论吗？我们渴望与他人联系，而且我们生活在一个科技发达的时代，能比以往任何时期都更紧密地相互联系。想看看朋友都在忙什么？没问题，社交媒体能把他们的文字和图像直接呈现在你一直随身携带的设备上。你需要他人的建议吗？没问题，各种网站、博客和应用程序可以让你获悉来自世界各地的数据、观点与视角。你想听精彩的故事吗？没问题，无数的播客里，有的是人在讲故事或上传有声书。然而，除了少数例外，这些科技化的联系都不像人与人间的真正联系那样能滋养我们的

第 6 章
法则 5：掌握社交规则，建立和维护你的圈子

灵魂。事实上，技术代劳了很多我们之前亲力亲为的直接接触，进一步加剧了缺乏人际联系的问题。

在我们高度科技化的社会文化中，还有另一件跑偏了的事，那就是现实生活已然让位于刻意表演。我们专门跑到社交媒体上去宣布自己所取得的成就，就是为了展示自身价值，为了说明自己或子女真的很不错。这就像一声精心策划的叫喊："看我呀！快告诉我，我很棒！"我并不是要批评你使用社交媒体，我自己也在用。每一次点赞、每一条评论，对我们而言都是一次甜美的撩拨、一次短暂的快意、一次轻柔的抚慰。但这种感受无法持久，恰恰相反，它只能激起我们更强烈的渴求。与此同时，我们会以为，依托于社交媒体，我们对彼此的了解更多了。从某些方面看，的确是这样，但仅仅看到高中朋友的结婚照，或看到前同事的度假照，并不能像给他们打个电话一样把我们真正联系在一起。

当下的亲子关系虽然看上去比以往任何时期都更强调父母和孩子的联系，但实际上，这同样在很大程度上造成了人与人情感的脱节。没错，父母时刻警觉，随叫随到，俯视着孩子做的每件事。孩子的家庭作业、随堂测验、学期考试、玩耍安排、才艺练习、游戏时间、排练、朗诵、表演、各种申请、时间规划和最后期限，都逃不脱我们的监督，甚至也躲不过我们的参与。但是过问某个人的一切，并不一定是让对方感到被关注、被支持的联结方式。这给人的感觉更像无休止的监视、缺少信任以及武断的评判。

洛莉·戈特利布在前面已经给我们提了不少建议。她在咨询中见过很多二三十岁的来访者，她告诉我："无论对方表现出的问题是什么，我总要将之回溯至人际关系中。如果你不了解他人对你的看法，也不了解自己对他人的影响，那你就有点类似于蒙着眼睛走路了。这对工作、对人际关

133

系、对你如何与自己相处，都至关重要。作为一个成年人，了解自己如何在这个世界上创建关系是你要做的最重要的事。倘若没做到，你就会不断遇到同样的问题和障碍，周而复始，循环往复。你会一直碰到这种情况：'我真搞不明白，我老板为什么这么说我，我的对象为什么要跟我分手，我为什么总是如此沮丧。'"在洛莉·戈特利布看来，年轻一代有个特点，那就是他们通常并没有从其他孩子那里学到如何与人合作、互惠、赢得信任，也没有从其他孩子那里得到过什么反馈。究其原因，就是童年的细枝末节中充斥着来自成年人的管理。

所以我要说，作为长辈的我们这一代，可能并没有让你在生命早期体验到通过与同龄人联系获得反馈，你可能错过了不少与社交有关的信息，也可能缺失了不少与改善关系有关的实践机会。洛莉还指出，你这个年龄段的人不再像你前面那几代人那样"无所事事，游来逛去"了。我们像你这么大的时候，经常会聚在一起，无话不谈，如果没什么可说的，也会一块儿闲逛。所以，你在进入社会的时候，可能既不太了解自己，也不太清楚该怎么跟其他人好好相处。

我工作的一大重点，就是要解决这种孤独与脱节的问题。在我关于过度养育所带来的危害的主题演讲中，我告诉家长，我们一再督促孩子抓紧、询问孩子的成就，并无益于培养我们与孩子之间重要的心理联系。我们的孩子想确认，他们是因为他们本身得到我们重视的，而不是因为他们的成绩、分数、荣誉和奖项。然后我会对家长说，也许你并没想到，我们与他们其实在这方面并没什么不同。我们想被他人重视，同样也不希望是因为工作、房子或者我们在社交媒体上发的奇妙内容，而是因为我们本身。我们都渴望能感觉到被某个人关注与重视。无论我在哪个地方做这个主题演讲，都会有听众泪光盈盈地看着我。每每此时，我也会流泪，因为我其实也经常感到与他人失去了联结。这样的时刻本身，其实就已经是一

第 6 章
法则 5：掌握社交规则，建立和维护你的圈子

种联结，我对听众的脆弱感同身受，也敢于向他们展现我自己的脆弱。

我们所有人都已经感受到了有这样亟待愈合的伤口，而这一问题对你们这个年龄的人来说尤其严重。我想你其实也明白，并有所体会，甚至感觉到这个问题就寄居在你的身体中。你会承认自己很孤独，但你却不一定觉得这有问题，那这种情况正常吗？它不仅仅在当下侵蚀我们，也在慢慢地杀死我们。

因此，本章将致力于探讨人与人之间的联系，无论对象是街上的陌生人还是床上的爱侣。我们有能力拯救自己。有一种解药能根治各种孤独，那就是陌生人。

我们先从最简单的"和他人联系的方法"开始。离开你的房子，随便去个地方。你能看到谁？陌生人。研究表明，即使是与他们有最短暂的眼神交流，其实也对你有好处。如果加上一点儿微笑，效果更好。要是跟他们交谈，那会让你更快乐。可能有人告诉过你，二十几岁是要立业的年龄，以后有的是时间经营人际关系，你可千万别上当。先把自己想象成奔驰在铁轨上的火车。工作是支撑火车并让其前行的两条铁轨之一，而另一条铁轨就是人际关系。如果你缺一条铁轨，那火车就会歪倒在一片迷茫的黑暗之中。

我完全支持与陌生人有眼神交流，这可能给你带来很大的好处。我非常鼓励你找个自己觉得安全的地方试一试，如何搭配着含蓄的微笑来跟他人做眼神交流。你做得越多，便可能会做得越好，你会从别人那里得到反馈，而他们的眼神和微笑也会给你更进一步的鼓励。这对你真的很有益。

现在，把你的想法从那些完全陌生的人转移到那些你不认识但又经常

见到的人身上，比如，替你选饮品的咖啡师，在你熬夜的时候帮你倒垃圾的清洁工，地铁里的站务员，快递员或邮车司机，办公室的保安，杂货店的店员，你最喜欢的餐厅的服务员，你最爱去的书店的老板，还有你工作的地方的前台。这些"重点陌生人"，是我们生活中的"弱关系"。我们的亲密关系把家打造成了人生的港湾，但这些重点陌生人，则让我们踏实地活在世上。

这些人的面孔对你来说已经很熟悉了，但你会迈出下一步，去和他们交谈吗？你知道他们的名字吗？只要知道名字，就能打开交流的大门。如果你能说："嘿，某某，你今天过得怎么样？"他们很可能就会对你投以关注，并感谢你的询问，这样一来，你的状态也会跟着变好。因为你做了一件好事，新开拓了一些有趣的人际关系，你对自己的感觉也会变得更好。也许他们还会主动向你问候。倘若真的如此，那你们之间的互动价值会提高很多。经营弱关系，与重点陌生人交流，就像往沙冰里加蛋白粉！有时间的话，一定要试试。如果他们的工牌上没有名字，那就鼓起勇气，亲自去问问。

接下来说说鸡尾酒会、开放日，还有团建聚餐。这些场合一般都会有点尴尬，而且现在人人都有手机，跟他人面对面交流会困难得多，毕竟对方并不一定比你在手机上刷到的东西更有意思。不过还是要记住，手机无法提供让我们人类真正相互联结的动力。如果聚会是你组织的，你可以安排一个用不上手机的互动环节来做开场。这会给每个人都带来需要去化解尴尬的时刻，比如不知道该说点什么、该做点什么，只能坐在沙发上跟另一个人尴尬地大眼瞪小眼。但最后，大家都会告诉你，他们度过了一段非常美好的时光。因为很有可能在一开始十来分钟的尴尬后，他们就会发现真人还是比手机更有趣。

职场关系，不要止步于客气

接下来，我们谈谈职场关系。你认识他们，也会跟他们一起"吐槽"，还会搭伙一起吃午饭、共同赶项目，以及坐下来一起开会。某些工作环境可以很好地促进人与人之间的联结，但也有很多工作环境做不到这一点。下面这种场景，多久会在你身上发生一次？假设两个互相认识并且关系不错的同事刚好擦肩而过。

甲：嘿，你好吗！

乙：挺好啊！你呢！

甲：也好！

乙：那太棒了！咱俩找个时间去喝杯咖啡哟！

我甚至都没有在问句后面加问号，因为这是一种形式上的交流，强调的是礼貌与善意，发问者并不是真正发问，回应者也不是在真正回应，双方其实都不是在真正听对方说的具体内容。总之就是，说的是什么并不重要。

的确如此！但改变这种"随便说说"的状态，其实也在你的能力范围内。你会去主动改变吗？你那么忙，又快迟到了，还有很多烦心事。你老说要约一下、聚一聚，比如一起喝杯咖啡，因为你也知道，确实需要去跟他人深化联系。但你其实并不会真正去跟他喝咖啡，因为你也有苦衷，毕竟，谁会那么有空呢？可你却经常有时间刷手机。所以你能不能停下脚步，跟对方好好说一下："咱们现在就安排一下喝咖啡的时间吧。"否则，这杯咖啡永远都喝不成。立刻安排，不要爽约。等和对方真正坐下来喝咖啡时，你可以用一些我会在本章后面告诉你的开场白。虽然能见面当然最好，但实在没办法的话，通过网络交流总好过零沟通。

我只想说明，你真的需要和同事好好联系联系，毕竟不管你喜不喜欢，你花在工作上的时间可能比除了睡觉之外的所有事都多。所以，你在职场上收获有意义的人际关系的概率也是最大的。另外，在另一个非常现实的层面，与你共同工作的人构成了你人脉的很大一部分。如果你考虑换个新工作，那就需要这些和你共事过的人来支持你。他们越觉得你是真的在乎他们，越可能站在你身边。有研究显示：从熟人到普通朋友，需要共处 40～60 小时；成为好朋友，需要 80～100 小时；成为至交，则需要超过 200 小时。而约个咖啡，就是一个很好的积累时长的方式！

社群关系，找到联结对象

有研究人员说，我们如此孤独的原因之一，是许多在过去促进人类联系的机制已经消失了。无论如何，每周或每月跟一群与我们有着共同兴趣的人举办一次活动，已经不再像从前那么常见了。对于那些没有找到新方法定期参与社群活动的人来说，也可能因此蒙受了健康上的损害。你可能会想，谁会那么闲呢？但只要你愿意，你就可以腾出时间来。

曾经，女性在没进入职场的情况下，往往成为社区中未经选举但身份明确的领导者，可以促进邻里间的日常互动，并创建有意义的联结。我并不是要回归以往的时代，可我也承认，当我们女性最终在职场上获得了机会，可以更多为家庭与个人谋福利，双职工成了家庭的常态时，社区便失去了创造和维护那些重要联结的领袖。就算先把性别放下，也不难发现，大家的家里，白天都没人。这也让步道、街区、公园、游乐场和街角的小商店愈发寂寥。

所以，我们换个方法去找联结的对象。也许你爱唱歌？那就加入合唱团。也许你爱读书？那就参加或创办个读书会。也许你想努力提升一下写作能力？那就报名参加写作工作坊。也许你养了条狗？那就经常去公园遛遛它。也许你喜欢攀岩？那就去附近的攀岩俱乐部。或者去参加同学聚会吧，你与所有人都不至于完全陌生，省去了破冰，可以很快地建立更深入的关系。

我们人与人还需要更多真实的肢体接触。抱一抱、拍一拍，甚至没有性意味地搂一搂。人类需要互相触碰。缺少一个能经常拥抱你的人，实际上有很大的负面影响。有人说过，为了更加幸福健康，我们每天至少需要4个拥抱。我的朋友马西娅·巴钦斯基参与创立并推广了"拥抱派对"这一运动，就是为了给人们提供没有性意味的人际接触。该运动产生了深远的影响。他们用了17年，在北美、欧洲、非洲、亚洲和大洋洲的19个国家发展壮大，培养了100多名训练有素的主理人。他们将其推崇的活动描述为"一个与边界、沟通和情感有关，有安全感的结构化工作坊"。向他们为对抗孤独所做的一切致敬。

我理解，你可能有过某些使你对他人有所警惕的生活经历，让你觉得别人都指望不上，更别说来个拥抱了。我其实也不是要催你走得比自己的意愿更远或更快，只是想告诉你，与正确的人建立联系对你有好处，而且要相信，总有人值得你去交往，只不过可能需要花点时间才能碰得上。我也理解，你可能在某种价值观的指导下长大，而这种价值观认为依赖他人就会导致自己的软弱。我无意质疑它，只是想提供一些另外的证据，以表明与他人建立联系也能让你感觉不错，并且不至于逼你放弃个人立场和自主自立的权利。

邻里关系，值得花点时间

早在 2002 年，丹、我母亲、孩子们和我搬进了现在住的房子。当年买下这房子之后，因为它经历了多年的土壤沉降，前门到后门之间塌了一些，我们还花了一年时间来重建。有的邻居非常讨厌我们盖的新家，一起写了封请愿书让我们改建。还有邻居要带我们去做调解，就是为了修改我们新房子的设计方案。不过我告诉调解员："建设项目已经得到了市里的批准，所以也没什么好调解的。但如果我的邻居打算进行一次改善我们关系的调解，我完全赞成。"可惜对方一直没有回复。就这样，有些邻居彻底不搭理我们了。好在其余的大多数邻居似乎并不讨厌我们，要是我先向他们挥手打招呼，他们也会回应，但我们彼此间一点交道都没打过，更不用说来次比较正式的对话了。我们住在一个死胡同的尽头，多年来，每次我开车回家，进了胡同，再往我家车道开，就感觉在开向一个人人都在瞄准的靶心，这让我很不舒服，也深深地困扰着我。

我的许多邻居已年迈，其中不少人是 20 世纪 60 年代末社区刚建成时就住在这里的。我的隔壁是南希女士，她偶尔会打电话来，每次都操心我们在院子里或者家里闹出的动静。有一天，她家门口停了一辆救护车，我们才知道她去世了。我既难过，又因为之前没有努力地去好好了解邻居而生自己的气。我一直在等对方用苹果派或别的什么来欢迎我，但我终于意识到，其实我自己同样可以做些努力。

有一位名叫伊娃的老太太，在之前的请愿事件里表现得非常善良。于是我开始试着和伊娃处好关系。有一天我开车经过步道，正看到伊娃和她的丈夫戈登手挽手地散步，于是停下来，打了个招呼。我告诉他俩，他们夫妻二人在社区会议上为我们挺身而出，这对我意义重大。我也告诉他俩，有些邻居对我的示好不理不睬，让我内心难过。伊娃拍拍我的胳膊，

第 6 章
法则 5：掌握社交规则，建立和维护你的圈子

说别往心里去，戈登对此也是同样的意思。每隔上几周，我都会在开车的时候偶遇散步的伊娃夫妇，我总会停下来，一起聊上几句，然后再赶路。

还有另一对邻居，快 100 岁的罗布·瓦尼和他快 90 岁的妻子丽塔·瓦尼，时常绕着教堂散步。罗布坐在轮椅上，丽塔在后面推着。某个 10 月的一天，我把车停在路边，跟他们打招呼。丽塔说："每年万圣节的晚上，我们总是很晚才睡，就等着你的孩子来敲门。他们究竟几点才来呀？"我瞬间泪崩。谁能想到这种情况呢！索耶和埃弗里当时一个 7 岁一个 5 岁，跟我们隔一座房子的邻居根本就不搭理我们。万圣节的时候，我们带着孩子上门，对方连个微笑都没有。可就在另一个方向，还有等着要见我们孩子的邻居！我一回家就告诉孩子们，下次万圣节，我们拜访邻居的顺序要变一下，可千万不能让瓦尼夫妇久等。

很快，伊娃和戈登的情况发生了一些变化。他们不怎么出门散步了，戈登的行动渐渐变得迟缓，这也许意味着他的健康有些问题。我登门拜访了一回，想详细了解下情况。结果发现戈登的认知能力在下滑，而他初次婚姻的孩子决定把他送到记忆护理机构。我刚好能在他搬走之前跟他道别。伊娃不得不面临巨大的打击，我也开始时不时地去她家看看她。有一天，她邀我进屋坐坐。她坐在客厅的椅子上，而我盘腿坐在地毯上以示尊重，就好像她是奶奶，我是她的孙女。我让她聊聊她与戈登的人生故事，于是一个美丽的爱情故事就此展开了。她 40 多岁时与第一任丈夫离婚了。她的第二段婚姻，就是嫁给了戈登，他也成了她一生的挚爱。在这次谈话时，我已经 40 多岁，突然之间，伊娃不再是个老太太，而是个曾和我同龄的女人，也在那个阶段处理过自己在生活中遭遇的麻烦。

随着戈登的离开，伊娃认为自己也没理由出门了，她俨然隐居了起来。有一天，我在街上跟丽塔和她的女儿纳塔莉聊天，大家表示都很担心

伊娃。那时我 44 岁，刚离开斯坦福大学，再次攻读研究生，这回参加的是旧金山的一个写作硕士项目。我有一种感觉，每月组织一次写作小组活动可能会帮伊娃走出家门，并在我们所有人中形成一个社群。正如你所知道的，当时的我已经变得更强调合作了。我没打算把这一想法强加给邻居们，但我想促成丽塔的加入。虽然纳塔莉很赞成，但丽塔似乎有些犹疑。不过我强调过伊娃的问题后，丽塔就表示了接受。

于是，在 7 年前，我创办了"梅贝尔路作者团"。在疫情之前，成员们几乎每月都要见次面。大家都是女性，年龄从 40 多岁到 90 多岁，不一而同。伊娃从没来过，但令我惊讶的是，一开始并不看好这件事的丽塔，却从未缺席过一次。随着她越来越虚弱，纳塔莉和我母亲开始用打字与手写的方式记录她的口述，包括她在海军的童年故事，她与挚爱罗布的婚姻生活——当时已去世的罗布曾是著名的物理学家，甚至还有她对自家管家的感情，所有这些内容，都让我们深受触动。几年前，丽塔去世了，纳塔莉在追悼会上站起身，宣读了丽塔写下的一段话，其内容便是"梅贝尔路作者团"对她的意义。"当初朱莉刚提出这个想法的时候，我觉得简直蠢透了。"在场的所有人都笑出声来。我们都能想象出丽塔认为一件事"蠢透了"时，会有怎样的表情，甚至能听到她声音中的那股轻蔑。我笑得最大声，我一直不太确定她当初究竟是不是觉得这事很蠢，但我现在终于知道了！这使她每个月必到的积极参与更显甜蜜。

导师，帮你照亮前路

导师是在我们的社群关系中出现的另一类人，你会很期待与他们建立牢固的关系。导师通常年龄更大，经验更足，总是坚定地站在你这边。他们可能是你童年时代的长辈，也许是一位信任你却又有威严的高中老师，也许是你之前效力过但每每想起都会微笑的前任老板，也许是曾应你要求为你写下推荐信的前辈。他们似乎一直都挺喜欢你，他们对你本身而非你的个人成就或人生的下一阶段更感兴趣。

最好的导师不会直接奉上答案。他们会问你一些好问题，敦促你进一步去了解自身的期望、需求和梦想。多年来，我一直是许多学生的导师，我认为自己的角色是照亮他们前路的一盏灯，让一些潜藏在路途中的阻碍无所遁形。

我还清楚地记得我最棒的导师，一位名叫吉姆·斯泰尔的教授。他是第一个真正在大学教室里注意到我的教授。当时他注意到我的脑袋上仿佛浮着大大的问号，便鼓励不敢举手的我大声说出来。每次我回答复杂的问题时，他都使劲点头，这让包括我自己在内的全班同学都觉得我的想法很有价值。还有一位名叫肯内尔·杰克逊的教授，是个非裔美国人，他曾是我住过 3 年的公寓的生活指导老师。虽然我一直挺怕他，以至于不敢太靠近他，但直到他弥留之际，我才意识到他其实非常关心我，而且他那曾在一开始被我误以为是偏见的智慧，从那时起就一直陪伴着我。当年我拼命想离开法律行业进入高校工作，而斯坦福大学的招生主任、拉丁裔男子吉姆·蒙托亚则拒绝了我对一个初级岗位的申请，他说："朱莉，我不能让你来。因为也许有一天，你要坐到我的位子上，而这个岗位并不是一个好的起点。"吉姆也轻声提示了我："新生院长也许更适合你？"多亏他看到我的特质，才让我拥有了一份投身 10 年的工作，甚至也促使我写了一本关于养育的书，进而得到再写一本续作的邀约。而这本续作，便是你手上的这本书。一路追溯，可多亏了吉姆！还有玛丽埃伦，她是我在斯坦福大学最后几年时的高管教练。我的事她了如指掌，如果人死前能想起 5 个人，那对我来说，她一定是其中的一个。

现在我已经迈入知天命之年，我会抓紧机会给他人提供指导，但我还是不能说，我就不需要自己的导师了。当人偶尔无法相信自己时，起码还应该有个导师能去相信。我认为在我扮演过的所有角色中，导师这一角色最让我开心。导师可以提供父母一般的照料，却又不至于承担父母一般的责任。我希望你在成年后，能说出几个导师的名字，还能联系上他们。如果你自己本身没做过导师，那我也希望你很快就能找到自己做导师的机会，也能喜欢上为他人提供帮助。研究表明，即使是那些在最艰难的环境中长大的孩子，哪怕只有一个能关心他们的大人，生活也会变好。这便是人际交往的神奇效果。只要知道你对某个人很重要，便能让世界变得不同。

友情，让你更健康

我跟我的邻居丽塔的关系，经历了从陌生人到邻里，从彼此熟悉到共建社区组织，从亲密朋友再到我将她视作非常值得尊重的长辈的过程，这也大大丰富了我自己的生活。真正的朋友，并不是你在社交媒体上加了好友、互点关注的人，而是与你有内在关联、彼此关照的人。如果你对对方的了解远超对方对你的了解，那你们之间并不是友谊。这就如同两性关系，若不是相互的，便是不好的。

虽然你可能觉得，在漫长的一天工作结束后，除了狂刷各种社交媒体之外，你几乎再没动力做别的事了，但事实上，人际关系对你的健康非常重要，你还是该腾出些时间与朋友共处。你至少应该常给对方发发信息。比发信息更好的是利用同步平台视频聊天，或者一起玩玩网络互动游戏。所谓同步，指的是你与对方同时进行信息传递，能够互相回应，这样的互动才能更好地培养人与人之间的关系。而发信息是异步的，这意味着你现在发送，却不一定现在就能收到回复。对方也是同样，收到信息再回复的时候，你又不一定能立刻再回复。因此，类似的异步技术所提供的人际交流远远不够有趣。

但你更需要的，其实是与这些人产生一些面对面的、更真实的同步联结。比如打打牌、读读书、喝喝咖啡、散散步、逛逛街、吃吃饭、玩玩游戏、打打篮球、听听脱口秀、跳跳舞、看看剧，怎么开心怎么来。你们要的就是一起开怀大笑。跟身边人交流的时候，不管是小组讨论还是一对一沟通，都不要动不动就看自己的电子设备。毕竟这种肢体语言的意思是：比起跟眼前活生生的你交流，跟某个现在我都看不到他脸的人交流反而更有趣。这是一种非常粗鲁的行为，会让你对面的人感觉非常糟糕。我有个朋友经常如此，直到有一天我鼓起勇气对他说："别这样好吗？你似乎更关心手机，而不关心我在说什么。"我觉得，如果你总爱这样，实际上就是告诉别人，不能太指望你。你可能会在某个时候困惑，自己怎么就没有能倾诉的密友，如果这种情况偶有发生，也许真的值得你稍加反思。做一个可靠的朋友非常关键，这意味着言出必行，并且还得一以贯之，最终才能证明自己值得信赖。我们该学会怎么做个好朋友，这不仅会让你的朋友受益，还能让你自己远离抑郁和焦虑。

抓住与他人联系的机会

我认识这样一些人，身边总是不缺朋友，而且往往会跟着一群同性别的朋友出游。单亲妈妈们，大学时候的好兄弟，每年一起出去旅行的研究生同窗……但我从来没有身处其中过。坦白说，我在一群男人中要比在一群女人中更舒服些。其实我自己也搞不太明白，只能说我比较知道怎么跟男性相处。每每跟女性在一起的时候，我经常不知道该说点什么，也不知道该怎么加入讨论。而丹则恰恰相反。这可能就是我俩如此契合的原因吧！撇开性别问题不谈，我特别喜欢和他人待在一起，所以每当我听说有人能定期享受友谊所带来的乐趣，就会很羡慕。说真的，我认识一些我的同龄人，他们每年都会聚会，甚至能坚持 30 多年，我为他们感到高兴，为我自己没有这样的经历而感到难过！

因工作关系，我在全国各地奔忙。一开始那几年，我嘴上只会说"出发吧""返程了""到家了"，这也意味着如果有人发信息给我说"要来我这里喝杯咖啡或者别的什么吗"，我一般都会拒绝，除非他们是我非常亲密的朋友。每当见到不太熟悉的人，我总是没来由地感觉与他们相处更像是应付工作。然后，我就继续埋头于具体的工作，比如演讲、答疑、签售图书，我被众人包围，很多次有几百人在我身旁，我却莫名感到孤独。我开始意识到，尽管这些陌生人能给我带来眼神的交流和动人的微笑，但总体上讲，因为我与对方的关系是单向的，所以这无法填满我对关系的整体需求。他们读过我的书、听过我的演讲、认可我本人及我的作品，他们对我有一定程度的了解，而我却无法报以同样的反馈。我非常感谢他们喜欢我的作品，也非常感谢他们能暂时放下手头的事情来看我，但我对他们的了解，真的少之又少。就算我能坐下来和他们一起吃顿饭，恐怕也很难在这有限的时间内做到足够了解对方。

可是接触熟人，接触那些老同学、老同事呢？情况截然不同。我终于明白，与他们的联系究竟有多么宝贵，必须抓住与他们见面的机会。以前的"出发吧""返程了""到家了"变成了"好啊！我很想跟你一起喝咖啡／吃顿饭／喝杯酒"。我们共处的时候，我不再是一个发表演说的作者，而变成了一个提出问题的人，这些问题加深了我对对方究竟是谁、对方重视什么、对方的生活中有什么开心事的理解。我还努力不在交谈中说得太多，这是一种我很在意、非常重要的刻意练习。

第 6 章
法则 5：掌握社交规则，建立和维护你的圈子

深度人际互动的秘诀

在你第一次见到某个人的时候，因为觉得他很重要，所以总要问 3 个问题："你做什么工作？""你在哪里上学？""你是哪里人？"

但这些也是人类已知的最无聊的问题。想要更深入地交流？想要真正的联结？也许你会觉得其实没必要，但如果你真的想，那这里有个能鼓舞你的理由：如果你真的能与其他人好好地交谈，那不仅能让你更了解对方，也会促使对方真正喜欢上与你的互动。"你今天过得怎么样？"跟任何陌生人交谈，不管对方是杂货店的店员，还是来接你的网约车司机，这都是一句很好的开场白，代表着一种全然的善意。如果你想让别人能对你敞开心扉，以便更了解对方，那还可以试试下面这 3 句很棒的开场白："这几天碰到了什么开心事吗？""最近有在做什么很重要的事吗？""如果我想好好了解你一下的话，我都需要知道些什么？"而跟有段时间没见的家人或朋友，这样的开场白也很不错："最近有没有认识什么重要的人，想跟我说说吗？"提示一下，这个问题并不涉及性别，这意味着不管对方想分享谁，他都能跟你说。"我真的很想了解一下你的近况，咱们能腾出点时间聊聊吗？"

当别人问你这几个问题的时候，你可以自己评估一下，实话实说是不是足够安全。如果有风险，大可以说些无伤大雅的话搪塞过去。如果没风险，那就好好分享一下你最近的经历吧！要好好地看着对方的眼睛，诉说你最近的纠结，以及为之付出的努力。真正的关键，就是双方的互动。最好的人际交流一定是双向且同步的，所以千万别当那个聊完自己就转身走开的人。有一句话，能帮你简单地去过渡："好了，别说我的事了。你最近怎么样？"

"彻底透明"

卡丽·霍莉-默奇森是一家健康公司人力与文化部门的总监。她的工作是"帮助人们治愈自我、成长进步，并以自己的方式掌控健康"。霍莉非常理解深入与他人互动带来的价值，甚至认为这同样适用于职场。所以，她会使用"彻底透明"策略，来帮助团队中的同事处理反复出现的冲突。这种方法也同样值得你学习一下。它首先需要的，是我在前文中所提到的，也是我的教练玛丽埃伦教给我的重要技能，那就是学习觉察你身体的感觉是什么，以及它从何而来，进而去发觉究竟是什么触发了某种特定的情绪。

霍莉说，"彻底透明"需要敢于示弱。"我们从小便被教导要强势起来，这样能让我们镇住别人，免于受伤。从没人教过我们去说'我很害怕''我不知道''来帮助我'，可这些话，却是在沟通中真正要说出来的。"霍莉有着强大的洞察力，她能看出来，谁可以在这个世界上真正做自己，而谁又做不到。

她通过让团队成员做记录，来帮助他们审视自身感受的本质。她让他们写下"今天让我最高兴的 3 件事是……"和"让我真的累坏了的事是……"，她让他们写下自己能在哪些身体部位感受到这些东西，然后再帮助他们分析自己随时间而变化的情绪感受模式。霍莉说，如果你不喜欢拿个本子什么的正式记录，那随便找个地方以书面形式把这些信息写下来就好，把它们从你的身体中抽离出来。写下自己的感受、自己的身体感觉，才能一遍又一遍地提醒你，有些事情要做，有些人要去交流。

霍莉会敦促大家说出自己的感受，而不是"别人给你的感受"。"如果你只是解释你碰到了什么，而不是分享你感受到了什么，那你的同事、室友、朋友或恋人就没法理解他们给你带来的影响。"要想改变对你的影响，对方就需要更好地理解你，从而更有动力去改变他们对待你的方式。

"彻底透明"也需要练习。通过练习，才能学会在别人面前表现出真实的自己。通过练习，才能学会在每一段人际关系中真正做自己。所以开始练习吧！太多的年轻人听过别人劝说，先让事业稳定下来，然后再去处理人际关系。但关系是构建事业的重要组成部分，关系甚至构成了生活的精髓！你不是活到 35 岁就突然善于处理人际关系了，这种能力同样需要练习。尤其是我们还要纠正一些童年就开始的社交模式，这样才能让我们更能关照他人，并与别人更有效地沟通。

如何经营长期关系

人际关系领域的一个黄金标准，就是看对方是不是我们真正喜欢与之共处的密友或家人。所谓"密"，意味着我们彼此都可以向对方展现自身的脆弱，能在形势严峻的时候出现在彼此身边，可能还经历过一段非常愉快的共处时光。

密友关系

在某年 11 月初的某个下午，我的电话响了，当时的我正决心把所有可用的时间都拿来写这本书。临近交稿日期，我还有外出演讲的安排，而且假期也即将到来，眼瞅着没有足够的时间写这本书了，此时的我最禁不住打扰，但来电的是安迪。

安迪跟我很少见面，他住在华盛顿州，我住在加利福尼亚州。我俩在

21 岁时相识，对当时的美国满是怨言，也满是改造的激情，笃定地相信可以做些什么来让社会更加公正。他一向是个乐观主义者，忙前忙后，好像脚上有弹簧似的。他眼里总闪着智慧的光芒，还总咧着嘴开心地笑，他讲的笑话总能逗得我们乐不可支，眼泪都笑出来。

安迪才华横溢，在华盛顿州也有份很不错的工作，但为人一向低调。电话里，他问我有没有时间聊聊。我稍微犹豫了一下，因为还没完工的书稿正通过硕大的显示屏盯着我，但来电的毕竟是安迪。45 分钟后，我们已经聊到了孩子的近况，我们都以子女为荣，他儿子很有数学天赋，我女儿进了自己喜欢的大学；也谈到了我们忧心的事情，家里长辈身上的糟心事，工作和家庭中的烦心事；还谈到了危急时刻亲密关系的重要性，比如他和妻子埃米之间、我跟丹之间，这种关系使得苦日子有了一丝甜蜜，好日子则愈发值得感恩。

我能从彼此的声音中听出来，我们都被没完成的工作牵着鼻子走，但我没有挂电话，而是决定温柔且深入地关心一下，他有没有照顾好自己。他笑着说，其实并没有。他说他也知道要照顾好自己，但日子忙忙碌碌，实在抽不出身。我微笑着想，我其实也一直在延后预约看医生的时间，因为各种糟糕的原因，我必须先把体重减下来，才能去看医生。我跟自己说，我不该跟安迪分享这些，因为这显得我有点过于脆弱。于是，我告诉他我跟他其实有同样的困境，所以也不打算唠叨他抓紧去看医生。"但我确实想跟你说，虽然很难，可咱们也需要像照顾其他人一样照顾好自己。"这话不仅是对他说的，也是对我自己说的。"大家都指望着我们，但我们也能指望彼此。"我告诉他。他说："我知道。我其实也需要你的支持。我父母 80 多岁了，病得很重。总有一天他们会走，我们也已经半截身子入了土，接下来，就轮到我们了。"我不喜欢听到这些，但我也希望能坦然面对未来的岁月，直面真相总好过畏缩在角落中。我告诉他："你对我很重要，安迪，真的。我想告诉你，我其实没有那么多密友，虽然我知道我们很少通话，但你对我真的很重要。"他回答："我可能比表现出来的更爱你。"我俩都哭了，两个年过半百的人，在大学时代相识，而今面对生活中呼啸而过的重重挑战，只能在电话中相互慰藉。

我不需要研究来告诉我也知道，生活中有安迪这样的朋友在，会让人更长寿、更幸福。

爱人关系

丹和我在一起整整 33 年，结婚 28 年。我为此深感骄傲。30 多年来朝夕相伴也不容易，更不是时时刻刻都充满趣味。

在索耶和埃弗里降生之前，我们共度了无比美好的 11 年，但像大多数夫妻一样，我们发现孩子的到来改变了我俩之间的相处模式。孩子一降生，我们的生活节奏就被彻底打乱了，不过我觉得我们还是能接受的。曾经的生活是围绕着我俩运转，涉及工作、家人和朋友，感觉悠闲、慵懒、感性，充满着希望和乐趣。而现在，我们每天的日程表变得紧凑很多。一切日程规划都围绕着孩子的吃喝拉撒睡。我们精疲力竭，于是就多了很多不耐烦的时刻。

尽管孩子可爱又好玩，但我真的很怀念另一个可爱又好玩的人，那就是我母亲口中的"丹先生"。丹的奶奶曾经建议我们每 6 个月安排一次 3 天 2 晚的"爱之旅"，可就算是在这样的交流机会中，我们都无法顺畅地产生联结。索耶 6 个月大的时候，我们就开始执行"爱之旅"，从那以后每半年出行一次。最初的几年里，效果很好，但在 2002 年，为人父母 3 年后，那次旅行却很糟糕。从当时的照片来看，我俩只是在努力看上去快乐而已。我们的婚姻迎来了危机。

结婚 10 周年纪念日那天,我俩在后院举办了一个派对。我们邀请了 4 对跟我们年龄相仿的夫妇,还有我哥乔治和我妈。保姆带着 3 岁的索耶和 1 岁的埃弗里留在楼上。我们专门付费找了一个宴会承办人,他负责提供美味的食物和饮料,以及精美的亚麻餐巾和熠熠生辉的灯光。客人们沿着横跨草地的长桌两边落座,丹和我坐在两端。我心一横,站起身来给丹敬酒。举起香槟,我笑着说:"你知道吗?过去这一年,有好几次我都问自己,咱俩都走到这一步了,还有什么可庆祝的?"请来的客人们都低下了头。没错,我从他们的表情中,也能看出来他们深有同感,大家都苦于抚养年幼的孩子。丹在桌子的另一端站起身,也举起酒杯,另一只手放在胸口上,笑着说:"没事。我会等着你,就像你会等着我一样。"

这就是爱情该有的样子。快 20 年过去了,彼时一幕仍然深深地震撼着我。我聪明又内秀的搭档,四两拨千斤地让一切都好了起来。他当时是要告诉我,我们俩,还有跟我们聚在一起的朋友和家人,没有谁有错,只是当下情况特殊,一切终会过去。我不太能描述当时我的反应,但我还记得自己抬起了头,同时又流下了泪。即便如此,我还是不确定他说的到底能不能成真。只是说说,不一定就能使事态改变。但我真心希望,他说的是对的。就是这个人,在我们当年庆祝终于怀上了索耶时,送了我一条钻石项链,说:"这是为了让我们能记住在有孩子之前所拥有的一切。"就好像他已有预感一般。当我享用豪华的周年纪念大餐时,也紧紧抓着这条项链。它是一个护身符,是一个通向以往记忆的入口,一个我俩会再次对彼此有心动感觉的承诺。

万幸,丹是对的。慢慢来也是最简单的修复关系的方法。我们用了几年重新回归到之前和谐的关系,我也不必抓着项链来提醒自己了。孩子们

第 6 章
法则 5：掌握社交规则，建立和维护你的圈子

长大了，不再需要喂奶、哄睡、换尿布，变得越来越自立。两个孩子 8 岁和 6 岁的时候，丹在网上发现了一个这样的交流办法：

1. 把"我爱你，因为_____"打印出来，放在玻璃框里。

2. 找一支可擦除的记号笔。

3. 用记号笔在玻璃上轮流反复写完这句话，让这句话在你心中永远成立。

丹给我俩做了一个这样的玻璃框，我俩已经轮流写了 1000 多次，用完了 20 多支记号笔。我们在补充完整"我爱你，因为_____"这句话时写过：

- 现在是星期六的早上。

- 喜欢你穿 T 恤和牛仔裤的样子。

- 喜欢你把空间布置得柔软舒适。

- 喜欢你优美的体态。

- 喜欢你能跟我说说自己的烦恼。

- 喜欢你能帮我妈妈。

- 喜欢你能帮自己的妈妈。

- 喜欢你戴着牛仔帽的样子。

- 喜欢你对我们那么有信心。

- 喜欢你让我觉得自己像月亮、像宇航员。

YOUR TURN: HOW TO BE AN ADULT
在世界上找到你的位置

- 喜欢你看着我成长进步。
- 喜欢你在睡梦中呢喃我的名字。
- 喜欢家里有你等着我。
- 喜欢你答应我的要求。
- 喜欢你严肃地说能帮我搞定一切。
- 喜欢你早早回家等着我。
- 喜欢你能把人逗笑，也能让人感动哭。
- 喜欢你在我肚子疼的时候给我唱一首"便便歌"。
- 喜欢你让我感觉到你的爱。
- 喜欢你知道并主动去做正确的事。
- 喜欢你做错了事立刻就能认错。
- 喜欢你特立独行的样子。
- 即使糟心事很多，你仍是我生命中最美妙的事物。
- 喜欢你在我自我封闭的时候还能来找我。
- 喜欢你对我说尽了甜言蜜语。
- 喜欢你知道怎么修下水管道。
- 喜欢你对我不离不弃。
- 喜欢你在大家面前直直地看着我。
- 喜欢你赶着回家。
- 喜欢家里有你在。

第 6 章
法则 5：掌握社交规则，建立和维护你的圈子

哈佛大学的格兰特项目是有史以来对人类进行的持续时间最长的研究，它以一组 20 岁出头的男性为研究对象，跟踪研究至他们生命结束。该研究在过去的几十年里揭示了无数的新发现，其中最伟大、最普适也最关键的可能就是这一条：幸福就是爱。

在"如何才能幸福"这一 TED 演讲中，这项持续了 75 年的研究目前的负责人罗伯特·沃尔丁格研究员说："许多男性在年轻时真的认为，要想过上好日子，就要追求名利和成就。但在过去的 75 年中，我们的研究却一次又一次地表明，越是与家人、朋友和社群建立优质关系的人，越能过上好日子。"他还说："所以说，认识到亲密的关系有利于我们的健康与福祉，是一种古已有之的大智慧。亲密的关系，为什么它如此难以得到，却又那么容易被忽视？因为我们是人，总想着快点、快点，总想着手到病除、用完即抛。但人际关系如此复杂，照料家庭、经营友谊都需要付出，而成果又没那么迷人，而且很多关系还伴随终身，无法摆脱。"他们研究什么人能在 80 岁时更健康，却发现这跟胆固醇水平没什么关联，反而跟人们在 50 岁时有没有一段幸福的感情有关联。

最近我自己也到了这个阶段，该是我主动吻一吻丹的时候了。

YOUR TURN:
HOW TO BE AN ADULT 我身边的故事

乔的故事：学会建立一段长期、忠诚的关系

乔来自得克萨斯州的达拉斯，是位 32 岁的男性。他父母先后结婚、复婚 6 次之多。乔 2 岁时，他们离婚了，妈妈在一个中产阶

级社区将他抚养长大。他父亲本就含着金汤匙出生，还在高管招聘领域赚到了大钱。在成长的过程中，乔什么都不缺，除了那份认为自己永远会被关爱的坚定感。

乔在达拉斯的南卫理公会大学戏剧系读本科时遇到了他的伴侣埃米莉。他当时是个大四学生，正在导演《暴风雨》中的一场戏。而她刚上大一，以新生身份来做试镜独白。"埃米莉表现得太出色了，我正在为我导的那场戏寻找厉害的演员，所以就邀请她加入。那是我们第一次找到与爱相关的共同语言：我们都深深地被优秀的人和优秀的作品所吸引。"空气中弥漫的都是甜蜜，他们开始尝试简单的约会。但乔不知道自己究竟在一段感情中想要什么，甚至不知道该如何去投入一段感情。他最想改变的，是和自己很难取悦的父亲之间的关系。

毕业后，乔在外闯荡，当过成功的经纪人。几年后，他带着新目标和紧迫感，搬回达拉斯，开始执导当地戏剧，以丰富作品集，好拿来申请研究生。他也重新联系了刚刚毕业，正在执导当地另一个剧目的埃米莉。他可能暂时还不知道埃米莉为什么对他很重要，但他已经意识到了她的重要性。同为戏剧导演，他们对彼此都无比尊重。他称她为"无比优雅的交际达人"，他也认为她钦佩自己对信仰决不妥协的立场。他们断断续续地约着会，有时也会去沃斯堡跳跳舞。"我们不断回到彼此身边，我们显然被对方吸引，但让我们彼此相连的却是作品。做出好作品给我们带来了爱意与快乐。"

他们一起创建了一种在社区里演出的新方式，并称之为"家庭派对剧院"。正如其名，指的就是在能举办派对的地方，比如客厅或画廊，来一场戏剧演出。依托于这一概念，乔和埃米莉把从经典作品到实验作品的一切戏剧作品都尝试了个遍，甚至还把这个概念转化成一个戏剧企业，事业越做越大。达拉斯的其他非传统戏剧组织越来越多，观众也越来越多，以至于他们不得不先报备当地消防部门。乔和埃米莉越来越自信，他们的水平够高，能够胜任这份事业。

就专业领域而言，他俩彼此平等，组成团队；但就个人而言，他们却不知道对彼此究竟意味着什么。他喜欢她，她也喜欢他，这很明显。但他总是因为某个自己以为特别理性的原因选择分手，还总是觉得自己做得很合适。"我又一次说分手后，埃米莉认为我俩没法再当朋友，更别说复合了。可我每次都非常坚持，'我们当然可以做朋友'。不一定非要当恋人，我知道我就是爱她这个人。"这种拉拉扯扯的感觉让埃米莉十分困惑。她父母在一起已经 35 年，她知道一段长期、忠诚的关系该是什么样子，以及需要什么，她也知道自己和乔的关系与自己的父母并不相同。

2016 年 1 月的某个晚上，他俩以朋友的身份在乔的厨房里闲聊，互相分享着歌曲。乔记得："最后，我们听到一首以前一起跳过舞的曲子，我对她说：'也没别的意思，但你想跳一曲吗？'我俩开始跳舞，我厨房的破喇叭就这样一直放着歌，一直到我们听到了一首慢歌。那时的我突然想到：'伙计，你在干什么？还等什么呢？'"乔瞬间有所领悟。他在冥冥之中强烈地感受着过往，从一开始去洛杉矶当经纪人，到他痛苦地从事"自己应该做的工作"，再到了解幸福快乐才最重要，直到搬回达拉斯，这一切都只是为了这一刻"在厨房里，意识到埃米莉究竟对我意味着什么，以及她怎样让我建立了正确的心态"。他在那天晚上意识到："我那么了解她，别人也能通过她来了解我，因为有了她，我不再恐惧。我们彼此坦诚，也彼此尊重。"他告诉自己,这就是他一直在等的终生伴侣。不同于有父母当榜样的埃米莉,乔的手上并没有爱情的导航图,但他手上有情伤的导航图,标记了他不敢去的地方。"她完全有理由叫我滚蛋,但她没有这么做。"埃米莉似乎用她自己坚强而亲切的方式把他从恐惧中拉进了自己的怀抱。

乔和埃米莉正式交往后,到了该见双方父母的时候。首先,他们开车去拜访了埃米莉的父母,一对住在南卡罗来纳州的艺术家、教育家。当时,埃米莉的一部新剧刚上演,她父母也很关心进展。他们问:"嘿,排练得怎么样?那个演员还给你找麻烦吗?大家的台词背好了吗?演出的时候顺利吗?"大家吃完饭站起身,乔把埃米莉拉到一边:"你的事他们怎么都知道?都是你跟他们说的?你不必向他们证明什么吗?"她回答:"是啊,我为什么要证明什么?"乔有了新的感悟:在一段充满爱的关系中,你不必非得去证明自己。埃米莉和她父母之间的关系就有那种"被他人理解的美好感受"。"那时我才知道,我被抚养长大的形式与别人并不一样,我已经接受的那些日常情况,其实并不健康。并不是说埃米莉的家庭就完美,但她的家里对家人的选择能做到基本的尊重,单纯地表达'我爱你',而非'我们是一家人,所以你必须按我说的做'。"后来,埃米莉的父母也想更多地了解乔。"我们从得克萨斯州一路开车去拜访他们,所以他们也知道,我们对彼此很认真。他们也想更多地了解我,听听我会说些什么。就算是他们这么看重我们的感情,我也没必要就我所做的事向他们证明什么。"见过埃米莉的父母,乔意识到,选择埃米莉是正确的决定,他甚至看到了,基于无条件的爱的关系究竟是什么样子。

随后,乔带埃米莉去棕榈泉拜访他的父亲。"他对我的工作不屑一顾，"乔回忆说，"他的观点愈发偏激，就是认为我在浪费时间。"尽管乔在埃米莉面前被他父亲奚落着实有些尴尬，但他还是很高兴埃米莉能目睹自己如何反抗父亲。"她看到了我宁折不弯的样子。"

此后，乔和埃米莉全身心地投入工作，彼此托付了终身。"我们都想有个同伴来分享工作的喜悦。戏剧圈很小，所以你一旦在别人身上发觉这一点，就会想：'就是她了！她像星辰一样多姿且丰盈。'我敢肯定，该相遇时，我们相遇了；该坚持时，我们坚持了。而当下，我们正身处比之前所想象的更宏伟的旅程之中，也发挥着特定的作用。我们也有揪心的事，但我们依然能够彼此依靠，随时随地都能感觉有人在我身边支持着我。危难发生，我们会肩并肩去面对，我们就是彼此所需要的那个，去共同面对全世界的人。"

阿什莉的故事：从自我防卫到学习联结

阿什莉是一位 34 岁的女性，住在马萨诸塞州的波士顿。她来自单亲家庭，由母亲养大。尽管身处普通工薪阶层的母亲独自抚养一个孩子时面临许多挑战，她还是设法在各个方面都好好陪伴阿什莉。例如，阿什莉上三年级时，她母亲觉察到她遭遇了校园霸凌，便开车带着她去找那个欺负人的姑娘，把那个姑娘狠狠骂了一顿。阿什莉高中时，当上了拉拉队长，却被别人踢伤了嘴，她母亲也找教练"好好地交流了一下"。阿什莉最终去了佛罗里达大学读书。大四时，她母亲被诊断出患有一种叫作平滑肌肉瘤的软组织癌，不过病情似乎趋于平稳，所以阿什莉还是去了费城，在一个解决贫困问题的组织中做研究员。阿什莉为期两年的志愿服务快结束时，母亲摔倒了，臀部骨折，并查出癌细胞正在扩散。她回家照顾母亲，同时在高校做学生工作补贴家用。搬回家几个月后，母亲去世了。虽然阿什莉一家是个大家族,但她还是觉得,接下来只有靠自己了。

阿什莉 24 岁时失去了母亲的照顾,要学会好好生活,学会调整自己的社会地位,学会自力更生。阿什莉面临着这些挑战,就像一只刚刚成年的野生动物,没有家与壁炉可供依靠,也没有一个人能让她放心地建立亲密关系。她必将经历一段处于自我防卫状态的过程。比如,她为别人做一分事,就难免要考虑能不能让自己获得两分的回报;因为抽身变得更容易,她会更纠结该怎么跟室友相处;等等。

在这个互联网愈发融入社交的时代,她需要更努力才能交到真朋友。阿什莉从社群中得到了一根挽救她的稻草,一种能理解她悲伤的力量。这始于一场特殊的"晚宴"。"晚宴"是一个专门为二三十岁就失去至爱亲人的人而成立的组织。其所推崇的理念其实很简单,你只需要和同一个城镇的几个人报名参加每月一次的聚会,一起吃顿晚饭,谈谈自己失去了什么就好。这样的人际关系立刻打动了阿什莉。没过多久,她就把"晚宴"的邀请函发给了另一位朋友,这位朋友也刚刚失去了亲人。10 年后,回顾这些往事,阿什莉仍会把自己形容为"想结交那些父母离世的人"。

她能意识到,母亲的离去改变了她看待生活的视角。"我还记得,曾经的我碰见一个失去父母的人会怎么想。我理解不了,甚至都不愿意听对方讲这件事。我只会想,哎呀,希望这事永远别发生在我自己身上!从某个角度讲,这也说明了我内心非常恐惧这件事。"现在的她,已经能注意到很多朋友似乎把父母健在视作理所当然的事情,毫不珍惜。"我这个年纪的不少人,一天到晚因为各种原因和父母吵架。我从来不会和人讲'别谈这个了,我母亲已经过世

第 6 章
法则 5：掌握社交规则，建立和维护你的圈子

了'，但在谈论这类事情的时候，我确实会试着去问：'从父母的所作所为中，你有没有看到爱的表现呢？'"

2016 年，阿什莉在一家公益咨询集团找到了工作，她搬到波士顿，重回孤身一人的状态。她需要人际交往，但是，这一次搬到新城市，她既不是去读书，也没有在大学校园里工作，这使得她不像以往有那么多机会去结识新的朋友。"刚搬到波士顿时，我谁都不认识，也缺少结交他人的技能。"她是这里成千上万 20 多岁的年轻人中的一员，搭乘地铁往返于居所和工作地点，冒着严寒走在这座历史名城的鹅卵石步道上。一种孤独的感觉萦绕着她。她首先想到的，是找当地的"晚宴"分会。这并不难，波士顿地区有不少她可以加入其中的"晚宴"团体。接下来，就是室友之间的磨合了，这种事有时候也挺复杂。阿什莉常想起当年母亲对她的帮助，以及母亲如果还在世，如今又会怎样帮助她。"我妈妈身上有种不可思议的温暖感觉，但同时她也有遇事不怕事的力量。我就比较害羞，缺少那种力量。我妈就是想让我能够好好的。"阿什莉反思了三年级时被霸凌以及高中时在拉拉队受伤的经历，这两种情况都是母亲出面帮她处理好的。阿什莉因此认为："我其实从来没能真正发展出靠自己来处理冲突的技能。"但如果要和别人一起生活，你必然会面对冲突。这很自然，也很正常。"每次我跟室友有了不痛快，我就搬走，我甚至不知道还能有什么别的办法。"在波士顿住了几年、换了几回室友之后，阿什莉发现，这种应对冲突的方式很明显不是长久之计。

后来，阿什莉再一次搬进新居，与 5 个室友同住，其中一位已经在那里住了多年，俨然是个管事的。他安排每个室友负责打扫房子的一部分，如果没能按时完成就要罚款，给房子里的其他住户每

人 20 美元，共计 100 美元。阿什莉负责每周三晚上打扫厨房。搬进来的第二周，她就把这事忘了。周四醒来时，她猛然想起该轮到她做家务了，便冲进厨房去打扫卫生，可惜为时已晚。管事的室友才不管你是忘了，还是拖着没做，或者其他任何原因，他的意思就是"你违反了规则"，而且绝不通融。因为以前就有不爱做家务的室友存在，所以才有了这样一种惩罚机制，要是没打扫卫生，就得补偿大家 100 美元。阿什莉觉得，她就是付租金换空间而已，又不是真正意义上跟这些人住在一起。和之前每次跟室友闹矛盾一样，阿什莉的本能反应就是离开。"对方真的很生我的气，我也觉得自己很难把眼下的情况处理好。当时我感觉很有压力，毕竟我特别讨厌跟别人发生冲突。所以我心里跟自己说：'唉，又得搬走了……但是不行！我在这儿才住了不到一个月呢！'"每到一个地方，住不了多久就搬走，都是因为她不善交谈，这促使阿什莉去向他人寻求一些建议。

"我跟另一位室友聊了聊，问他该怎么办，这位室友劝我站在对方的角度，设身处地地想一想。大家让我跟他心平气和地谈谈，于是我们坐下来，好好地沟通了一下这个问题。问题很好地解决了。我明白了，大家住在一起，总要有个问责机制；而他明白了，大家能承担的惩罚，才是有意义的惩罚。我们最终共同修改了规则：如果你这周没有做自己那部分家务，那下周你要替所有人做家务。这样大家都能受益。"一次简单的对谈，居然改变了整个困局。

在阿什莉努力去解决自己与室友之间的矛盾时，还有一些友情上的问题需要她去处理。跟所有人一样，阿什莉也需要朋友。有那么几个月，她试着在网上结交新朋友，却发现社交媒体只能提供终归会失望的诱惑。"我注意到，如果孤独感促使我使用社交媒体，反

第 6 章
法则 5：掌握社交规则，建立和维护你的圈子

而会令我更加孤独。我觉得把我跟其他人联系在一起的仅仅是'点赞'而已。给某人的朋友圈点赞看上去是一种有意义的互动方式，但实际上这种交流无法满足我对人际交往更深层次的需求。社交媒体只能让你被动地去消费信息，每个人都要努力去展示自己最好的一面，却不呈现现实生活中真正发生的事情，那些事情都被当作背景声音过滤掉了。"

网上的交友形势比较严峻，阿什莉索性后退一步，决定去尝试一下面对面地接触他人。"我人生中第一次去攀岩馆。我认识了一些人，通过这些人，我又认识了其他人。我从小就不爱户外活动，所以攀岩馆的环境对我来说非常新鲜。我发现自己也能乐在其中。很快，我就融入了一个真正的社群。在这里，我结交了一大群朋友。我靠着面对面的真人交流，创建了一个社群。我能远远超越那些表面功夫，更深入地去了解朋友们的生活。如果有事找我，那就当面告诉我，这样，我们才能进行更深入的交流。这才叫真正的亲密互动。那么多的人在网上跟人打交道，而你只要摆脱一个小小的账户，就能自然而然地过滤掉一些交流的对象。"新冠疫情期间，阿什莉愈发发现这些友谊带给了她生机。"如今我们都被困在家里，社群意识也因此变得尤为重要。因为我是通过自己喜欢做的事收获了这些友谊，打下了很好的基础，如今便能真正地获得支持。"

在回顾阿什莉的故事时，我意识到有一些东西，让背负着丧母之痛的她，重新找回了真实的自我。重读她的话语，我发现对人际关系的有意追求，一直对阿什莉很重要。

"我清楚地记得，在上幼儿园的时候，有一次参加操场上的生日会，我对自己说'我等不及要掌控自己的生活了，我不要待在这

里'。我一直都很重视一种自由，那就是选择让谁出现在我的生活中的自由，我也一直重视自己的独立性。现在我成年了，我独立地生活，能对自己负责，也能对他人负责。当我思考自己未来的生活要如何变得更好时，发现关键所在正是与其他人好好相处。我知道有很多人现在感到很孤独，所以我们真的必须搞清楚，人与人之间该怎么相处。"

我对此深表赞同，万事万物皆归于我们如何与彼此产生联结。

人际关系是你生存下去的基础。能够在工作场所和家庭中与其他人共建功能良好、相互充实的关系，便能使生活更加愉快。先做个深呼吸吧。接下来，我们将转向冷冰冰的现实。金钱无法令世界运转，但肯定能帮助你到达你想去的地方。这就是接下来的内容。

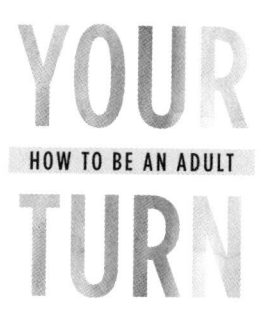

第 7 章

法则 6：学会管理钱，让钱为自己服务

> 比起花 2.5 万美元办个 5 小时的聚会，我宁愿直接把这笔钱给你。

——在我们筹备婚礼的时候，我父亲如是说

这曾是父亲说过的我最不爱听的一句话。"怎么能不办婚礼？你在逗我玩吗？"这句反驳始终在我脑海中萦绕，就像游乐园原木水槽里循环的水流一样。但与其说我是感到愤怒，不如说我是觉得困惑。他这么说，究竟是什么意思？但在经历了 28 年的幸福婚姻后，我已经弄清楚了父亲这句话的意思。他真正想表达的，是"复利"的魔力。一般来说，如果你把钱投资到股市里，差不多每 8 年就会翻一番，要是我没把他这 2.5 万美元花在买蛋糕这类事上的话，到了今天，这笔钱会超过 20 万美元。

当然，婚礼上除了蛋糕还有别的花销，但你肯定明白我的意思。20

万，这可是笔大钱。当然，婚礼是一生只有一次的重要仪式，你肯定希望朋友和家人能看到你们彼此许下永恒的誓言。你也肯定希望婚礼上的一切都能如同你所梦想的那样，拍出来的每张照片都无可挑剔。你会用一生去回味与婚礼有关的记忆，重讲与婚礼有关的往事。但是，动辄把"一生"押在你当时想要的东西上，也就意味着你永远只能吃到一块棉花糖，而非两块。而你该争取拿到两块。就算你不喜欢棉花糖，也应该选择要两块，因为两块总比一块强，相信我。

学会花钱和理财

1972年在斯坦福大学所建的实验幼儿园进行了一项很棒的小型研究，一位叫沃尔特·米歇尔（Walter Mischel）的心理学教授给了一群小孩每人一块棉花糖，然后告诉他们，如果他们能等15分钟再吃的话，就能再得到一块。有的孩子直接就把第一块棉花糖吞下了肚，也有的孩子通过15分钟的等待，换来了第二块棉花糖。教授跟踪研究这些孩子多年，结果发现，随着他们长大，那些为了再得到一块棉花糖而等了15分钟的孩子在许多方面都更"成功"，比如标准化考试成绩、学业表现和工作绩效。

事实证明，如果你是那种拥有自制力的人，通过一点牺牲来达到延迟满足，就会收获更大的回报。还有事实表明，一些孩子似乎天生就有自制力，但自制力可以后天学会。我们可以通过学习，掌握延迟满足的能力。我们每个人都有希望得到两块棉花糖。棉花糖实验其实可以简单地类比成化钱。如果你现在没有把钱全部花光，而是把一部分钱投资出去，那最后你会拥有更多钱。这并不是说生活中的方方面面全跟钱有关，但你要是想过自己理想中的生活，帮助你所关心的人和事，那你还是需要足够的钱。赚钱不该只是为了给未来存钱，毕竟生活当中当下发生的事情也很重要。但

第 7 章
法则 6：学会管理钱，让钱为自己服务

我们对二三十岁的自己负责，是不是对 65 岁甚至 80 岁的自己也该负责呢？这是成年人的挑战中不可或缺的一部分，是需要好好权衡的问题。而这种权衡之道，便是本章要讲的内容。

我们对金钱最初的了解直接来自我们父母的行为和态度：他们如何满足生活的基本需求，比如食物、房租、水电和医疗；他们对待物质财富的态度如何；他们会不会冲动消费；他们是否会彼此坦诚钱的去向；一方花钱时是不是需要另一方的许可。无论父母有没有因为钱的事情争吵过，这些跟钱有关的记忆都会在我们想到钱的时候，出现在我们的脑海中。然后，我们在父母的金钱观上叠加了自己对金钱的态度：

- 我把钱花在"该花"的地方了吗？
- 我的信用卡透支了吗？我对透支消费这件事有什么感受？
- 我是不是借助了学生贷款来支付学费，对于这种投资，我是欣然接受，还是后悔不已？
- 我会大胆打开账单，还是害怕面对账单？
- 我的职业选择"值不值"呢？
- 我所接受的教育是不是意味着，我应该比现在更了解跟钱有关的事？
- 我是否信任另一半去做财务决策？
- 我是不是在用钱来证明我的价值？
- 我是不是被这个卖家坑了钱？我是不是被这个朋友坑了钱？
- 我可以接受这个人跟我分担费用吗？

- 我还在接受父母的经济接济吗？这样合适吗？
- 为什么我会因为给自己买好东西而感到内疚？

我承认自己曾经因为钱的事哭过。其中大多是因为我意识到自己做了些极其不负责任的事情，或不知不觉被别人坑了。我上大学的时候，办了第一张信用卡。学生会的走廊上有差不多一整排的银行摊位，虎视眈眈地想签下像我这样天真的年轻消费者。

我当时真的没搞明白信用卡的工作原理。我应该只用它来买我可以用银行账户里的钱付清账单的东西。我是说，我表面上当然知道，但我并没有追踪开支的方法。我依赖于自己的记忆，而事实证明这方法不太靠得住。所以每个月收到信用卡账单的时候，我经常会因为花了太多而感到吃惊。长此以往，吃惊的程度也越来越强烈。原来除了我买东西的花销之外，还有银行收取的利息，这本身就已经是一大笔钱了，居然还有不断的利滚利要还。很快，我就学会了只支付最低还款额。直到有一天，我终于知道，这几乎是每家银行都会选择的策略，就是为了让客户永远负债。如果你只支付最低还款额，那你将永远无法彻底偿还债务，最终要支付的利息甚至会超过你的购物费用。可千万别上套，他们就是这样套牢你的。大学毕业时，我的两张信用卡加起来至少欠了3 000美元，我的第一份工作年薪为2万美元，房租为每月500美元。那我该怎么还清信用卡的欠款呢？当时的我选择把头埋进沙子里，希望问题会自行消失。可惜毫无用处。

两年后的夏天，我23岁，在去法学院学习之前，我搬回东部和父母同住。丹和我已经订婚，正在一起步履维艰地计划着第二年夏天举行的婚礼。我把收件地址改到了我父母家，所以包括我的信用卡账单在内的所有信件、包裹都堆在他们厨房里的台子上。有一天晚上，他们朝我走过来，从他们的表情中，我就能看出事态的严重性。我母亲说："我们希望你和丹一起开始新生活的时候，别还欠着债。"我父亲递给我一张 3 985 美元的支票，那是我全部债务的金额。我感到自己的心怦怦狂跳，眼泪顺着我的脸往下流。我拿过了那张支票。

时光飞逝，15 年过去，我成了大学里的院长，30 多岁，给学生们做咨询。我的学生们接受了非常昂贵的大学教育，当他们考虑要主修什么专业、从事什么职业时，自然也在担心如何明智地投资这笔花在高等教育上的钱，以便好钢用在刀刃上。我对他们的回应是：你想做出好的财务决策，这没错，但别忘了人只活一次，在这一生中，你必须弄清楚你是谁、你擅长什么、什么对你是重要的，然后再去投身于要做的事情。我所提供的反馈，是找到快乐的微光，再大胆地去追求它的本源。人要履行义务，没错，但人也要追求梦想。尽管在关于金钱的这一章中，谈论快乐和平衡这些话题似乎显得很奇怪，但我还是相信，价值体系在这里仍然也起着作用。

我以前的学生德奈读完本科和研究生后，背负着大约 5 万美元的学生贷款和信用卡债务，而她出身于普通的工人阶级家庭。德奈不仅债务远超我当年，而且不像我，她的家人没法替她分担。

德奈在社交媒体上公开了她的债务情况和她偿还债务的愿望，也分享了她如何一边削减从食物采购到房租再到社交的所有开支，一边还能在纽约过着 20 多岁的人该有的有趣生活。她的帖子得到了大量点赞，但几乎没人评论，这不免让她感到困惑。接下来，她收到了海量的私信。"我要学学这个！""告诉我，你是怎么做到的！""你能给我一些建议吗？"这触碰到了德奈的神经。她那些受过大学教育的朋友其实内心深感羞愧，他们对个人财务知识知之甚少，又害怕让别人知道，所以只能私下联系德奈。于是，她一边处理自己的情况，一边私下给朋友做咨询。我们将在本章最后看到更多关于她这段人生旅程的内容。

我希望你能先找到一些如何让钱服务于你的鼓励之词，而不是让钱成为一件使你羞愧、困惑或长期焦虑的事。我希望你能意识到，金钱不是一个简单靠左脑去加以分析的东西，而是一个复杂的，靠右脑去加以创造性利用的概念。你与金钱的关系涉及很多你会追问自己一生的最基本问题。并没有一种所谓正确的赚钱方法，也没有一种所谓正确的花钱方法。至于为钱而哭泣这件事，只要我们知道了自己为何会做出某些选择，自然就很少为之哭泣了，金钱也不例外。越把钱花在我们认为对自己最重要的事情上，我们就越不会为之流泪。甚至当我们做出某个回报丰厚的选择时，还会流下幸福的眼泪，我们会因自己为达到目标所做出的牺牲而感到自豪。静待手握两块棉花糖的时候，细细品味，有时就能给我们带来欢乐。

了解点宏观经济

在我们讨论你的具体情况之前，你需要先从更宏观的角度了解自身所处的经济环境。一言以蔽之：对于当今许多社区的许多人来说，由"收入"和"租金、抵押贷款、食物、日常开销"所组成的数学等式已经失衡。如果你爷爷抨击你们这代人多么懒惰，不知道怎么像他和他的朋友在你这个年纪时那样努力工作，他可是大错特错。有些例子会帮助你和他理解其中的因由。

过去在这个国家，个人大可以仰仗社会中的"向上流动"概念：孩子会得到比他们父母更高质量的基础教育，如果他们的父母没上过大学，他

第 7 章
法则 6：学会管理钱，让钱为自己服务

们可以上；如果他们的父母上过大学，他们则可以上更好的。然后他们会找到更好的工作，赚更多的钱，住进更好的房子，等等。总的来说，无论种族、民族或社会经济背景情况怎样，在 20 世纪的好几十年时光里，各种背景的美国人都希望后代的情况相较于自己有所改善。这也被称为"实现美国梦"。

不幸的是，你的祖父母和父母所生活过的美国可能与我们今天生活在其中的美国大不相同。在我出生的 1967 年，一个孩子长大后，比父母赚钱多的可能性是 90%。到了 2017 年，这一比例暴跌至 50%。在同一时期，学生贷款债务额飙升。所以，年轻人不仅没能超越父母，反而在每个月的账单里多了巨大的新开支，而他们的父母当年可不必承担这些。仅仅考虑这两件事，"美国梦"就似乎蒙上了老照片滤镜，褪色到了黑白状态，而这刚好赶上你成年的节骨眼，你说巧不巧。

"最低工资"在过去还可以指望一下，但放到今天，根本就是杯水车薪。罗斯福总统在 1938 年大萧条之后创造了这个概念，它的最初目的是提供超过生存所需水平的资金，以确保人们能够赚取足够的生活费。一个工人就算挣最低工资，赚的钱也至少足够养活一个处于贫困线以上的三口之家。而 80 年后，在全美许多社区，靠最低工资，别说维持一个家庭，连一个人的生活费用都撑不起。在今天的美国，能让一个参加全职工作并挣最低工资的人租到一居室公寓的地方，已经屈指可数了。

在这种情况下，合理的工资水平究竟该是多少？理财规划师们所采用的一个很好的经验性法则是这样的：一个人在住房上的支出不应超过其每月总收入的三分之一，这才能使其负担其他必要的开支，比如食品和水、电、煤等开销。我住在旧金山湾区，这里的一些城镇和县市已经把最低工资提高到了所谓"生活工资"水平，即每小时 15 美元。没错，每周工作

40 小时、每小时 15 美元的工资，可以换算为月薪 2 400 美元。计算年薪时，假设每年工作 50 周，每周工作 40 小时，即每年工作 2 000 小时，得出年薪为近 3 万美元。但是，在一个一居室公寓月租金中位数为 2 700 美元的镇上，2 400 美元的月薪能付得起什么？但同时，我们每个人还是要尽己所能地为自己创造更好的局面。有时，这可能意味着彻底换个地方生活，找一个我们能够负担得起开销且能拥有美好生活的社区。我不是想告诉你该住到哪里去，只是鼓励你想想，你住的地方对你来说在经济上究竟是不是可以持续的。

工资跟不上不断上涨的生活成本和高额的学生贷款债务，这似乎是当今年轻人面临的最大财务问题。一些虽然不起眼但同样严重的变化也在发挥着作用。曾经，行业工会更为普及，就业感觉就像是一种相互认可义务的握手（可能是法律或者工会所命令的，偶尔也可能出于雇主的好意），你能得到一份工作，保有一份工作，并在你的余生拥有这份工作。现在，"一份工作，干一辈子"的概念似乎已经不复存在。在某些方面，这有好处。拥有更换工作甚至变更职业生涯的自由度和灵活度，这非常令人兴奋。

当我写这本书时，我已经在从事自己的第三份职业了，每次改变职业发展方向，我都享受着变动和给我重组资源、刷新经验与重新开始的机会。但在其他方面，雇主和雇员之间关系的弱化，进一步导致了人们对个人财务未来信心的弱化。你能指望在一个公司干够 5 年吗？5 年后，这个公司还能存在吗？你究竟能指望些什么呢？在过去的几十年里，随着保护工人权利的劳动法案一再遭遇侵蚀，"无薪实习"的概念出现了。公司从你那里获得免费劳动力，你在简历中获得经验，可实际上没有得到能拿来支付账单的酬劳。

第 7 章
法则 6：学会管理钱，让钱为自己服务

除了无薪实习的残酷影响之外，经过 2008 年金融危机，我们看到了零工经济的兴起。人们靠着长期从事自由职业或者按次承接工作，拼凑出一种长期岗位，却只能按小时收取费用或者按次数收取费用。虽然这种安排有很强的灵活性和很高的自由度，你可以设定自己的工作时间，选择你能接的和不能接的工作，但这样的工作缺少传统福利。在你年轻、健康、没有牵挂的时候，这似乎很好，但如果你的牙齿开裂需要配个牙冠，如果你需要一个好的心理医生，如果你遭遇了可怕的临床诊断，或者如果孩子就要出生，那可真的很危险了。

然后就是副业，除了正常的全职工作之外，你还需要额外承担兼职工作。例如，在我的圈子里，很多公立学校的教师会兼职开网约车，因为教师工资根本就不足以支撑高成本生活环境中的基本费用。我们当地的救济食品分发处的经理告诉我，他们的客户中有很多退休教师，占比异常高。多一两项副业，就会让生活好过不少。但在一个社会中，教师作为我们社区中最重要的成员，赚的钱竟然养不活自己。也许你和你这一代人会联合起来纠正这一点以及其他错误，但现在，我们先说一些更基本的内容：不要绝望。

你对自身选择有很大的控制权。住在哪里，做什么工作，如何花钱，这都取决于你。因此，本章其余部分要谈的，是你该如何负责任地做出具有挑战但最终有所回报的选择，这能让你平衡好与财务有关的诸多优先事项，并构建幸福的生活。

为人生的最后几年留够资金

我们先来谈谈死亡。也许你会想，为什么？！不过先请你稍加忍耐。

决定为我们的未来做财务计划，需要先接受一个令人不安的事实，那就是我们的生命总有一天会终结。相信我，我知道这是你最不想谈的内容。但我们必须谈，至少简单谈谈也好。

年轻时的我非常害怕思考死亡，以至于死亡偶尔进入我的脑海时，我都会不寒而栗，想要离得越远越好。但最近，我失去了两个刚刚五十出头的大学好友，他们的去世时间差不多相隔一年，这让我开始怀疑自己能不能活到 55 岁，更不用说七八十岁了。之前我们作为青少年、年轻人，所感受到的只有生命的鲜活。但总有一个时刻，这种感受会转化为不得不面对生命有限的怅然。

思考死亡，也意味着面对这样一件真正可能发生的事：也许有一天，我们再也不能照顾自己了。谁都不想在最后的岁月里变得贫穷、虚弱或孤独，但我们不能理所当然地认为家人或朋友就会在我们身边不离不弃。不过我们先假设，你和家人的关系很好。即使一切都尽可能地顺利，也仍然会有巨大的悲痛。我私下其实希望丹和我在同一时刻去世，因为我无法忍受在没有他的情况下生活哪怕一天。然而，如果我每每因为想到人生大势就是要走向死亡而过于害怕，以至于不去想这件事，那我就是在回避某种非常重要的现实：我终将变老（当然，我也希望我有能变老的机会）。倘若我一再回避这一现实问题，那我很可能无法为我生命的晚年提前做好规划，也无法为我在生命弥留之际的必要支出提前做规划。这种回避可能会带来巨大的实际损失，当然，也会有更大的情感压力。所以，咱们就别回避这个话题了。

在迎来最终的死亡之前很久，你会先进入一个被称为"退休"的人生阶段，这是你多年积极工作后获得的一种能让你深度放松的机会，通常也意味着更少的义务。对很多人来说，还意味着更多的旅行。我最近刚刚开

第 7 章
法则 6：学会管理钱，让钱为自己服务

始考虑自己的退休事宜。你要是想跳过本章这一部分内容的话，那我劝你真的先掂量掂量再说。嘿，关于死亡的议题你都能接受，谈谈退休又有什么接受不了的呢？无论是照顾自己的身体还是管理自己的银行账户，成年人都需要考虑当下的自我和未来的自我，要是年轻的自己能把事情想在前头的话，那年长的自己自然会有所受益。

我们中的少数人能指望从富有的亲属那里以金钱或房产的形式获得大量遗产，可对剩下的 99% 的人而言，并没机会继承一笔靠着它就能过日子的钱。所以，我们需要好好谈谈你退休后的生活资金来源，也就是"三个支柱"：政府提供给你的、雇主提供给你的以及你自己提供给你自己的。让我们先从政府能提供的开始谈，简单点说，它能提供的不太多。

我的意思是，你可能听说过社会保障体系，这是罗斯福在大萧条后构想的另一个伟大计划，旨在确保退休老人的晚年时光不至于一贫如洗。当时的运作方式是这样的：有工作的人从薪水中都拿出一小部分来支付给社会保障体系中的"信托基金"，之所以被叫作"信托"，就是因为这笔钱的增速会超过通货膨胀的速度，而这笔钱将会在人们 65 岁离开劳动力市场后，反哺支持他们。可问题是，整个体系在实际的运作中却大不相同。它并不是把某个人的薪水存进他自己的储蓄账户，待几十年后退休就能支取使用。相反，这个人存起来的钱实际上会被用于支付其他人的退休金。这最终构成了一种代际间的契约，你的钱先给前人花，以后你再花后人的钱。

后来随着"婴儿潮"的到来，美国出现了历史上人口最多的一代人，他们比长辈寿命更长，而紧随其后的"X 世代"（就是我这一代人）的人口又少得多。所以，这成了一道简单的数学题："X 世代"的人口数量太少，不足以支付人数众多、寿命又长的"婴儿潮"一代人的退休费用。这

就是为什么你总会听到消息，说社会保障信托基金亏空见底。虽然正在工作的人继续为基金注资，基金中就总会有些钱，可大家能拿到的钱一天不如一天多了。可以想象国会也会专门集结讨论该怎么办，找出社会保障问题的解决方案，以确保如今的年轻劳动力能获得与年长劳动力相称的福利，并保持平衡。但除非你打算在一个生活成本非常低的地区退休，并且打算极其节俭地过日子，否则，你每个月拿到手的退休金肯定不够承担你在退休后每个月的日常支出。

比起我们的父辈和祖辈，我们从政府的社会保障体系中得到的退休金其实更少了。除此之外，也鲜有雇主会像以前那样另给雇员支付养老金，也就是在退休后，由雇主额外提供一笔保障生活的钱。不过，在本章稍后，我们也将读到韦斯利的故事，他就拿到了雇主提供的养老金，而且你也会读到雇主和雇员彼此的信义如何彻底改变了韦斯利的人生轨迹。一言以蔽之：如今要靠我们自己来做出明智的选择，才能在我们迎来退休的那一天保住好日子。在这个领域，你要拯救那个未来垂垂老矣的自己。为了迎接退休生活，你得存好一笔能指望的钱。你甚至可以从现在开始就过得更简单一点，只追求和持有那些真正能"激发幸福"的东西，这样你就可以存下更多的钱，留到你的退休生活中去花，你甚至还有机会给你自己的孩子或孙辈留下更多让他们也幸福起来的遗产。不妨就把这当成目标吧。说到目标，商店的书架上，差不多每一本书都在喊着要早点退休，多多旅行，好像早点退休就是生活的全部目的一样。但是请记住，如果你想弄明白自己究竟是谁，自己究竟想从生活中得到什么，你得先允许自己去投身很多事情，你也可能会乐于尽可能长时间地去做这些事。事实上，研究表明，要是我们完全退出工作，人生往往会走向枯萎。所以，在我看来，除非身体或思想真的已经油尽灯枯，否则我们其实并不想真正停止工作。当然，你可能也会决定先接受一份现在还不能给你带来幸福的工作，并希望在干了 30 多年之后，可以在某个小码头，一手拎着鱼竿，一手拿着你最喜欢的饮料，再随便找个什么地方舒舒服服地把脚一搭。我不是在告诉你退休了该怎么样，我只是想告诉你该想想打算怎样退休。

财务平衡的方法：赚钱、花钱、存钱

想象一下你支出的一端是你最重要的各种需求（比如食物、住所和药品），另一端则是你"也许有一天能实现"的各种梦想。一旦我们能够满足自身最基本、最迫切的财务需求，那我们在如何赚钱、花钱和存钱方面就有了更多的选择。而你究竟应该如何做出各种选择呢？

我们该如何分配资源，是件很私人的事。随着生命变迁，几年间，或者几十年间，人生的优先事项都将大有不同。今天，网剧和廉价红酒可以是我们享乐的主要方式；明天，也许就是去现场听音乐会；后天，也许就是花钱买好机票、订好酒店，在你特别喜欢的乐队引退前去看他们最后一次现场演出。也许有一天，你的车太旧，因为无法上保险而不得不报废，那你需要另买一辆二手车；而另一天，我们虽然买不起伴侣想要的那台老爷车，但可以在他 50 岁生日的时候专门去租上一回。也许有一天，你给朋友的生日礼物是支持他在众筹网站上发起的一次严肃的众筹项目。也许前一天，你还在偿还自己的大学贷款，但接下来，就要开始为了自己孩子读大学而在储蓄计划中投入资金。也许有一天，我们要开始存钱，准备攒下买房子的首付。也许有一天，我们自己的医疗支出会成为花销大头。也许有一天，就算每个人都说接着读书实在是个愚蠢的想法，我们还是要回归研究生院去继续追求内心再也无法否认的激情所在。不管这些事情何时发生在你身上，我的观点都是：你的财务决策只该出自你本人。你的选择可能与你的朋友或家人做出的选择大不相同，但没关系！你可千万别忘了，这是你自己奔放而宝贵的生活，这是你自己的钱，这是你自己的选择。

对别人的话不要盲从，比如不该拿学生贷款来上艺术类院校或者攻读社会工作专业云云。诚然，有些学位不太可能带来高薪的工作机会。你的确可以在医疗或法律领域获得高收入，而人们也会靠大笔贷款来支付攻读这些专业的费用。但是如果你的内心和思想都告诉你，你真的想成为一名画家，或者希望服务于寄养系统里的孩子，那你就应该勇敢去做。只是你要知道，你很可能要为拥有称心的工作去做财务上的平衡，这也许还意味着你得承担第二份工作，或者需要搬到一个你更能承担生活支出的城镇。坦然点，接受吧。嘿，记住，这方面我也是过来人。我从公司法律师到大学行政人员，再到 40 多岁的在读研究生，然后希望成为一名作家。每当我转向某个新的职业，我一开始赚的钱都要比之前少。然而，工作本身的每一个变化都让我愈发幸福。别犯下这样的错误：仅仅为了所谓高薪，就贸然选择他人以为的"成功"职业。在律师事务所、医院和华尔街公司的豪华围城中，其实潜伏着很多并不开心的从业者。不管收入多少，都无法弥补你对某种工作彻头彻尾的反感。

但不管你的工作是什么，你都能从中获得酬劳，这才是重点，不管你税后实得的工资有多少，你都不应该把钱全花光。如果想花的比能挣的少，那你就可以存一点钱以备不时之需，买更贵的东西，当然还有为退休做储备。丹和我刚刚在一起的时候，我俩并没存下钱，因为我们觉得自己赚的每一分钱都有要用的地方。事后来看，我发现要是少点些外卖，还是能帮我们省下不少钱的！随着我们的成长，我们在自身工作的领域变得更加专业，也相应赚到了更多钱。丹曾经是潘多拉公司的初创成员，而我当过名牌大学的院长。结婚 20 年后的某一天，我们突然想到，等等，我们赚了这么多钱，可存款哪去了呢？其中的问题，在于我俩从来都不存钱。除了为退休专门存钱外，我们一直是赚多少花多少。在这方面，我俩简直

第 7 章
法则 6：学会管理钱，让钱为自己服务

是白痴。你可千万别犯这个错误。

对于我俩身上发生的事，我能想到的最佳解释是这样的：我们每个人的脑子里都有一个神秘数字，我们知道这个数字代表了挥霍的标准。我们虽然从来没有跟对方讨论过某个具体的金额，但在我们脑海中的某个地方，我们就是知道，有那样一个金额，一旦超过就是越界。从我们刚在一起开始，丹和我就选择把两个人的所有收入放进同一个资金池，共同支付我俩的账单，而不是他付他的、我付我的，或者专门为了支付共同支出和某些费用留出一个第三方资金池。但并不是每个人都像我俩这样做。我俩第一次约会时，我们的"挥霍"限额差不多是 100 美元。等我从法学院毕业，我们结婚的时候，这个金额差不多达到了 250 美元。

买衣服所带来的愉悦感一直让我有些内疚，不过个中因由未必如你所想。成年后的大部分时光中，我都是一个偏向于男性化的"大号女性"，所以很难找到款式我喜欢、尺寸又合适、我还买得起的服饰。这便使得买衣服这项必要的任务很容易让我情绪化。随着丹和我的收入逐渐走高，我们的"挥霍"限额从 250 美元逐步增加到了 500 美元，甚至更高。尤其在买衣服时，我总能达到"挥霍"的极限。当我想象自己拿着包走进我家前厅，让丹看看我给自己买了什么时，我甚至真的会流些眼泪。不过值得称赞的是，对我在购物上碰到的挑战他始终特别支持，从来没有让我为这些费用感到难过。眼泪来自我自己，当我知道我在跨越这条特定的财务界限时，其实自己也不舒服。

从衣服、晚餐、家具，到给孩子安排的旅行，再到你能在亚马逊网站上找到的琳琅满目的商品，多年以来，丹和我不断提高着我们的"挥霍"上限，直到我们的财务上形成了一个补不上的大窟窿，我们才惊觉。其实窟窿一直都在，只是越来越大，直至不可收拾。我的大部分收入来自公开演讲，这也就意味着每逢夏天，我通常都赚不到多少钱。尽管不管用什么客观标准来衡量，我们都已经赚了足够的钱，但我们竟然连续两个夏天都发现自己碰到了入不敷出的问题。这太荒谬了，因为总体而言，我们的收入其实比以往任何时期都高。

于是，丹和我坐下来认真地谈了谈，决定把我们收入的 5% 或 10% 存起来，以便度过收入相对较少的那几个月，甚至还可能实现我们终此一生的梦想——有一天，能在加利福尼亚州北部的海岸再安个家。然后我们意识到，要想实现这两个目标，唯一的方法就是把我们的"挥霍"限额降低 90%。例如，尽管我们曾花 1 000 美元买下一把既有艺术性又舒适的设计师款客厅躺椅，但如果现在要买第二把躺椅的话，我们只能允许自己花 100 美元。对我们来说，这实在有些激进。你真该看看，我们当时在平价家具店里有多郁闷。但是，我们还是能做到的。我们花了 100 美元，买下了第二把躺椅。甚至这还是一把我们的家人和朋友都愿意躺的躺椅，他们真的很喜欢！

另一件从根本上改变我们财务状况的事，则是我从一个收入不高的家庭中学到了重要一课：他们努力工作，为孩子上大学和自己的退休生活存钱。当他们收到两周一发的薪水时，就立即执行规定，把其中的 10% 放进一个标有"大学"的信封，另外的 10% 则放进一个标有"退休"的信封。剩下的钱便都用于这个月的房租、食物等所有其他开支。每个月，他们都把信封里的存款存进银行，这样就可以赚取利息。这种做法反映了一种叫作"先为自己支出"的哲学，这意味着不要寄希望于在支付账单后还有余钱拿来储蓄，而是先把存款当作你最重要的支出，也就是先照顾好自己在储蓄方面的支出。搞明白这件事之后，丹和我设立了两个新的银行账户，一个专门作为每年夏天的储备金，另一个则作为我们梦想中的滨海新家的储蓄基金。每每再有收入，我们就首先分出一部分，存进这两个账户。这最终会迫使我们减少所有其他支出。放在过去，我们并不会控制眼下的支出，而这使得我们无法触及自己的长期需求和那些遥远的梦想。

正如我已向各位承认过的，在我二十出头的时候，我开始拿信用卡来买我其实买不起的东西。如果你在很长一段时间里经常这么做，那你会发现自己陷入了爬不出来的财务困境。你不仅会欠下一笔大到可怕的款项，还可能已经毁掉自己为汽车或房屋等大宗商品获取贷款的资质。我在此要说的，是你的征信分数，这可是你要留心记录的东西。你的征信分数是一种对你作为账单支付者的可靠程度的评级，它会影响你购买大宗商品、花钱做大事的能力。在按时支付账单方面表现良好可以提高你的征信分数，它使你有权在贷款中获得较低利率，倘若你评分不佳，会使你承担更高的利率。不同的征信评分公司很多，虽然它们使用的指标略有不同，但无一例外地都会关注你有没有及时支付账单，以及你在某段特定时间里使用了多少信用支出。例如，你的信用卡公司给了你1万美元的信用额度，但这并不意味着你就应该透支到最高额度。只有在真正特别紧急的情况下，你才能去利用这个信用上限。有个很好的经验性规律，那就是为了保持良好的信用评分，你不应该透支超过你信用额度的20%。

让基金增长：复利的魔力

我向我的朋友克丽丝·安德鲁斯请教，如何在未来几年内让自己的钱越来越多。她是一名非常出色的财务顾问。她首先想让你知道的是，"在职业生涯早期，为退休进行储蓄的最大优势之一便是时间。时间是让复利充分发挥其魔力的驱动力所在"。她所说的魔力，就是复利所能产生的效果。我们来对比一下：

- 某人 22 岁开始每年向投资账户注入 1 000 美元（83.33 美元 / 月），并每年持续缴纳 1 000 美元，直到 65 岁退休。假设有 7% 的税后净平均年投资回报，这个人将在退休后拥有超过 28.3 万美元可供支配。

- 如果某人推迟到从 32 岁开始，每年同样存 1 000 美元。因为等了 10 年才开始为退休进行储蓄（假设税后净平均年投资回报率仍为 7%），他在退休时只能得到 13.6 万美元。

所以说，尽管从表面上看，10 年只会产生 1 万美元再加上些利息作为差额，但由于复利的魔力（这意味着利息加上本金每年都会被再投资），最终收入的差额要大得多。如果能够在 22 岁到 32 岁之间每年多存 1 000 美元，那 22 岁的聪明决策将会让一个人在 65 岁时多拿到 14.7 万美元的额外资金！震惊吧！我知道你们有些人在想：我已经 34 岁了，那我基本上完蛋了啊！那你更该抓紧了。年龄不是重点，越晚越吃亏才是重点。所以，赶快开始！直接开始！年长的你一定会感激现在的你开始这么做。因为那个在 32 岁时真的对 22 岁的自己没做的事情感到愤怒，于是开始投资的人，仍然远远好过 42 岁才开始投资的人。如果从 42 岁开始每年投资 1 000 美元（同样是 7% 的税后净平均年投资回报），到 65 岁退休时，只能得到 6.2 万美元。

你看，我们说的是每年存 1 000 美元，也就是每月存 83.33 美元，每天存 2.77 美元。你没看错，就是一杯咖啡、一杯茶或一杯果汁的钱而已，你并不需要额外做什么工作或牺牲，却已经在为退休生活攒下一大笔钱了。为什么要就此止步呢？想象一下，如果你每天能省下 10 美元，又将如何。如果你分别在 42 岁、32 岁和 22 岁开始投资，情况如下：

- 42 岁开始每天存 10 美元，一年能存下 3 650 美元。如果把钱存入某个投资账户，并继续每年贡献 3 650 美元的话，直到 65 岁退休，假设税后净平均年投资回报率为 7%，这个人将在退休时有超过 22.5 万美元可供支配。这要比每天只存一杯咖啡钱所带来的回报（6.2 万美元）大很多。

- 如果在 32 岁就做同样的事情，那退休后将有超过 49.8 万美元。比起 13.6 万美元，也就是在每天只省下 2.77 美元的情况下最终能拿到的钱，也有了非常大的跨越。

- 让我们看看 22 岁就开始每天存 10 美元的人吧。注意了，这个人退休后会拿到超过 103.4 万美元。可观吧？

只需一天 10 美元，一周 70 美元而已。我知道，说起来容易做起来难。但当你看到了复利的魔力，多少有点跃跃欲试，不是吗？记住，就算你没有管理好每天该省下的这 10 美元，也不要自责。总会有各种各样的原因成为阻碍。关键是，总要为未来省下些钱来。尽你所能就好。就算你跌倒了，也要爬起来重新开始。你一定能做到。

学会控制你的钱

克丽丝·安德鲁斯还想告诉我们一件事，省钱是第一步，同时也是最重要的一步，而下一步就是合理优化省下来的钱，以提升应对税收的效率。"政府会利用税法来激励美国民众的某些行为。为了让更多美国人能为退休储蓄，政府在本质上其实是愿意补贴某些账户的，这样一来，随着时间推移，留在你身边的钱会更多，拿去交税的钱则会更少。"这也就意味着我们把这些美元到底存到何处，就变得至关重要。因为很多你这个年纪的人都在打零工挣钱，我想不妨就由此说开去。打零工的好处是可以自由决定你究竟想在什么时间、什么地点干什么。而缺点则是没有雇主所提供的各种福利，比如帮助你免受各种伤害的那些保险计划，以及以养老保险和配套基金的形式为你的退休储备资金的机会。简而言之，如果你一直打零工，那你只能完全靠自己来照顾你的未来了。而克丽丝建议，你可以先开设一个"罗斯个人退休账户"。"如果要为退休存钱的话，这可能是最灵活、最有效的方式了，所以应该将其排在储蓄优先事项列表的首位，而且这个账户很容易开通，成本也非常低。"基本上，你可以随便找一个投资平台开通罗斯个人退休账户，然后开始存钱，50岁以下的纳税人每年税后最多可存6 000美元，以供退休所需。账户内资金的增长可以每年递延纳税，而你在59.5岁之后，就可以完全免税提取了。注意，自2019年起，规则要求该账户仅适用于年收入低于13.7万美元的单身纳税人和年收入低于20.3万美元的已婚夫妇。所以，并非所有收入水平的人都能选择这一账户，但大多数人还是能使用的。我也承认，许多人真的很难每年存出6 000美元来，毕竟这要求每个月存500美元，每天存大约17美元。但为了简单了解一下这个账户为什么值得尝试，我们不妨来做些快速的数学计算：

- 如果某人42岁，每年存6 000美元，到65岁时，将有37.1万美元。
- 如果某人32岁，做同样的事情，将获得超过81.9万美元。
- 22岁的年轻人要是能做同样的事情，将有超过170万美元。

如果你能等到至少59.5岁才提取，那这些钱可都是免税的！我已经53岁了，是的，丹和我从某个时候开始，对我们的钱有了更负责任的态度。可惜这种认识并没发生在我们因为搬家货车起火、东西全都烧光之前，我们还是挥霍掉了当时收到的2.5万美元的巨额赔付支票。我们的确

第 7 章
法则 6：学会管理钱，让钱为自己服务

应该对钱有更加审慎负责的态度。

现如今，如果你为一个能提供福利的雇主工作，那作为福利计划的一部分，该雇主可能会为你提供一个养老保险退休账户。如果你的雇主不能提供相关福利，那你也可以把钱在税前存进传统的养老保险账户，这意味着钱在给你之前就已经先从你的薪水中拿出来了，就像联邦和州预扣你的税款一样，传统的养老保险账户可能要比罗斯个人退休账户更好一些，因为你投进去的是税前收入，这意味着在你退休的时候，拿来交税的钱是你从复利中赚的钱所能涵盖的。

克丽丝说："关键是有两种选择，而且都很有优势。如果你在职业生涯的早期阶段，收入不多，那罗斯个人退休账户特别合适你，因为它对你的收入征税很低，甚至可以在以后免税提取所有钱款。然而，对于那些有一份高薪全职工作的人来说，传统的养老保险计划可能更合适，因为你可以推迟到退休时再交税，那时的税率级别可能正处于较低的水平。"克丽丝经常向客户建议，如果力所能及的话，他们可以两种都参与一下。

如果你的雇主还能额外提供一些退休账户福利的话，那也非常棒。有时候，雇主会代你向退休账户缴纳一部分款项。如果你的雇主提供了这样一笔钱，你可一定别忽略了，要好好把握这免费的福利。不过还需要明确一点，雇主并不是直接把钱给你。你需要先在自己的退休账户里存入一定数额的薪水，这样才能让账户里有一些你自己支付的退休金额。每个雇主都设定了他们要求雇员缴纳的金额比例，你自己支付的金额达到了标准，他们才会向你的退休账户里打钱，达到你退休金额需要的水平。搞明白雇主定下来的注资比例，然后做到位。等你老了，你会非常感激年轻时的明智之举。

185

你还应该研究一下其他各种保险，以保护自己免受巨额费用和严重灾难（包括医疗、牙科、视力、房产、汽车和人寿）的负面影响。本章的故事中我们有两位高手，一位是韦斯利，59 岁，男性，他已经能够为妻子和孩子提供比他自己在成长过程中享有的高得多的生活质量。还有德奈，也就是我以前的学生，现在 36 岁，她设法摆脱了近 5 万美元的学生贷款与信用卡债务，同时还生活在世界上消费最高的城市之一。德奈在摆脱债务后，成了一名认证财务顾问，这样她就可以帮助其他人渡过难关，并让他们在退休岁月有更多钱可用！

我身边的故事

韦斯利的故事：积少成多过上美好生活

韦斯利是一位非裔美国男性，他喜欢一直穿着美国联合包裹运送服务公司（以下简称为 UPS）司机的棕色衬衫和短裤。尽管年轻时他遭遇过相当严重的财务挑战，但他还是靠不懈努力实现了自己的美国梦，所以我打电话给他，想跟他谈谈。我跟他交谈的那一天，他正好从 UPS 收到了 30 周年从业纪念别针，这也意味着他即将能享受到一些特殊的福利。

韦斯利的父亲在即将获得计算机科学博士学位时，因心脏病去世了。韦斯利当时只有 9 岁。韦斯利的母亲作为生育了两个孩子的单亲妈妈，需要承担养家的重任，不过她也明确表示，韦斯利同样需要站出来。"在我很小的时候，我妈就说过这样的话：'你要负责搞定自己上学的事。'我不得不奔前忙后，自己做很多事情。我的意思是，她的确会给我做饭、会给我买衣服，但坦率地说，她并没时间送我上学、送我去打工的地方，也不能送我去练棒球、练足球。"所以，韦斯利从高中开始，就已经相当自立了，而且和他一起相处的人，大多都是类似情况。他在快餐店做兼职，每小时赚 2.35 美元。高中毕业时，他搬出了母亲的房子，去了一所名为"圣达菲学院"的社区大学，同时在温迪克西超市上夜班做兼职，负责整理货架。

温迪克西的经理一开始似乎还挺支持韦斯利上社区大学，但给他安排的轮班还是会干扰他的上课时间。如果韦斯利表现出了犹豫，经理就说："哦，别去上学了。我们需要你在这里工作。"经理还会说这样的话："你这样的人在那儿又学不到什么。"为了调整工作时间和学习时间，韦斯利改上夜班，但这样的时间规划极容易让人精疲力竭。"我当时还不是一个能做出正确选择、坚持求学的成年人。"于是他辍学了，在温迪克西全职工作。

23 岁时，他遇到了未来的妻子安杰拉。他们相识于 1984 年，而结婚是在 13 年后。"不过从一开始，我们就对彼此做出了承诺，要对对方负责。这使我感觉一切都稳定下来，也觉得自己是个成年人了。我不想说一切都突然顺利起来，因为一路走来，总有踩坑和磕碰。我们当时的生活状况实在是捉襟见肘。虽说没有破产，但我们还是隔段时间就被停电，更没钱出去度假。我当时每小时能赚 4 美元 10 美分。我会看着别人的房子，问自己：'这么好的房子是怎么买得起的？'我还记得，原本一辆崭新的汽车售价 3 000 美元，可好像突然之间，就暴涨到了 2 万美元，我不禁疑惑：'这怎么能买得起呢？'"

韦斯利在温迪克西全职工作到差不多 3 年的时候,"几乎彻底放下了学习"。在那年圣诞节的晚餐上,他叔叔把他拉到一边,跟他说了一句意料之外的话,那来自他已故的父亲:"你爸总是说,不管干什么工作,都不能放下学习。"一语惊醒梦中人。温迪克西的工作没前途,韦斯利自己其实也知道。

于是他重回圣达菲学院求学,并于 1988 年在 UPS 找了一份兼职工作,负责装载著名的 UPS 棕色卡车。从美国各地的城镇到尼泊尔的遥远土地,这种卡车都被 UPS 内部人员亲切地称为"包裹车"。在 UPS 做兼职,比他在温迪克西做全职工作赚得还要多。不久,韦斯利就得到了一份他渴望已久的岗位邀约:当一名全职 UPS 司机,这是他梦寐以求的工作。但他还是婉拒了,因为他想先读完自己的副学士学位。他父亲通过他叔叔给他提出了宝贵的建议,而他坚持了下来。

1994 年,他在圣达菲学院获得了副学士学位,同年,他成了一名全职 UPS 司机。"这对我来说真是迈出了一大步。感觉特别棒!在那里全职工作的第一周,我就对自己说:'这是我可以干到退休的地方。'" 30 多年后,这个梦想即将实现。

他和安杰拉于 1997 年结婚。"我向安杰拉承诺,未来 10 年里,我们必须好好赚钱,还要为退休生活好好存钱。我们得到了一些帮助,"他解释说,"还有些许运气的加持。"他说得没错,他母亲、他母亲当时的伴侣以及安杰拉的母亲在他们婚前帮忙支付了一套公寓的首付款。"用了 3 个月,我们的贷款才批下来。"韦斯利告诉我。

最终,公寓的交易完成了,他们的财务生活开始慢慢变得稳定

第 7 章
法则 6：学会管理钱，让钱为自己服务

可靠起来。"有些事可能乍一看很不起眼，非常琐碎，"他告诉我，"但是我终于可以和安杰拉一起度假，我们在出门之前就付好各种账单，不至于一回家就遭遇停水停电，这就是积少成多的力量。我花了好几年，差不多是在 UPS 工作了 3 年之后，才做到这个水平。"他们还买了新房。几年后，他们以 9 万美元的利润卖掉了公寓，又用这笔钱偿还了房子的抵押贷款。这意味着他们可以把韦斯利的大部分薪水都存起来，以备退休之需。在此期间，韦斯利毫不松懈地一直努力工作。

研究表明，UPS 司机每天要进出卡车 500 次，而司机们对此最直观的感受集中在膝盖。膝盖需要弯曲、承重、应对震击，所有这些影响都会随时间而积累下来。"我工作了 20 年，才有机会每周有一个周六用于休息。包裹车里没空调。而且你开卡车的时候还要时刻注意安全。"但是，早在韦斯利在温迪克西整理货架的时候，他就已经知道该怎么好好工作了。

上司从一开始就喜欢他，一直想招募他担任管理职位。但有位师傅则劝他别动，留在原岗位上对收入更有利。"管理层并不完全如人们所说的那样。他们每周工作时长能达到 72 小时。于是我决定干好现在的工作就好。"原因无他，他热爱这份工作，这就是他想投身的工作。当他还是个孩子的时候，他就意识到自己不会在办公桌后面度过一生，他讨厌整天待在高楼大厦里。"我知道自己就是需要在室外，搬搬东西，出出汗。这似乎就是我最想干的事了。如果我一直坐在某个地方，我会睡着的。"

韦斯利 59 岁的时候，已经开了 25 年的车，迎来了第一次真正退休的机会。他每月能拿到 3 000 美元左右的养老金，而且每月只需自掏腰包支付 500 美元，就能为自己和家人获取各种福利。"特别棒。"作为一个从来没有参与过员工养老金计划的人，韦斯利的话对我而言声声入耳，甚至还让我有点嫉妒。此外，他每次拿到薪水，还会专门买一点 UPS 的股票。所有他存下来的钱，一直在静静地增长着，等着留给他、安杰拉以及他们的儿子去使用。

韦斯利说，他最自豪的就是他能为自己 2001 年出生的儿子所提供的资产。"我们下一个大的投资，就是小韦斯利的高等教育。他是一个相当聪明的孩子，已经获得了佛罗里达光明未来奖学金，这能涵盖他上本科时 75% 的学费和其他费用。"

最近，韦斯利和安杰拉卖掉了股票，在某个他从小就爱去的湖边买了一些土地。"我有个哥们现在住在那儿。我们最终意识到，我们其实也想要这样一个住处。在我从 UPS 退休后，我打算把我的格帝威海水渔船租出去，就租给那些想在佛罗里达海岸钓石斑鱼和西班牙鲭鱼的游客们。然后我再去找点事做，一周工作 30 个小时左右。我没法仅仅坐在前廊无所事事。"我几乎可以看到韦斯利和他的家人未来的美好生活了。遥望彼时，分外幸福。

德奈的故事：精打细算还清巨额债务

德奈在得克萨斯州沃斯堡的一个工人阶级家庭长大，是家里第一个上大学的人。当我第一次为这本书采访她时，她 33 岁，刚刚摆脱债务缠身的状态。她 2006 年从斯坦福大学获得戏剧学士学位，2010 年从佛罗里达州立大学获得表演和舞蹈艺术硕士学位，然后搬到纽约，追求她的梦想，成为一名职业舞者。她与世界知名的编

第 7 章
法则 6：学会管理钱，让钱为自己服务

舞合作，参与国际巡演，并制作原创作品。

然而，她在本科和研究生期间欠下了 3.2 万美元的学生贷款和信用卡债务，可纽约的职业舞者们平均年薪仅为 2.2 万美元。她觉得自己当时的债务"决定了我在生活中应该做什么，因为我无法承担低收入的项目或无薪实习，而这又往往是新艺术家成长的必经之路"。但她后来在 3 年内，靠着作为艺术家的工资，还清了所有债务。

咱们先说说德奈的债务都从何而来。虽然联邦佩尔助学金和其他奖学金支付了她本科时的大部分学费与食宿费用，但她仍然不得不贷款求学。为了支付其他生活费，父亲让她申请了信用卡。她用这笔钱支付飞回得克萨斯州的机票费用、买衣服、买课本等。德奈告诉我，在她上学期间，父亲每月帮她支付最低还款额，"毕业后，把剩下的还掉就成了我自己的责任"。她在佛罗里达州立大学求学期间，研究生奖学金只够支付她一部分学费与食宿费用，所以她又一次申请了学生贷款，还办了另一张信用卡，用来支付读研究生期间的其他费用。由于她读了两个学位，所以她欠了超过 3.2 万美元的债务，再加上预估支付的利息，债务总额约为 5 万美元。

跟她那一代人中的许多人一样，德奈的学生贷款与大学毕业后能拿到的工资相比简直不成比例。其实这不仅仅是因为德奈选择了艺术这条道路，对于许多在经济大衰退期间开始成年生活的人来说，全职工作都不好找，工资也停滞不前。入不敷出时，我们有两个选择：我们可以在愤怒和绝望中举手投降，继续做那些只会让我们在债务中越陷越深的事，或者可以尝试承诺达成一个计划，以摆脱恼人的债务。德奈选择的是后者。

YOUR TURN: HOW TO BE AN ADULT
在世界上找到你的位置

"除了低收入和巨额债务之外，我还生活在一个消费昂贵的城市。我毕竟是一名当代舞者，而这个行业的核心就在纽约。干了差不多 3 年，我接到电话，去参加了一次试镜。这是那种有 500 个人参加，在你的号码被叫到之前要等上几个小时，所有人削尖了脑袋，就为了抢两个名额的试镜。我当时真的很担心我的收入。我对另一个舞者说：'要是我没选上的话，我得再找份白天的工作了。'我最终还是没有通过试镜，但我确实为了摆脱学生贷款开始制订计划了。我决定改变消费习惯，设下一个摆脱债务的目标日期，并把我的还债旅程公之于众。我想，我要摆脱债务，我要在 3 年后，我 32 岁生日的时候，达到目标！然后我把这句话发到了社交平台上。在我设定这一目标时，我其实还不知道究竟该怎么做。但我既然已经发表宣言，就要说到做到。我积极寻找额外的演出机会，并把开支削减到仅仅购买必需品，尽可能以最低标准支付其他费用。我会走路去找 ATM 取现金拿来花，而不是刷信用卡。我整季就穿一两套衣服，再搭配不同的配饰。其实也没谁真的在乎。"

当德奈讲述自己偿还债务的感觉时，我在脑子里简单算了一下。的确，她能够如此自律非常难得。可我并没听她说自己如何解决吃饭或住所的问题。我其实有点怕进一步打听会显得太过唐突，但我真的需要知道，她的计划究竟是如何具体运作的。于是我还是发问了。

"我给食品杂货的预算是每周 40 美元，外加 10 美元以备不时之需。我住处附近有一家平价杂货店，还有一家美食杂货店，我会去前者买东西。我虽然个子小，但作为专业舞者必须吃够供每天跳舞 8 小时所需的食物。所以我必须买合适的食物，并留出烹饪时间。为了获得饱腹感，我会准备含有纤维、脂肪和蛋白质的食物。我吃

第 7 章
法则 6：学会管理钱，让钱为自己服务

很多绿色蔬菜、米饭、豆类、红薯、鹰嘴豆、印度香米、黑豆和鳄梨。我也确保自己总是随身带着零食，这样就不用在排练间隙去买吃的。我去打零工的时候，有个同事没经我同意就吃了我放在冰箱里的水果，所以我专门做了个牌子，上面写着：'请别动我的食物。我有学生贷款要还。'找到稳定、负担得起的住房，也在帮我偿还债务方面发挥了很大作用。我现在住在'艺术家之家'，这在纽约堪比中了公租房头彩。你必须先证明自己从事艺术领域的工作，还要符合其对收入的要求。除此之外，他们还会把你排进一个长长的等待名单。我每个月都要打电话查我的排队情况。在名单上待了 10 个月后，我终于排到了一套公寓。在这里，一个 200 平方英尺① 的工作室每月租金从 630 美元到 950 美元不等，还包括了水电费、有线电视费，另有免费的排练空间。这帮助我在创作艺术时省下了不少钱，因为纽约的排练场地每小时的租金平均下来要 20 美元。我住的地方非常小，就像集体宿舍一样，不过那也没关系。

"我坐地铁通勤，不过也会专门为紧急情况下需要打车留出钱来。我有时会购买优步或来福车的礼品卡来限制自己每月在通勤上的消费。我用完了礼品卡余额后，就会告诉自己：'花光了，没有了，再想点别的办法吧！'我发现，要是你只有有限的资金可供使用，比起仅仅试着努力记住别花那么多钱，做好预算其实更容易执行。不管在城里社交，还是出去玩，我都会强调自己的预算。在纽约，会有特别棒的朋友邀请我一起去昂贵的酒吧，或者参加收费不菲的活动。拒绝总是不容易，我直接告诉我的一些朋友我手头很紧，他们也都能表示接受和理解。如果他们邀请我参加某个消费超出我预算的活动，我会说：'我会去看看。'我也真的会出现几分钟，跟我

---

① 1 平方英尺约为 0.09 平方米。——译者注

的朋友互动一下，可当他们坐下来或开始进入音乐会的场地时，我就会离开。通常，我在艺术圈里的朋友更有成本意识。比如，我们让每个人带着价值 5 美元的零食去聚会，这样才能确保每个人都吃得好，并且吃得起。在纽约，做很多事情其实是免费的。我有个朋友创建了一个公开的'免费活动日历'。我们还会在出门前一起做准备工作，这样就算花不到 10 美元，也能玩得很开心。

"我还学会了如何在收入不稳定的情况下做预算，毕竟这是许多艺术从业者的生活现实。我参加了一个为期两年、按季度付费的工作项目，又在电视剧《女子监狱》中当临时演员，还在综艺节目中假扮小威廉姆斯，模仿一段碧昂丝在《柠檬水》中的舞蹈。付款的支票往往会在不同时间寄到。所以我必须做好计划，以确保我的定期账单能按时支付，同时还要留出钱来偿还债务。"

那 3 年内还清债务的目标到底完成得怎样呢？

"我按时完成了。实际上就卡在我 32 岁生日之前没多久。为了庆祝，我在布鲁克林为自己举办了一个派对，叫作'庆祝德奈不欠钱'。那天来了特别多的人。大家都在说：'快告诉我，怎么摆脱债务！'不管什么职业、什么经济阶层，大部分人都要应对债务。有的人为没能在学校学习过个人理财而感到遗憾，有的人对他们的学生贷款有所疑虑，还有的人则想分享他们刚刚还清信用卡的情况。从某种程度上说，这是我无心插柳而完成的最有影响力的艺术项目之一了。"

德奈的话给了我很大启发。她通过研究债务问题，然后以严格的纪律去规划她的资源，进而学会了怎样偿还债务。在我第一次为

第 7 章
法则 6：学会管理钱，让钱为自己服务

本书采访她 3 年后，我又找到了德奈。她仍然处于没有债务的状态。她希望为其他无数正在与债务作斗争的人提供服务，因此正在努力申请财务顾问认证和财务规划师认证，同时也在一家非营利组织担任财务教练，并在开发自己的财务健康平台。

"在还债期间，有几个月我实在无力去额外还款，我那时对自己并不苛责，而且债务最终也的确消失了，不欠任何人任何东西的感觉，真的很神奇。想象着自己该如何创造财富，而不是强调如何偿还债务，也给我带来了幸福感。如今，作为财务服务领域的专业人士，我会建议大家像我一样积极偿还债务吗？其实不一定，因为每个人的情况不一样。我没有孩子，也无须对别人承担任何经济上的责任。最好还是自己好好做做研究，寻找值得信赖的建议来源，并制订适合自己的策略。"德奈本人当然也是那些值得信赖的建议来源之一。

通过回顾自己的故事，德奈也意识到了在她和我第一次谈论她债务情况后的几年里，她又学到了许多东西。"我总是抱怨信用卡上的欠款是我爸在我大学毕业后给我的'礼物'，事实上，那还真是一份礼物。因为他连续 4 年帮我按时支付最低还款额，我在毕业时，已经有了很好的信用记录。现在回头看，他所做的其实也对。"

那么，你现在可以开始做些什么，来帮助未来的自己呢？

- 可以把你生活中的收入抽取 10% 存起来。把储蓄变成一个你颇为擅长的好习惯，这一习惯会在你的理财之旅中始终保护你。

- 借来的任何钱都要尽可能少支付利息。如果可能的话，尽量把你的债务利率控制在 7% 以下。如果你没有资质去享受这个利率，又必须贷款的话，也要尽量保持在 10% 以下。

- 如果你的债务利率超过 10%，要尽快解决。银行靠着向你收利息所赚的钱都分红给股东去买游艇了。所以，不要花钱给别人买游艇。

- 需要把"消耗财富"的心态转变成为"积累财富"的心态。金融方面的财富毕竟只是财富的一种类型。调用所有类型的财富，才能创建出符合你愿景的圆满生活。

掌握金钱的运作规律，了解你该如何让金钱为你服务，这能使你觉得自己更像一个成年人，也能帮你去实现自己的梦想。去了解你究竟是谁，为了获得内心的平和安宁，你又究竟需要些什么，这比拥有你所需要的金钱更加重要。靠自己照顾自己，这可能是你该做的最重要的事。接下来，我们就要探讨这一话题。让我们先放下冰冷的金钱，好好谈谈温柔的你。

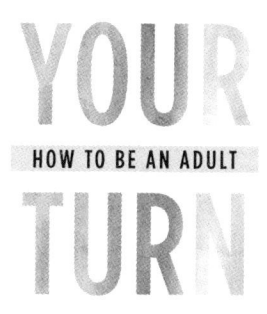

第 8 章
法则 7：照顾好身心，让自己良性运转

> 我们要爱对方本来的模样，
> 并希望他们对我们报以同样的爱。

——美剧《良医》中布朗医生的台词

你还年轻，所以很可能会觉得纵然要经历生活磨砺，也一定会毫发无伤。如果是这样，那你现在就有不听我劝而吃亏的风险。或许你身处另一种境况，那就是觉得自己仿佛已经千疮百孔。也许你正在经历悲伤、恐惧、无措、病痛，甚至绝望，遭遇了无视与忽略。

无论你情况怎样，我都会一如既往地支持你。一定要挺住。如果生活本身是一场美好的自行车长途骑行，那你的身体和你的思想便是助你前行的那两个轮子。所以，你该好好照顾自己的身体和思想。我无意在此向你鼓吹某种照顾自己的手段，我只是想在你生命道路的远端为你执起一盏灯,伴随着灯光映在脸上,希望你能意识到,终有一天,你也会 53 岁,可能不再像现在这样健康强壮,甚至还会在很多方面有着力不从心的窘况。所以,在你尝试去弄清楚自己究竟擅长什么、喜欢什么,以及投身去做这些事情的同时,还请记住,要是你能够尽可能全面、准确地了解自我,并照顾好自己的话,那你的成年生活将变成一段更长远、也更愉悦的旅程。一言以蔽之:倘若未来的你想要过上精彩的生活,那么他一定会说:"请好好照顾现在的你。"

知道如何让自己保持好状态

谈及做成年人,也许最核心、最具体的事,就是要弄清楚你究竟是谁,你该如何保持自身的最佳状态,这样你才能拥有和保持上佳表现。要想保持好的状态,首先需要弄清楚你处在怎样的情况下,并在可能的范围内把它研究明白,这可能需要临床医生或某类专家的诊断或建议,然后接受现实并接纳这种情况就是你的一部分。这个过程并不一定顺利,因为我们身上有很多不同的特点需要加以了解,而且不同的自我对不同的事物也会有不同的体验。这就导致过程中会有进步,也难免会有挫折。这很正常。

你可能会发现自己在某些方面特别需要照料和关注。如果你发现自己的一些情况在客观上跟你的家人或同龄人有所不同,这很可能会给你带来冲击。你可能会因此经受些许悲痛,因为在你年幼的时候,你的这些差异并没有得到支持、认可甚至定义。可能在童年时期,你就内化了这样的观念:你是个失意、有问题、愚笨的人,或者你就是有点不同于他人的毛病。

第 8 章
法则 7：照顾好身心，让自己良性运转

听闻大家对这种事的应对方法各不一样，正戳到了我的痛处。

索耶四年级时，确诊了注意缺陷多动障碍，这使得他的注意力无法集中，还伴有书写障碍，这让他在通过写作去表达想法时，会有身体行为上的问题，另外还有一点点焦虑。我们专门给他找了个书写上的帮手，也定期带他去看心理医生。丹和我当时认为他那么聪明，能力也强，这些事情没什么大不了，伴随着他的成长，他会摆脱这些麻烦。可事后来看，我们错了。接下来我分享的内容，都已经提前得到了索耶的允许。

索耶上小学的时候，因为在书写方面的困难实在太严重，大家便允许他带着一个小型录音设备去操场，把他想写的东西录下来，而我们稍后会帮他打出来。我曾经听着磁带，泪流满面。因为背景里是操场上各种各样的噪声和别的孩子大喊大叫的声音，而我的孩子，正试着把复杂的想法抽丝剥茧般从大脑中表达出来。无论如何，他还是做到了。

上初中后，如果他在某个任务上投入了很长时间却依然没有完成，我们就可以"签字说明"，让他免于因为没完成任务而受到惩罚，我记得他这种情况一共出现过 3 次。快要初中毕业的时候，学校告诉我们他在学校的表现很好，所以不需要在高中期间住校。我们当时非常生气。在跟校方会面时，我说："你的意思是如果他门门课都得'中'，就能住校，现在门门得'优'，反而不能住了？"好像让孩子住校就是为了提升成绩，而不是给存在学习差异的孩子一些缓冲空间一样。我还记得，当时索耶看着我，他也深深意识到了其中的不公。校方的回答是："没错。"纵然读了那么多书，在生活中拥有不少资源，丹和我依然对此手足无措。校方不肯明示的潜规则把我们搞蒙了，好像我们本就不该为了儿子争取这些权益。最终，我们无能为力，什么都没做。

索耶进入高中，虽说每天晚上做家庭作业都费很大劲，但他还是做得很好。到了高二，他每晚要花 5 小时做作业。高三时，在抵制药物治疗多年后，为了能更好地完成作业，他开始服用药物，这也使作业负荷从 5 小时降低到了 3 小时。我还记得，我们让索耶的儿科医生签字确认他每天都可以跑步时，医生非常惊讶，因为这直接证明了索耶每天居然能有 2 小时去做自己想做的事情。索耶在标准化考试中也表现得很好，因为某种我不太确定的原因，他拒绝拿额外的时间备考，而我们也并不强求。他后来上了一所管理严格的小型文理学院，他没有给自己安排住宿事宜，同时开始了慢慢地自我消耗，并逐渐崩溃。课业和责任太重，超过了药物和家庭所能给他提供的支持，他的表现开始下滑，逐渐失去了自信。

丹和我终于明白了索耶所面对的情况究竟有多艰难。索耶自己也得出了同样的结论，他决定先离开大学，休息一下。我们给他找了一个非常优秀的心理医生，可以同时通过药物和谈话来提升治疗效果。我们还决定更好地去了解他所患疾病的相关机制。于是，我们买了一堆这方面的书，轮流阅读，而且一边读还一边在书上贴满用便利贴留下的笔记。索耶夏天回家时，在丹的办公室借用打印机，刚好看到堆在丹书桌上的那些书。"妈妈，我看见爸爸办公室里的书了。"他告诉我。我的心一沉。我怕他生气，觉得我们好像把他的病看得多严重一样。不过令我惊讶的是，他看着我的眼睛，对我说："谢谢你们，试着去了解我究竟是谁。"他甚至还在微笑呢。

作为家长，读到这里恐怕难免会流泪。因为我们最不想伤害的就是我们的孩子。但之前的丹和我，那么地爱索耶，却依然忽视了他的真实情况，没有去学习，也不曾去理解，还自以为很了解他的状态。我无法回到过去，去把我对儿子的反应改成他真正需要的模样，但我还是要全力以赴，做孩子应有的那种家长。我希望你也能有这样被理解、被认可的经历。所以，如果你的情况和这个故事有关联，只需在这页贴上一张便利贴，再把书拿给需要读读的那个人就好了。

顺应你的情况

一旦你开始了解自己的运转模式，那下一步就是要接受和拥抱自己，在自我接受方面，需要达到一个我称之为"自爱"的程度。顺应自己的情况是一个终身过程，它需要复杂的、持续的自我探索，也需要接受不断变化的自我。我以前的学生阿曼达·盖伦德是阿姆斯特丹的组织战略顾问、作家、心理健康倡导者和社会影响力专家，她这样说："对很多人来说，这并不像是得到了某种诊断，而是搞明白了自己的运转方式，而且需要做到对自我的接纳。对自我的爱意和疗愈水平并不是线性增长的，随着时间推移，随着你的成长，随着遇到新的经历和挑战，它也会有所更替。你可能会得到某个诊断，让你能与自己的感受产生共鸣，它让你感到被他人理解，感到如释重负，并能与一群理解你的人取得联系。你也可能会碰到一个忽视甚至错误诊断了你的医生，进而造成额外的痛苦，也贻误了治疗的时机。你可能会在这个时期状态稳定、健健康康，然后在另一个时期却痛苦万分，经历病痛的复发。你的痛苦可能源于持续的虐待或创伤，需要系统的改变才能完全消解。在找到感觉最好的应对方法之前，你可能需要尝试许多种不同的治疗手段。构筑对自己诚实且充满爱意的关系是一个终身过程：尊重你不断变化的需求与欲望，并尽可能地多一些耐心和同情。"

我从个人经验中推断，理解并接受自我很可能是一个不太容易捉摸的目标。自爱意味着你在内在层面对自己感觉良好，而非只有当你得到外在的证据证明你的价值时，才对自己感觉良好，这种证据往往是他人对你或你的成就所提供的反馈。注意，自爱不是自恋。自恋指的是痴迷于自我，拒绝看到自己的缺点，同时总是指责他人，并且对他人缺乏共情。自爱的美妙之处在于，如果你拥有它，那便没有谁能在感情上伤害你，无论他们说什么，也无论他们多么排斥你或忽视你，都无法伤害你。这是因为你在内在层面知道自己值得被尊重和被爱，如果有人不能给你这些，你也能意识到这是他们内心的问题，而非你的问题。

能破坏我们感受到自爱的能力的因素有很多。美国人生活在资本主义经济中，也就意味着会被灌输这样的理念：个人的价值是基于他们生产能力的某种函数运算的结果，而这些产品是可以被商品化并出售给其他人的。也就是说，资本主义教会我们，我们的价值便等于我们所赚的钱有多少。甚至更糟糕的是，连赚的钱都不作数，只看拥有的钱。因此，如果我们的身体或思想不能或不愿做资本主义所看重的事情时，我们就会觉得自己被外界认为缺乏价值，甚至缺乏生而为人的意义。

除此之外，在微观层面，我们的家庭教育也会影响我们对自我价值的感受。我们中的一些人从小就觉得无论如何我们都值得被尊重与被关爱，如果你就是这样的人，那一定要珍惜并感恩你在成长中这方面的资源。我们中还有一些人在童年时代受到过不同程度的伤害，所以必须努力消解那些负面的信息，比如认为自己不够好，或者没人需要我们。我在说"努力"时，指的是我们可以通过心理治疗或其他形式的对谈、正念冥想、日记写作和别的练习来达成成长，这些练习使得我们能够承认、定义、处理和放下那些我们收到的和自己有关的负面信息。学会欣赏自己的价值是一项极具挑战性的工作，但我的人生旅程告诉我，这项工作值得去做。自爱是一件"复仇者"级别的情感隐身衣，一旦你拥有了它，你既可以跟其他所有人互动，又能在情感上免于遭受伤害。我打赌你肯定现在就想得到这件隐身衣，对吧？

但我们毕竟不是"复仇者"，其他人是我们旅程中重要的组成部分，

第 8 章
法则 7：照顾好身心，让自己良性运转

他们就是他们自己，他们应该做他们要做的事。所以我们不仅要努力爱自己，还要在与他人相处时根据自己的情况，提出自己的诉求。如果你的情况"显而易见"，那你很可能会得到一些外界支持，或者至少能得到一些外界的认可，你表达自身需求时，人们也可能会更容易相信你。可一旦你的情况"没有摆在明面上"，那在你试图分享自身的痛苦与需求时，则更可能得不到外界的信任。当然，有"显而易见"情况的人中，也有不少不曾得到过倾听，需求也没能得到满足。除此之外，如果你的情况明显，也很可能导致其他人预先假设你的需求以及你的能力范围。这样一来，他们可能会提供过度的帮助，如果你有失明、失聪或身体上的其他缺陷（比如使用轮椅或装有假肢），就有可能碰见这种情况。当然，还有许多人同时经历着外在的麻烦事与内在的麻烦事，却可能只被外界关注及考虑到某些具体的方面，而非整体情况。当然，因为有人会对你的情况有偏见、缺乏认识，你还可能遭遇来自他人的欺侮。虽然他们的无知是他们自己的内在问题，但这并不意味着在你承受时就不会感到不悦。事实上，这会带来巨大的痛楚。

对那些"没有摆在明面上"的情况，比如对于患神经多样性疾病、抑郁、焦虑、慢性偏头痛、慢性疲劳综合征或多发性硬化症等自身免疫类疾病的人而言，他们还会因为在表达需求时得不到他人的理解或信任，而不得不面对一系列不同的挑战。就这一点，我从我的朋友克丽丝那里获得了直观的解读，她就患有多发性硬化症。这是一种你未必能"明显看到"的疾病，但我知道，克丽丝的身体终会完全落入这种病痛之手。

2019 年夏天，克丽丝、丹和我曾前往得克萨斯州，此行的目的是抗议美国政府对待移民儿童的错误政策。接下来的整整两天，克丽丝都全身心地投入我们要做的事情。她制作标语，高举起来，对着往来车辆大声疾呼，组织志愿者并为他们提供支持，还与媒体积极交流。可在第三

天，因为病痛和疲惫掏空了她，她只能蜷缩在酒店的床上，动弹不得。等到她的元气恢复不少，也没那么难受时，她告诉了我一个"勺子"的概念。这是一个比喻，20年前，由患有红斑狼疮的克丽丝蒂娜·米塞兰迪诺（Christine Miserandino）提出。米塞兰迪诺用餐桌上的勺子来量化她在每一天所拥有的精神能量和身体能量，这些能量有限，所以对应的勺子也有限，如果要坚持下去，就必须对其进行定量分配。健康的人每天都有无限个勺子可用，但慢性病患者则不行，他们所做的一切，包括穿衣服、吃早餐、打电话、在抗议中打出手势，都会让他们可供使用的勺子越来越少，直至消耗殆尽。在一天结束之前，如果某个慢性病患者已经用完了所有的勺子，那就必须通过休息来补充勺子的储备。克丽丝还告诉我："如果我借了明天的勺子来度过今天，那明天我的勺子就会更少，所以情况也会更糟。"

这样的比喻能帮我们认识到，我们这些健康的人，拥有着看似无限的勺子，或者非常容易补足勺子的数量，而对于那些患有自身免疫类疾病或其他慢性疾病、"看不到"的疾病和应对严重心理健康挑战的人来说，"能量"其实是一种非常有限的资源。我对此的观点是，倘若你也正在应对一些"看不到"的慢性挑战，那我非常鼓励你去想想自己究竟信任谁，和谁在一起时感到安全，再告诉他们你的情况，并寻求他们的理解，就像克丽丝对我所做的那样。

还有一个应对各种情况的重要方法，就是维护好你获取支持的来源，不管是服务机构还是相关药物。不论你即将开始读大学或者读研究生，还是要投入新工作、搬到新社区，都要多多保证可以接受来自外界的支持。虽然种种重大的人生转变可能会让你感觉自己开启了新的篇章，达到了某个阶段，于是不再需要服务、支持和药物，或者在你即将去的地方，因为怕丢人，你没法要求外界提供服务支撑，但请注意，你所需要的支持都是为了满足你的真实需要，所以这没什么可丢人的。不管你多么想摆脱外界的服务支撑，一般来说，就此停下往往并不是很成熟的决策。倘若你刚好处在生活中的转折点，势必还涉及某些额外压力，在这时去放弃那些一直以来为你提供支持的重要来源的话，还非常可能诱发进一步的危险。当然，如果身体告诉你，你目前做的事正在伤害你（这种情况多在药物治疗时发生），则另当别论。我甚至还认为，所谓"顺应你的情况"还包括好好选择学校、工作和社区，要选择那些很明显地表现出欢迎你这样的人，并且为你的茁壮成长提供资源的地方。

不管身处何方，要想真正应对自身的情况，就必须找到你的"自己人"。也许在你的学校、工作场所或社区，就可以找到他们。而互联网的伟大之处中，有一点就是它让你能在世界范围内找到跟你有同样境遇的其他人，使你们之间能够意识到对方的存在，以及彼此联结、互相支持，这样你便不必把自身情况看作个例。你们可以互相交流技巧、探讨策略，在日子难过的时候，也能互相倾诉、彼此安慰。线上社区使人们不再孤单，它每天都扮演着拯救人们生活的角色。

如何判断自己是否在经受痛苦

急性的健康问题往往不会被忽视，比如，你的胸口痛，或者骨折了，或者无法给自己提供基本的食物保障与卫生保障。但慢慢恶化的抑郁症，默默增大的肿瘤，越来越与社会疏离，还有随着时间推移逐步由轻到重的疼痛，这些问题都要难察觉得多。在某一刻，你其实已经跨过了"我不太舒服"、"我可能碰上麻烦了"以及"我现在需要帮助"三者之间的边界。可你又怎么才能知道该何时寻求帮助，以及该在什么时间如何主动地去介入问题呢？

正如我亲爱的朋友多诺万·索米拉·伊斯雷尔所说："痛苦是最好的指标。"无论你情况如何，痛苦的感受就表明了你需要得到外界的帮助。多诺万的意思并不是说你要等到觉得痛苦了，才去解决问题。恰恰相反，他最关心的其实是如何对痛苦做到有备无患。我特别喜欢这个家伙。从大学时代起我就认识他，他真的曾经走到我身边，看到我深陷于痛苦之中，还拉过我一把。我也很高兴他能给你提供一些建议。

多诺万在斯坦福大学健康中心的职责是帮助学生拥有质量更高、痛苦更少的生活。除非一再刻意否认，我们往往能很容易察觉到身体上的病痛和由此衍生的痛苦。而精神上的痛苦，开始往往并不明显。多诺万说，即使是最微小的痛苦，我们也应该好好关注，比如疲劳感、负担感、思虑、担忧、自我批评、思绪凌乱以及不健康的自我怀疑。这些看似很小的表现，实际上会导致人进入多诺万称之为"阻滞"的下一个阶段，然后会导致进一步的拖延，甚至更糟糕的感受。他说："身体一旦阻滞，外在会僵硬，内在则便秘。水流一旦阻滞，便会变成一潭死水。钱一旦阻滞，则会导致经济的衰退与萧条。同样，如果情绪阻滞了，便会产生抑郁。所以，健康有一个非常好的指标，便是灵动。可如果你感到阻滞，那也是个很好的迹象，这说明你该去寻求帮助了。"就像你的车在路边抛了锚一样，你不该呆坐在车里。理想情况下，你该去找一个修车师傅让车能重新动起来才对。当然，修车师傅也可以是咨询师、医生或其他各种各样的治疗师。

拥有良好的心理健康状态，不仅仅是为了在某种程度上把你拽出深坑。"萎靡的反面实际上应该是充盈。"多诺万说。我们要善于发现自己究竟是"充盈"还是"萎靡"，应该问问自己："我到底有没有丰富多彩的生活？我的生活是不是日新月异？我对于事物有没有好奇心？有没有有趣的问题需要我去解答？我是否偶尔能体验到'心流'的状态（这是高度投入工作或活动的明显标志）？我所从事的工作有没有给我提供一种目标感？

第 8 章
法则 7：照顾好身心，让自己良性运转

我知道自身行为背后的根本动因吗？我是否能感受到与他人之间的联结？我会不会觉得自己是某个社群的一员？"如果答案都是否定的，那你其实就处于一种阻滞的状态，陷入了拖延的恶性循环，或者深处某种有问题的关系之中。如果我们在摆脱恶性循环时遇到了困难，也该去咨询一下别人的建议。"总之你得让车重新动起来。"按照多诺万的意思，你该找个交流的对象。但如果你没法开口向对方求助呢？

提出自身需求的阻碍

如果你的脚踝扭伤了，或者你咳嗽得极为严重，周围的朋友很可能会告诉你，得去处理一下。但如果你的痛苦并不显于人前的话，你就必须鼓起勇气，主动出手，为自己争取帮助。当然，受的苦越多，就越难去为自己争取，而这又会导致事态发展得越来越糟糕。我们中有很多人都不愿意在他人面前表现出自己的脆弱。多诺万也承认，寻求帮助亦是脆弱的一种表现，但他深深信服于该领域的研究者布琳·布朗，多诺万引用她的话说："脆弱其实是通往生活中所有美好事物的大门。我们需要转变心态，以前我们相信求助是软弱的一种表现形式，但现在我们要相信，聪明且成功的人都会利用好求助的力量。"

在尝试说服学生"求助也是一种明智之举"时，多诺万会采用我在前文中与大家分享的方式，告诉学生世界冠军也要依靠教练的帮助。多诺万组织举行学生工作坊时，还会这样问："你们中有谁是自己乐于助人，但不愿向他人求助的呢？"

问完这些问题，多诺万再让学生们去练习求助：从你的待办事项中找出可以向他人求助的项目。哪怕是最简单的小事，比如找个朋友，拜托他在去小卖部的时候帮你带一包你最喜欢的零食，也会起到效果，对方甚至还可能非常乐意帮你，这件事可能让你们彼此的关系更加紧密。

最强大的力量就藏在你心中

你的内心其实有一块"情绪肌肉"，如果你知道如何锻炼这块肌肉，它也能构成强大的保护力。这块肌肉名叫"韧性"，它是这样培养起来的：先想象一下，幼小的你正在学习怎么走路。刚开始的时候，你一定做得非常不好。你会尝试很多次，同时也会跌倒很多次。不管怎样，初次尝试的时候，肯定是以失败告终。可在后来的某个时刻，你突然知道了究竟该怎么走路，伴随着这个过程，你的力量和平衡感也都得到了提升，你也开始更想跟周围环境互动，于是你果断出发，准备搞定下一个爬楼梯的任务！

我的朋友阿迪娜·格利克曼在跟来访者谈论韧性能力的培养时，就很喜欢使用上面这个能让概念更具体的比喻。斯坦福大学的一些学生会面对时间管理和行为拖延方面的挑战，这些问题往往还隐隐意味着他们存在其他棘手的情况，而阿迪娜曾为这些学生提供学术支持及指导多年。如今，她已经以私人身份执业，从事学术、生活和职场领域的教练工作。她会这样教导来访者："学习走路并不仅仅是我们要有个目标（我想走路）或要坚持下去（我要接着走）那么简单。关键是我们能通过体验去完成学习。韧性是一种跟我们如何看待挫折、如何理解挫折，以及如何从挫折中学习有关的能力。"

如果来访者正面临重大挫折，阿迪娜就会带领他们重新在内心经历一遍之前的挫折，以及他们之前从挫折中走出来的过程。她知道，这能帮助他们撑过当下的情况。"要想拥有韧性，就不可避免地需要遵循一个弧状的过程：有所期待，感到失望，表现糟糕，联结他人，获得他人的观点，

第 8 章
法则 7：照顾好身心，让自己良性运转

然后觉察到改变，生活环境也随之而变，最终情况从一塌糊涂变成一帆风顺。我常说：'如果有人拒绝了与你同赴舞会的邀约，如果你心仪的学府拒绝了你的申请，你也总有某种经验，可以融入这正在发生的事情之中。积极地去反思，有助于处理好当下的挑战。'"举个例子：

来访者：当时他拒绝做我的舞伴，之后 3 天，我都没有离开房间。
阿迪娜：你记得第一天的时候，那种"我再也不要出这间屋子"的感觉吗？
来访者：记得。
阿迪娜：然后呢？
来访者：3 天之后，我就不想继续待在房间里了。
阿迪娜：对的。你的感受是会改变的。

来访者还会告诉阿迪娜："我一哭就停不下来。"而她则会反馈："其实你并不会一直哭下去。也许你真会哭上几个小时，但你会觉得渴，于是去找水喝。喝水的时候，你就不会哭，这样你的哭泣便有个短暂的中断。也许水喝完了，你还要接着哭，但没准再过会儿，你就想上厕所了呢？时间流逝，生活也会有所变动，你总会等到一个让你释然的电话。这说明了一个道理：你曾经吃过些苦头，但你对之的感受并非一成不变。现如今你正在经历另一种艰难的境遇，同样，随着时间推移，你对它的感受也会改变的。"

有时候，我们会因为自己没法应付某些事情而感到沮丧。对此，阿迪娜说："很多人会困惑于'我本是个坚强的人，为什么却会这么沮丧'或者'我已经做了这么多，可为什么还会如此困扰'。拥有韧性其实并不仅仅只和你自己本身有关，它与你能不能对自己处理环境中的当前问题抱有合理期待有关，它与你能不能开始去理解个体在世界上处于怎样的位置、该展现怎样的能力有关，它还与你能不能根据世界的真实模样来调整这些位置和能力有关。世间万物，自有其运转的复杂规律。我们每个人都必须明白，我们对外界的影响究竟有多大，而外界对我们的影响又有多大。"

她还建议来访者多听听别人的经验，以便更好地理解自身经历。"所谓'年轻'，便意味着你暂时还没有大量积累属于自己的经验。所以，你应该跟别人聊一聊，了解一下他人是如何应对各种情况的。就算简单收集的那些能代表各种不同观点的故事，也能让你更好地指导自己，使遭遇挫折的感受不至于太过澎湃。所谓'视角'，便是你能从超越自己个人内心的角度，更宏观地看待你所经历的事情。你能意识到，承担这些痛苦的，'并不是只有你一个人'。如果你有能力为自身的感受注入一些周转的空间，同样有助于让你的感受产生变化。"

根据阿迪娜的说法，你在"体验自身经历"方面做得越好，你的韧性相应地也就越强。"到 30 岁的时候，你便会有更多的经验储备，以及更多能提供参考的经验节点。你可能会这样说：'哦，没错，我记得曾经发生过的某件事，当时的感觉真的很糟糕，虽然我当时只能感受到深深的伤害，但我还是挺过来了。'"

阿迪娜喜欢帮助来访者利用"大事件视野"来加以思考，也就是要在视野上超越当前正在应对的麻烦事，去思考除这件事之外的那些空间与时间。拥有更宏大的"大事件视野"非常有助于帮你"理解当下的一切"。举个例子，阿迪娜说："你越年长，所能观察到的地方也就越远、越具体。我们 5 岁时，大脑的发展程度暂时还不高，也缺少对于时间的认知，所以我们那时的'大事件视野'其实非常有限，可能就仅仅局限在'等会儿吃什么零食'或者'我们是要去看电影吗'这样的问题之中。如果你正上高中，而有人让你做个五年规划，那你的反应很可能是'我也不知道五年后我想做什么，做个一年规划可能还差不多'。但随着你年龄渐长、阅历渐增，因为有了更丰富的经历，你就更有可能认为自己有能力去想象更久远的未来。"

这件跟韧性息息相关的事其实非常重要。尽管我们可能想靠着简单打个响指便拥有所谓韧性，或者靠着报名参加一个课程来获得"韧性认证"，或者想倚仗别人来为我们构建韧性，但其实都不可行。我们仅有的老师，便是生活本身。

倘若你也经历过几段艰难困苦的时光，以上内容很可能会鼓舞你产生这样的认识：倘若我们能够做到阿迪娜所说的"去体验你的体验"，也就是靠着自己或专业人士的帮助，去感受自身的感受并好好处理它们，那生活越是艰难，我们在韧性方面的潜力也就越是充沛。

与此同时，还有些很常见的生活经验，同样也能自然地让我们获得韧性，比如参加团队性质的运动。参与过团队运动的人似乎都有着很强的韧性。这也是我们很多优秀员工身上所拥有的共同点。在工作上碰见问题的时候，这些员工能通过回顾之前团队运动的教训和经验，来指导接下来的行为。这些人输过不少比赛，但仍然成长为优秀的运动员。

听上去有点讽刺，对吧？屡屡获胜的队伍未必能培养出真正优秀的运动员，一帆风顺给他们带来的成长，往往没有屡屡在公众面前失败给他们带来的成长多。失败自有其巨大的价值。这样的道理一通百通。在学业领域，其实也能据此创立一种使人自然而然地培养出韧性的学习环境。

YOUR TURN: HOW TO BE AN ADULT
在世界上找到你的位置

18 招，教你把自己照顾好

我的朋友乔·霍特格雷夫是西北大学的教授，同时也是该校工程系的系主任，他还在前文中打过一个跟手电筒有关的比方。他注意到，有很多非常聪明的学生，其实承受着巨大的压力。乔本人充分信任人文精神，就如同他信任工程原理一般，所以他说服了西北大学里那些"说了算的人"，允许他创立"个人发展工程办公室"来教授工程专业的学生们即兴表演、摇摆舞步和情绪智能等内容，"以此让学生们的精神与学习融会贯通"。不过光靠他提供这样的机会，并没有引发工程专业的学生们自主自动地纷纷报名。于是，他提出了一个非常能吸引这些"左脑优势者"参加的理由："照顾好自己是助你达到最佳表现的重要实操手段。"这招非常好使！

根据我从乔及我自己的生活中所学到的东西，我在此列出一个旨在好好照顾自己的清单。我的清单很是传统，只与每个人的自我身心健康有关。

1. **深呼吸。** 这有点老生常谈，但你有没有意识到，深呼吸就好似心肺器官之间浪漫的舞步，它其实是强有力的情绪调节器，也是身体健康的重要基础。了解一下自己的呼吸状态吧：什么会让你的呼吸急促起来？用什么方法又会让它趋于平复？能有这样的觉知，可以让心肺功能更加健康。倘若有焦虑来袭，你也知道怎样才能更高效地回归到放松的状态。

2. **保持良好的睡眠。** 在你小时候，父母会要求你在某个时间必须上床睡觉，但终有一天，你还是会成为一个无论多么努力都很难享有酣睡的老人。所以，二者之间的这些年，便是你具有潜在的能力，去决定何时入睡、睡多久、在哪儿睡的美好时光。不过，如果你平时爱吹嘘自己需要的睡眠时间很少，那你可能需要先把这个习惯改掉。当然，你可能真心认为自己不需要睡太长时间，并且就像你父母所认为的一样，可以通过控制睡眠时间争取到更多的学习时间，得到全优的成绩。也许你正身处职场，而周边充斥着类似的心态，比如某些初创企业的企业文化就强调要少睡觉，多加班。但还是先别这么想为妙。吹嘘自己觉少会造成一种"比比看谁睡得更少"的有害文化氛围。通过睡觉，你的身体和心智可以恢复元气，更新状态。而美好且长久的健康生活也由此而来。所以，不如现在就开始好好睡觉，好让你自己能真正自豪地说出，自己每天都能睡够 8 小时。

3. **好好喝水**。科学家们说，人不吃东西，可以活上大约 3 周，但如果不喝水，则只能活上三四天。倘若没有水，你身上的器官就会开始罢工。这会让人陷入要去求得生存的全新环境中。许多饮料都含有水，比如果汁、汽水、咖啡和茶。但你还是应该每天大量喝水，以保持身体中的器官发动机平稳运转。

4. **活动身体**。你的身体其实需要你选择活动的项目，然后好好地执行。如果你的活动能力有限，也可以向护理人员或理疗师寻求帮助。瑜伽、普拉提、体操、太极和举重都是动作不甚剧烈，却能让你稳定出汗以及越来越强壮的有效手段。你还可以做各种有氧运动，比如健走、游泳、跑步、参加武术或团体操课、进行某种球类运动、跳舞、园艺以及骑行。无论投身于哪种运动，其目标都是让你的心肺尽可能强壮起来，并让肌肉、关节和四肢变得更加敏捷。在健身时，你也会因为身体分泌的内啡肽，享受到非常愉悦的情绪体验。新冠疫情期间，有一段日子里，我甚至靠着在跑步机上锻炼所得到的内啡肽，摆脱了非常严重的沮丧甚至绝望的情绪。

5. **营养进食**。人是铁，饭是钢。饮食之道不仅如此，更需我们放慢脚步。烹饪食物、品味食物还能惠及灵魂。我没法告诉你究竟怎样饮食才对身体最好。你的任务是要弄清楚自己究竟需要怎么吃，才能既感到饱足，又能在消化健康方面保持良好。如果可以的话，你也应该去享受吃饭的过程。我并非随便说说，如果你真的在饮食方面碰上了什么麻烦，我其实非常鼓励你去积极寻求帮助。

6. **为自己做主**。如果抚养你长大的父母有着非常强的保护欲，他们总能知道你正在哪里、正在做什么；如果督促你成长的管理者非常拘泥于具体事务，随时关注每一个细节的改变，不断地向你发出提醒，并且非常挑剔；如果你每次碰到任何一桩小事，都有个提供过度帮助的人愉快地帮你解决好……那他们很可能已经破坏了你为自己做主的宝贵能力。好好照料自我，就意味着要告诉这些好心的人们："我爱你，但我自己能做好。或者我起码需要试试靠自己来做好。"能跟他人构建彼此之间健康的界限，这是巨大的进步，如果你要真正做一个成年人，这也是必不可少的举措。同样，如果需要的话，你可以用便利贴给本段落做个标记，然后交给那个你希望对方能觉察到这一点的人。

7. **应对自己的感受**。有些父母会非常强势而专制。各个国家、各个民族都有这样的家长，他们在抚养孩子的时候会强调"要么听我的，要么就滚蛋"或者"我怎么说你就怎么做"，似乎根本就不会考虑孩子的感受、意见或需求。此外，有的父母疏于管理孩子，缺席了孩子的成长，还有的父母则会虐待孩子，给孩子带来伤害。

不管身处怎样的家庭，也不管你如何长大，感到悲伤、失望、恐惧、沮丧和愤怒，都是正常的。把这些感受潜藏起来，在当下看似乎有效果，但从长远来看，这些情绪其实并不会消失，它们像背

第 8 章
法则 7：照顾好身心，让自己良性运转

囊中的石头一样压迫着你，阻碍着你去平静和善地跟他人交往。所以你需要找一个能宣泄自己感情的出口，比如写日记、冥想、艺术创作、跟他人交流等。如果能把视野一定程度上抽离自我，延伸到更宏观的世界中，你就能够了解到，无论在任何时刻、生活发生了什么变化，其实都是因为有着你难以控制的更大力量在背后推动。比如孤独感，就是由于当代人太忙忙碌碌，以及太依赖新技术来满足过去靠着人跟人直接交流的需求所导致的。

过度纠结于这些外因自然会让你沮丧，但对之采取视而不见的态度，也同样不明智。个中关键，是要承认自己的感受，处理自己的感受，并把这种对待自身感受的方法坚持下去。你可以跟朋友和家人谈谈你所关心的事情，也可以花点时间，谈谈有哪些在你看来值得感激的事物。对你能控制的事情要永远保持专注，比如你的呼吸、你的价值观、你的行为和你的反应。你其实比自己想象的还要坚强。

8. **在自我与社交媒体间找到平衡。**我不打算劝你远离某些社交媒体平台，但我还是想稍加提醒，我们在前文中就提到过，有研究表明，如果你有情绪上的问题，或者有广泛性自我意识方面的挑战，那你的情绪就极易被社交媒体影响。在社交媒体上，良好的互动能让你对自己感觉更好，可一旦碰上糟心事，你的感觉也会更糟。相应地，如果你本身在情绪、情感方面足够强大的话，那社交媒体上的反馈几乎无法影响你对自身的态度和看法。归根结底，你是最清楚自己情况的那个人。你会不会在社交媒体上刷个不停，聊以自慰？如果是这样的话，不妨试着去约个好友面对面地聊聊，或者找本书读读。那些由其他人精心策划出的生活场景和偏激观点，不该得到太大的重视。

9. **提出自己的需求**。就我个人而言，我一度很难做到这一点。我在很小的时候就明白，我其实不太可能得到自己所需要的情感支持，这也屡屡让我有被他人拒绝的感觉。所以，在少年时代和成年早期，我一直指望着别人靠直觉去感知我的需求，而我自己则从来不问也不说。这也是避免自己被拒绝的一种方式，却很少会带来我所期待的结果。直至我已到不惑之年，甚至到现在，我已年过半百，我才开始更好地去提出自己的需求。我鼓励你也要试试这样做。如果你正在寻找事态的某种解决方案的话，这可能就是最快的方式了。

10. **定期体检**。很多年轻人都做不到这一点，咱们也顺便深究一下其中的原因。也许是因为负担不起医疗保健或者牙科、眼科等专科的费用，也许是曾被医生从专业角度提出了批评，所以不愿意再找他们。以上这些，都直接阻碍了你获得有效的护理。如果主要问题在财务方面，那可以看看社区中是否有针对低收入人群的健康诊所。此外，也可以看看有没有能加以利用的、由政府管理的医保政策。如果有幸拥有健康、牙科、视力保险的话，就算你觉得自己非常健康，也一定要用。理想情况下，你应该每年都做一次体检，根据你的年龄、性别、健康风险和生活方式，会有各种专门的检查和疫苗推荐给你。你也不该有什么对批评或者嘲笑的担忧，去敞开心扉，向你的医生说明情况，倘若他们出于某种原因展现出了对你的偏见，那就换一个能提供健康保障服务的人。

你每年该对牙齿进行两次清洁及检查，视力则要根据自身情况按需检查。不管你的银行账户里还剩多少钱，不管你觉得医生有多讨厌，你的健康都非常重要，这才是底线。过高的血压、越长越大的肿块或痣、越来越高的血糖，这些都可能意味着非常严重的问题。所以要大大迈出一步，去处理好当下的身体状况。等你老了，会很高兴自己当年这样做的。

11. **接受治疗**。也许你在情感方面的困扰太深，需要接受一段时间的心理咨询。有这样一个人，每周都能坐在那里听你倾诉 1 小时，这不是很好吗？我作为从心理咨询中获益良多的人，要在此好好为它做个宣传。好的咨询师能帮你解决不少难题，不管是你曾经处理过的破事，还是现在正让你焦头烂额的烂事。你可能会觉得自己与心理咨询师之间会逐渐培养起强烈的联结感，甚至在你自我感觉好一点的时候，还是会很不愿意离开他们。但重新感受到回归生活的能力，才是最棒的。如果你又到了需要去找他们的时候，他们也一直都在。嘿，就算把你抚养大的人并不想让你有什么内在感受，他们也不指望你有什么独立思想、自主行为，但你还是可以说，也许我的家人不相信内在感受，但那毕竟是他们的事，我要对自己的生活负责，我可以决定自己需要怎样的资源和支持。

　　还记得前文的心理治疗师洛莉·戈特利布吗？她认为，人们本不必等待那么久，才去跟其他人交流。"人们往往没有意识到，作为成年人的一个重要部分，就是照顾好自己的情绪健康。这一点并不是什么备选项，而是必选项。有着良好的情感体验并不是什么额外收获，你本身必须拥有良好的情感体验，才能当个正常的成年人。我认为大家都在等着抑郁到无法下床，或者焦虑到不可忽视才有所行动，可我建议，你并不一定需要具体地知道问题是什么，你只要觉得有点不对劲，就应该采取行动了。你该优先考虑自身的情绪健康。它会影响你的人际交往、家庭生活、职业成就，人们该把它放到优先考虑的位置上，而不是因为待办事项上还有别的事，就把它往后排。"

　　最后再说一个我的想法。跟吃药同样的道理，你得确保咨询师真正适合你。如果你发现你的咨询师似乎不能理解你，或者并不认同你的世界观，那你大可以结束咨询关系，换个新的咨询师。

12. **明智对待自己服用的药物**。人们经常在迈入成年后，就以为自己不用再吃药了。对此我要稍加提醒，别在进入下个人生阶段时断然放弃药物，因为如果你有服药的经历，那就有可能是这些药物帮助你达到了今天的阶段。阿曼达·盖伦德也曾说过："对于有着神经多样性情况的人来说，药物治疗的具体机制可能非常复杂。如果服药本身可以支持你健康生活，那当然还是要服用，甚至对有的人来说，能够持续获得某种药物，也是非常难得的机会。为了评估药物到底能不能给你带来支持，你还需要关注自己的身体和直觉，并尽可能安全健康地做出反应、加以调整，比如突然停药就不一定是安全的举措。我服用过几十种精神类药物。靠它们获取支持的经历，我有过；因为过度服药导致状况很差的经历，我有过；花时间慢慢停药，并时刻关注自己大脑情况的经历，我也有过。针对心理健康的治疗没有一种放之四海而皆准的确定方法，甚至采用药物也只是众多选择中的一种罢了。我们最该关注的是有没有处理好相关的问题，能不能自主掌控生活，并且永远不要因为人们服用或不服用药物而心存芥蒂。我们该做的，就是尽己所能，并且能够意识到，伴着一个会从我们的疾病中获利的卫生系统，追求健康会愈发困难。"永远记住，就算别人跟你有着类似的诊断和处方，要不要服药，也是因人而异的事情。的确，我们停药或者重新开始吃药的时候，有时候会跟朋友聊聊情况是好点了还是更糟了。但归根结底，每个人还是在走自己的路。尽量不要在本该自己做决定的事情上，被别人的决策或批判影响了心情。

13. **和"自己人"共处**。前文分享过，好的人际关系是健康长寿的关键因素。所以，要想照顾好自己，还应该跟那几位与你情投意合的人建立强有力的人际联系。（专业提示：请注意，优化人际关系并不一定非要见面。有人发现，在跟他人进行人际交流方面，大型多人在线角色扮演游戏也是一种既舒适又有意义的方式。还有人发现，网络社交平台也是一个能让人们分享彼此的兴趣和忧虑的地方。新冠疫情期间的经历也向我们表明，在某些情况下，通过互联网交流可能已是我们能进行安全交流的唯一方式了。）不管你与他人是面对面交流，还是在网上互动，我们所追求的，都应该是"选择我们的家人"。"家人"无论多寡，都能给我们带来归属感，我们也忠于他们，更能因他们而拥有生命的意义。这些人是你能否照顾好自己的关键因素。我们中有的人，拥有能满足这一条件的原生家庭，但另一些人则未必。所以，你还是要自己决定，你的"家人"究竟是谁。

14. **开心地笑，尽兴地玩**。大笑跟运动一样，也会促进内啡肽的分泌，这种神经化学物质会暂时降低你对疼痛、压力和焦虑的感受。讲笑话、在网上看脱口秀特辑、去喜剧俱乐部听段子，这些都可以让你笑出来。（专业提示：别在工作场合，或者在一群彼此不太熟的人中讲笑话。笑话之所以有趣，就是因为它往往有着会冒犯到他人的主题。人们愿意关心与能够容忍的事情彼此不同，所以让甲忍俊不禁的事情，很可能会让乙惶恐不已。）至于尽兴地玩，正如字面意思所指，想怎么玩，就怎么玩。去做愉快的事情，甚至有点傻气的事情。不要有负担，不要拘束，轻轻松松。把扎起的头发放下来吧。

15. **拥抱他人，并接受他人的拥抱**。我父亲曾是公共健康领域的一名西医，在 20 世纪 80 年代，作为美国公共卫生服务部门首脑的助理，他曾组织过一次主题为"替代性医学手段"的会议，还从会上给我带回一件 T 恤，上面写着"每天都要来 4 个拥抱"。当时我才十二三岁，不觉得拥抱能起到什么临床效果，所以感觉 T 恤上的话尤为突兀。可现在，我们已经从研究中了解到，拥抱的确会让人体释放"让感觉更好的激素"，也就是血清素和催产素。只要我们彼此触碰、拥抱，甚至仅仅坐得很近，这些激素的水平就会升高，而压力激素的水平、血压和心率则会降低，甚至连我们的疼痛感都能得到缓解。还有证据表明，即便拥抱的是宠物或毛绒玩具，也能带给你同样的好处，所以如果你身边刚好没什么人，或者没什么你喜欢去拥抱的人的话，你也可以通过这样的方式受益于拥抱。

16. **通过某种形式进行感恩练习，并寻求指引**。其实远远轮不到我来告诉你在这件事上究竟该怎么做，其中的重点，是人要有某种信仰系统，并定期投入这个系统，以获取支持和动力。所以你总要有一个自己能去的地方，哪怕这个地方仅仅存在于你的脑海中。在那里，你可以思考自己该对什么事物与什么人抱有感恩之心，你也可以就自己最需要的成长路径去寻求指导与支持。记住，没有谁指望你绝对完美，毕竟你还处在成长的过程之中。在咽下最后一口气之前，人都要不断地学习与成长，而练习感恩与寻求指引，便是你手中的罗盘。

17. **宽容大度**。我无权告诉你该对自己经历的一切做出怎样的反应，有着怎样的感觉。我要说的是，你在内心充满愤怒和创伤时，生理上最终会遭遇一种复合的伤害。我要帮你杜绝这种事情的发生，而如果你已经遭遇了这样的伤害，那我要帮你脱离这种伤害。

第 8 章
法则 7：照顾好身心，让自己良性运转

以前的我，特别"擅长"生气。我的情绪加上我的话语，组成了一套强大的武器，攻守兼备。坦白说，我们全家人都挺"擅长"生气的。不过我在 40 多岁的时候，猛然开始意识到，我内心的各种愤怒，好似一匹匹在围栏里横冲直撞的野马。这对我的心脏和血压都不好，还容易让我周围的人不愉快。所以，就算你还没做好准备原谅他人，单单为了你自己，宽容大度一点也值得。这并不意味着你要宽恕他人做的那些给你带来伤害的事情，而是说你需要把那些伤害从自己身上割舍掉。宽恕本身，就会把你自己的力量归还于你。这条建议中不可或缺的一部分，便是原谅自己。我的朋友阿迪娜·格利克曼说得好："愤怒使你的血液沸腾，自身却无动于衷。愤怒禁锢了你，却放纵了他人。沉浸于愤怒，就仿佛自己喝下毒药，却期待对方暴毙。宽容大度，看似是让别人摆脱困境，可实际上是使自我成长。"

阿迪娜补充说，如果你生的是自己的气，比如伤害到了他人或者遭遇了什么失败，那么"宽恕自己前，先要有对自己慷慨以待的雅量"。评估一下，究竟发生了什么。找出那些你可能跟别人做得不一样的地方，以及下次能有所改进的地方。然后在这些事上，原谅自己。这样一来，你的大脑就可以不再通过闪回来想起这件事，你才能得以继续前进。与此同时，感恩练习和寻求指引也能极大地帮你处理好需要原谅自己或原谅他人的事情。倘若伤口太深，那你可能需要求助于心理咨询。

18. **永远别低估小睡 15 分钟的力量。** 我承认自己向来不怎么爱打盹，因为我在白天既不容易入睡，也不喜欢定好睡眠时长，但来自西北大学的乔·霍特格雷夫坚称，差不多 15 分钟的小睡，就足以改变你的生活。这个时长最为关键，因为倘若你睡了太久，进入了快速眼动睡眠状态，突然醒来会很难受。这乍一听很矛盾，因为快速眼动睡眠期通常会被认为是"优质"睡眠。可关键是，小睡的目的并非为了获得"优质"睡眠，而是为了给你的电池来次"提振"。不要把短暂的小睡看作彻底的充电，而是要看作一次简短的"快充"。

YOUR TURN: HOW TO BE AN ADULT 我身边的故事

萨拉的故事：直面自己，治愈自己

萨拉是我在斯坦福的学生之一。她现在 30 岁，住在亚利桑那州的坦佩，在亚利桑那州立大学攻读教育政策方向的博士学位，正处于事业的上升期。但 10 年前，萨拉曾患上一种名为拔毛癖的强迫症，这意味着患者会不断地拨弄头发并拔掉，或者不断地拨弄发梢，让头发在末端分开。与此同时，她还有着十分严重的进食障碍。大三那年的深秋，她尽管在学业上表现十分出色，心理状态却跌入了谷底。"我就像街上游荡的一只小狗，很少与他人或任何其他生物互动，只是埋头做自己的事情，晚上找个安全的地方睡觉，仅此而已。我无法从任何事情中获取愉悦感，干什么事都是走过场，只要别死就行。"

萨拉在波多黎各的圣胡安长大，有一个双胞胎哥哥和两个姐姐，她的父母都是波多黎各人。父亲童年的大部分时间在芝加哥度过，而母亲则在岛上相对贫困的状况中长大。父亲曾经很有才干，也很有前途，但萨拉还小的时候，父亲就已经深陷酗酒问题，有时还会虐待她。而萨拉眼里聪明、善良、勤劳的母亲已经成为一名儿

第 8 章
法则 7：照顾好身心，让自己良性运转

科医生，并尽一切努力，要把全家人团结在一起。社区里人人都知道萨拉的母亲，因为她给别人的帮助总能超过对方所需。她对该努力的程度和该获得的成就设下了很高的标准，而这也恰恰成为萨拉想要遵循的标准。

萨拉的学术天赋很早就得到了展现。"我所有科目都学得很好。只要给我一本教科书，我就能通过阅读从中学习。老师站在我面前给我讲讲，我就能听懂记住。我的数学尤其好。从七年级一直到毕业，我每年都代表波多黎各参加国内外各种比赛。我当年在波多黎各的时候，简直就是数学这科最好的学生。"

但萨拉开始走向极端，要么觉得自己完美无瑕，要么觉得自己缺陷多多，毫无中间状态可言。她还记得自己第一次因为压力太大而感觉到麻木的时候。"当时我 16 岁，才从委内瑞拉回来，我去那里参加了中美洲及加勒比地区的奥数比赛，得了一枚银牌。我妈妈接到了一个传呼，跟她的一个住院的病人有关，所以我赶紧跟着她到了医院。那时的环境挺压抑的，她的一位医生同事走过来说：'哦，你女儿来啦？这是你哪个女儿？'我妈妈说：'做数学家的那个呀！'她的同事说：'哦，你呀，久仰大名！'我妈妈说：'嗯，她刚去委内瑞拉参加完奥数比赛，得了枚银牌，不过她要是能拿到金牌的话，那就更好了，但我们还是很以她为荣的。'"纵然已经过了 14 年，这段记忆依然充满痛苦。从萨拉的声音中，我就能听出来。"我只能低头盯着自己的上衣，尽力别哭。那是我最喜欢的上衣。衣服的胸口上印着绿日乐队的标志，还配有兜帽以及一个跟袋鼠口袋一样的兜。不过才一低头，我就注意到衣服上破了个洞，就在把兜缝在衣服上的地方。我好想大哭一场，一是因为我妈妈说的话，二是因为我最喜欢的上衣破了。"

她在家里不能袒露内心的这些忧愁。虽然她和哥哥姐姐都很亲密，但从不跟他们交流自己的难处。"不过好在妈妈那天在医院里立刻意识到自己伤害了我，因为她很快就把手放在我的背上，用手指抚摸着我的头发，安慰着我。很明显，她话一出口，就后悔了。接下来的日子里，她对我尤其温柔与和善。但我从来没有见过妈妈因为任何事向任何人道歉，从来没有。她想要的，向来只是让情况别走到不可挽回的地步。我当时的感觉就是，真该死，就算我已经成了整个波多黎各成绩最好的学生，我父母还是会觉得我不够好。这种感觉简直糟透了，这也使得我对常规的生活不再感兴趣，日常的生活变成了对付的事。我以为，只要能去斯坦福，那一切就会变好了。"

但萨拉仅仅是从狼窝跳进了虎口罢了。她在斯坦福的情况是这样的："大厅对面的那个家伙参加过少年奥赛。还有人16岁就开了家游戏软件公司。我真的没看出自己有什么特别之处。我只是一个来自波多黎各、数学还不错的普通孩子而已。而且我一到斯坦福，就有了进食障碍的问题。"

萨拉放暑假回家后，母亲就看出了不对劲的地方，毕竟她是个儿科医生。"有一天，我俩开始在车里谈这件事，但并没有谈出个所以然来。我本想继续谈下去，但她完全转移了交谈的话题。我能肯定，她认为这只是一个终会过去的阶段而已。"萨拉回到了斯坦福大学，学业上继续保持优异的成绩，生活上饮食节律依然紊乱。"我知道身体需要营养，倘若没有营养，身体会开始自我损耗。可当时的我情况其实还不错，学业与研究并没受到什么影响。"

但大三时，情况变得愈发糟糕起来。"我会强迫性地拨弄发梢，

第 8 章
法则 7：照顾好身心，让自己良性运转

以缓解焦虑。有一天半夜，我非常放纵地吃了一大碗麦片。然后我又熬了 4 小时没睡觉，因为太焦虑自己吃麦片这事，我一直在拨弄发梢。为了让自己不崩溃，我经常要花几个小时，差不多完全僵住不动，什么都不做。我没有愉悦感，不跟任何人交流，只有直截了当的痛苦。有一天，我在吃一条麦片棒，那也是我当天唯一要吃下去的东西。偏偏我的室友问：'我能吃一块吗？' 当着别人的面，我还可以保持冷静，那天我做到了。可在内心深处，我完全失控了。我走到室外，一圈又一圈地踱步，走了 2 小时。凭什么！这可是我的食物，这可是我唯一的食物啊！还有一天，因为吃了一个苹果，我在椭圆机上运动，硬是消耗掉了这 700 卡路里的热量。"

大三那年的深秋，萨拉向住在她宿舍的另一位成年寄宿生寻求帮助。"我当时说：'嘿，我并不处于什么危机模式之中，比如没法学习，或者身体情况急剧恶化什么的，但精神上，我的确有危机。我没法决定自己的行为。我都快饿死了，却还是硬撑着要学习。我觉得自己简直就像活在地狱中一样。每天都非常难熬。'"这位寄宿生本身是一位接受过训练的咨询师，对她来说，萨拉刚刚说的话已是非常明显的危险信号。"她回应我：'好，我听到你说的话了。听到有人这么讲，我也很难过。你需要自己同意接受咨询，不过我肯定不会坐视不管。'"这样的回应试图让她认清现实——她的生活岌岌可危，必须悬崖勒马。"我同意了接受治疗。我也打电话跟妈妈说明情况。我告诉她：'我连怎么吃东西都不会了。'她说：'可你那么聪明！什么叫连吃东西都不会了？不就是跟我们一直做的一样，每天吃 3 顿吗？'"萨拉告诉母亲，她其实已经 6 个月没有吃过正常饭菜了。

在治疗中，萨拉发现了自身压力的来源。她感到自己对老师、数学教练、父母甚至祖先都负有巨大的责任，为了让她走到这么远的地方，这些人牺牲了许多。"当时的感觉，就是既不能浪费自己的时间，更不能浪费别人的时间。我必须活下去，尽全力做得更多更好，这才能对得住别人为我做出的牺牲。"她需要学会喜欢当下的自我，而非仅仅关注成绩、长相与体重。

她也开始向朋友们敞开心扉去表达，谈论自己正面对的挑战。我问她，她是怎样知道和对方在一起能有安全感的。"我最亲近的朋友在跟我同处的时候能表现出自己脆弱的一面，反之亦然。如果我表现出了自己的痛苦，而他们并不退缩的话，那我就知道自己可以信任他们。"有个朋友向萨拉介绍了一种自我关怀的全新哲学。萨拉有一次占用了这位朋友太久的时间，所以她向对方致歉，而朋友却回答说："没关系！以人为本嘛！"如此简单的反馈，却让萨拉感觉无比美好。她决定，自己也要秉承着这样的哲学去对待他人。"我当时就想，我一定能做到。这让我意识到，在我搞不定习题集的时候，如果有个我在乎的人真正需要我，我也不至于想着要自杀。我的态度变成了'嘿！你今天的确没有去锻炼，但你把时间用于跟一位正经历困苦的朋友交谈，这很有价值，也使你能成为一个好人'。"

我向萨拉请教，作为一个人，怎样才能知道自己需要帮助了。"非常不幸，有时你就得触底了才能意识到，"她告诉我，"在你真正好起来之前，你往往需要先降至非常差的水平，或者能非常深刻、真诚地面对自我，毕竟没有谁能替你好起来。"

这位曾经的数学天才的方法论要点，就是通过访谈来倾听他人的故事。"我已经不碰数学了，不过不是因为我不喜欢数学，而是因为要以人为本，去听他人的故事，这很重要。从认识论的角度讲，人们彼此间的不同经验都是有效的数据形式与知识形式。我的这个

第 8 章
法则 7：照顾好身心，让自己良性运转

假设偏离了实证主义的观点，所以我要拿出数据来验证这一点。我还必须保持谦卑，因为有很多我未知的东西，而我又非常好奇。这是一种不将知识看作货品，而将其看成一种转化形式的方法。所以我需要闭上嘴，好好听。"

虽然萨拉自 2011 年秋季以来就没有再出现任何进食障碍的症状，但她还是说，自己的康复并不是要永远不必再处理这些问题，而是要"唤起自身的防御能力"。她的第一道防线就是睡眠，这也可能是大多数人在研究生阶段没做好的事情。"我不会因任何一张试卷、一次考试而失眠。单单做到这一点，就已经让我赢面大增。"不过还是会有一些想法侵入她的脑海，让她对自己产生强烈的厌恶感。"有一种非常紧迫的感觉，感觉你现在要是不把你太肥的大腿瘦下来，就会有东西爆掉。不过在你管理这种情绪的时候，你会对自己产生强烈的同情。其实不会有什么爆掉，要放过这个想法，而非付诸行动。你要把这些想法一把推开，并用肯定的承诺去取代它：'不行，我必须吃东西，因为我必须照顾好自己的身体，这才是第一位的。'这样一来，焦虑和恐慌就只会持续一小会儿。身体其实相当有韧性。如果有什么东西给了我特别大的压力，让我又开始拨弄头发，我会注意到，然后这么想：'嘿！是你的大脑正让你这么做的，你肯定有办法用行动来制止它。'然后我就站起身来，去散步或者去健身。我照顾自己的能力依然不够完善。有时候，我还是会掉进拨弄头发的魔咒中。但这之后，我能回到现实，去喂喂猫，抱抱它们，观察它们。注意到这样美丽的事物，让我认识到自己其实也是这个巨大星球上的一员。"

对萨拉的康复来说，最起作用的因素也许是她跟父母的和解。她从本质上了解到，宽容不仅仅是"该做的事情"，更有治愈的力量。"我仍为 16 岁的自己感到难过，她在奥数比赛上得了银牌，却还要听到那种评价。但我还会因此生妈妈的气吗？不会了，因为妈妈也不完美，这没什么大不了的。我不会单独靠那一刻来定义我们之间的亲子关系，她还做过太多其他特别棒的事情。我也爱我的爸爸，尽管他长久以来都有酗酒的问题，更让我们经历了不堪回首的往事。但他在一生中也经历了许多苦痛，甚至到现在都还没有从中走出来。"

我们一开始谈论的是进食障碍，可最后却是萨拉滔滔不绝地聊着自己生活中的爱，说到底，大爱才是治愈她的最强力量。"爱父母并不意味着他们就可以视我如草芥，或者假装一切安好。爱父母，是要接受他们也不完美的事实。没错，他们伤害过我，但他们也做过非常棒的事情。如果原谅一个人的表现形式就是思考过后，不再为之生气，那我的确已经原谅了妈妈。如果问题又出现，我当然还是会难过，但我还是会继续前行，甚至继续面对悲痛，这也没关系。我所经历的压力会让我面对终身的苦痛。心伤的愈合并不是一个线性的过程。你有段时间会感受很好，然后过段时间，则会差一些。好在这并非意味着你就停下了康复与成长。"

杰夫的故事：接纳自己，接受帮助

杰夫 47 岁，为人保守，是 3 个孩子的父亲。他住在弗吉尼亚州北部，患有躁郁症。

1992 年 6 月的某一天，18 岁的杰夫第一次登上飞机。他父母都没上过大学，但他们留意到了有大学文凭的人所具备的种种优势，于是他们教育杰夫"一定要上大学"。参军也是他的备选项。杰

第 8 章
法则 7：照顾好身心，让自己良性运转

夫的父亲、祖父、外祖父，还有一位曾祖辈都曾在美国军队中服役过。高中毕业后，他在预科学校读了一个学期，然后又在专科学校读了一个学期，而这一切都是为了能有机会加入美国空军学院。这天，登上飞往科罗拉多斯普林斯的飞机后，杰夫自信地表示，自己不仅要上大学，还要在美国空军中做一名军官，拥有富于价值的职业生涯。

随着人生的发展，杰夫爱上了玛丽安娜——他高中时在酸奶店里认识的一个女孩。他上空军学院的第一个学期，周遭的朋友们频频收到来自女友的分手信，但他跟玛丽安娜的关系一直很好。在周末的家人开放日里，她和杰夫的妈妈、姐姐一起来参观学校时，杰夫给了她一个大惊喜，他在学校单膝跪地、向她求婚。"你让我现在就嫁给你？"玛丽安娜吓了一跳。他给出的答案是"不用现在就嫁"，因为学院不允许学员结婚，但他的意图已然非常确定。他们互通的信件中塞满了照片，他们在还没手机的年代花了不少钱打长途。这些电话没白打，在杰夫毕业 10 天后，他和玛丽安娜结婚了。"从那时开始，哪里有美国空军，哪里就有我的职责。"

几年后，杰夫被提拔为上尉，并获得了加入空军硕士学位项目的名额，基本上能去任何自己喜欢的地方继续深造。他和玛丽安娜选择搬到华盛顿特区，那里跟玛丽安娜的一些家人距离比较近，杰夫也可以参加马里兰大学的犯罪学和刑事司法学项目。"一切都很顺利，"杰夫说，"直到出了状况。"

2000 年 1 月，杰夫开车去找朋友吃午饭，在高速路上驾驶时，他突然昏了过去。等他再醒来时，已经身处沃尔特里德国家军事医疗中心，并被告知有躁狂的症状。"那是我人生中第一次不知道自己究竟在干什么，也没有哪个机构能帮我渡过难关。"他不仅被确诊为双向情感障碍，还因为工作内容涉及国家安全，他被认定为带有"风险因素"。"空军的人跟我说：'非常感谢你的奉献。我们会将你移交给退伍军人事务管理局。你好自为之吧。'"当时的他26岁，而玛丽安娜刚刚怀上他们的第一个孩子。

玛丽安娜和杰夫给参议员和军队中的官员们写信，说明自身情况，期待杰夫能够复职。而大家的反应都一样：很遗憾，无能为力。杰夫所掌握的与如何成功有关的一切似乎都不再重要，他开始生活在一种满是困惑、失控和愤怒的状态中。他们拾掇好猫猫狗狗，回到了萨克拉门托，在亲戚们的帮助下暂时蛰伏，期待有一天能东山再起。随后，孩子出生了。杰夫以前在空军中的同袍，纷纷在职业生涯中起飞，就是字面意义上的起飞。杰夫远远地看着他们，心想，我本该跟他们是一伙的。于是他感到失落、羞愧，甚至可能有些自暴自弃。

"要是你在长大的过程中，一直带着一种军人的心态，那自然就会对身体上的伤病比较看得开。人们跟你说：'哟，你把胳膊摔断了啊，休息一下吧，然后就好了。'可如果你的大脑出了状况，那可就完全得靠你自己了。"当时的空军只为在精神健康方面存在问题的人提供最低程度的支持，而且靠何种途径获取这种援助也很模糊。这让本就遭遇痛苦的人感到更加沮丧，也迫使他们发展出更不得当的应对机制。"虽然没人直说'喝酒喝得够多就能全忘掉'，但还是隐隐传递着这样的观念：不管用什么办法，你都得挺过来。"杰夫没有依靠酒精来掩盖自己的躁郁症，但他还是走了一条所有身处康复过程中的人都会熟悉的道路。他诚实地盘点了自己的情况和自己的生活，并接纳了自己不同于别人的那"一地鸡毛"的现状。他并没

第 8 章
法则 7：照顾好身心，让自己良性运转

有刻意记录他损失了什么，而是开始盘点自己仍然拥有的东西。他问自己："还有什么，是值得我去感恩的呢？"他的家人一直不离不弃，对此他很是感激，也决心不能辜负他们。他还问自己："拿着我还能支配的资源，我能做出怎样的投资呢？"于是他报名参加了工商管理学硕士学位的夜间课程，全读下来，需要 5 年之久。"顺便说一下，在这段时间里，我跟妻子又生了两个孩子。"杰夫这样说，声音中透着笑意，所以在我看来，他这句话并非抱怨。

纵然对杰夫来说，躁郁症还是像一朵不时出现在头顶的阴云，但他已经开始有了一种全新的生活哲学。"美国文化中所倡导的个人主义神话其实根本站不住脚。这样的神话让你误以为自己必须只能靠自己，有朝一日成功了，也能拍着胸脯说这全是你自己一个人的功劳。不过要是你搞砸了，那一切也全赖你自己。但我开始意识到，作为个人，我们其实没有能力和渠道来修复自我。毕竟就算是医生，也要去找其他医生来看病。人们彼此需要，这其实很正常。生活在这个星球上，人际关系必不可少。带着你的真实与脆弱，真诚地与他人创建联结，并因此得到接受、认可与关爱。倘若可以创建这样的联结，你对自己的认同感便能获得滋养。这也能让你明白，我们被创造出来，就是能爱人与被爱，我们都被赋予了让彼此关爱的天分和才能。"

距离杰夫第一次躁狂发作，已经快 21 年了。他的孩子们都已经长大。他继续为自己开辟富有价值的职业生涯，先是在空军，然后在海军陆战队，现在在海军，他如今主张通过强化海军的后勤能力来支持海事行动。他告诉我，他曾经处理过"小预算项目"（为总价值低于 500 万美元的项目提供咨询），而现在他能够影响到"中大预算项目"（总价值为 1 亿美元至 10 亿美元的项目）的决定。他对自己的生活感到非常满足。而玛丽安娜现在是一名幼儿园老师，也仍然是他的人生支柱。他的孩子们则是他的快乐源泉。现在的他有着坚定的信念。不过每当他放松警惕，双向情绪障碍的症状还是会卷土重来，试图接管他的生活。

在我看来，杰夫的情况非常具有挑战性。他必须小心翼翼地生活，永远离不开药物，倘若一着不慎，就会有严重后果。我本人从未有过这样的经历。我问杰夫，他是如何应对的。"我非常配合药物治疗和咨询。在过去的 30 年中，神经精神病学、心理学和药理学在对抑郁症、焦虑症、躁郁症等精神和行为障碍的治疗方面取得了巨大进步。坏消息是，每个人对药物和不同的咨询方式的反应也有所不同，所以可能需要花些时间来找到真正合适的咨询师、药物类型及服用剂量。所以，要想康复并保持好状态，第一步就是找到适合你的咨询师，定期拜访他们，并按照处方好好服药。不要用酒精或其他药物来进行所谓的自我治疗。沟通也很关键，要对医生和其他能照顾你的人，比如咨询师、同事、朋友和家人足够坦诚。"

杰夫做的第二件事，就是向个人的脆弱投诚。杰夫说："我所经历的一切，其实都是在为我要做的下一件事做准备。要是你迷恋个人的力量，那自身的脆弱和失控就更像是一种弱点。但我还是透过脆弱看到了一种坚强。我之前总想做得更多些，因为在我身份的包裹下，我就该这样做。如今我却学会了一定要做得更少，这样我才能拥有更多的可能性。我无法免于客观世界的束缚，也无法无视文化中传达的理念，即'几分耕耘，几分收获'。但我也必须接受，现在的自己不得不降下速度。"

我追问他是怎样决定放慢节奏的。"我认为我最该做的，是要弄清楚自己生而适合做什么。我喜欢写作。我喜欢领导他人。我喜欢帮助别人。我也喜欢当志愿者。有意思的是，我还是个帮助大家应对抑郁症、焦虑症和躁郁症的咨询师。我无法治愈自己，所以我靠分享自己的真实生活去帮助他人。当然，我并不一定能把这所有的事情都做好，我也有局限性。那也没关系！一个人并不适合做所有的事情。我可能非常适合做某些事，而不太适合做另一些事。所以，人们应该构成一个能彼此支持的社区。如今的悲剧是，人们的家庭结构正在承担压力、逐步崩溃，越来越不知道该如何好好交互，该如何放下手机去进行交流，如何投入、真诚和恳切地与对方沟通。在这个大家称之为'生活'的东西中，人们需要做到互相支持。没有谁'适合'独自完成这一切。有太多事物值得我感激，我要继续清点我该祝福的东西。某种程度上，我仍然希望自己能回到 20 多岁的时候，然而，这也会让我失去成为今天的我的机会。所有人都知道，躁郁症是我最大的痛楚。但它还是提醒着我，我是个凡人，也容易犯错。它也提醒着我，我并不是生来凡事只靠自己。这使我想起那句非洲的谚语：一个人走，可能走得快；但一群人走，才能走得远。我想去远方，所以就要去寻找那些选择在我身边、和我同行的人。"

你的境遇对人生有着实打实的影响，而你需要掌控它。作为一个成年人，如果你想照顾好自己，那你就要先了解你自己，然后尽己所能地支持作为个体的自我。但有时候我们并不能完全依赖自身的支持，甚至必须暴露自身的脆弱，展现充分的信任，让别人来保护我们。倘若情况真的糟糕到了这种地步，你很可能会发现眼下的事情无法只由自己来扛，所以迫切需要找到其他能帮上忙的人来缓解困局。接下来，我们就要谈谈这一议题。

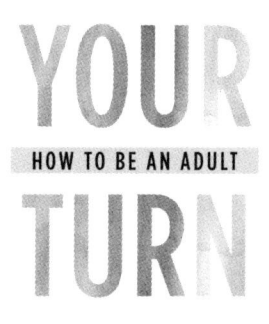

第 9 章
法则 8：在困境中破局，激发你的心灵韧性

> 找人来帮忙。

——美国电视节目主持人弗雷德·罗杰斯的名言

我希望你永远别遭遇什么不幸，但我活了这么多年，内心其实明白，这并不太现实。我没法预测会有什么糟心事降临在你身上，打你个措手不及，甚至让你怀疑自己到底还能不能挺得住。不过我还是非常希望不管你碰见什么事，都能扛得下来。在这一章，我将牵着你的手，陪你共渡难关。

首先，我想给诸位提供一个框架，让你能理解人在应对强烈悲伤时往往会经历怎样的过程。伊丽莎白·库布勒-罗斯（Elisabeth kübler-Ross）在 1969 年提出了"悲伤五阶段"这一概念。它适用于你所经历的任何强烈悲伤，比如亲人离世、失业、受虐待、监禁、自然灾害、关系破裂、流离失所、受伤或确诊恶性疾病等。这其中随便一件事都可能会让你陷入怀疑自己能不能继续坚持下去的境地。这五个阶段分别是：否认、愤怒、讨价还价、消沉、接受。

1. **否认**。你没法让自己去"相信"坏消息的真实性。换种说法，其实就是"惊到了"。人们似乎还无法消化理解刚收到的新消息。你或许还是会该怎么生活就怎么生活，仿佛无事发生过。你或许会坚持认为一定是什么地方出了问题。你或许会感到困惑。你或许只是一再处理与这件事相关的那些表面事宜，而拒绝让自己对之产生深刻严肃的感受。你或许会反复思考各种可能的结果，仿佛在脑海中反复展示这些结果，便可能会让它们成真一般。

2. **愤怒**。你开始有所感受了。你觉得不公平，而且很愤怒。你想找出该承受责备的对象，以及事情发生的原因。你喊叫、赌气、摔东西、冷淡待人，通过种种行动展现愤怒。你也会感到沮丧、急躁和恼怒。

3. **讨价还价**。你会尝试将事物加以扭转，以规避造成悲伤的那件事。如果你对这件事负有责任，例如你做了什么事才导致伴侣的离开，或者导致失去工作，或者导致自己锒铛入狱，通常你会试图弥补损失，或者发誓赌咒再不犯错。如果你更接近受害者的角色，例如在事故中受伤、被诊断出疑难杂症，或者遭遇虐待，你会向上苍发誓，要是能躲过这劫，你会在某种程度上成为一个更好的人，你也应该因此得到自己所乞求的怜悯。

4. **消沉**。恳求和争取都被忽视，你在这件事上陷入了深深的恐惧。

你不愿意跟他人交流，对周遭的事物也缺乏兴趣，甚至都不能得过且过地生活。

5. **接受**。你接受了事情已然发生，而且自己无力改变。但从现在开始，你还是要为自己的行为和选择负责。你开始探索各种选项，并制订计划，然后再继续前进。

并不是每个感到悲伤的人都会经历所有这些阶段，而且有些阶段仅仅维持片刻，有些阶段却能持续数年。把这个框架作为你对生活更宏观的理解的一部分，记在心里就好。要是碰上了大麻烦，作为一个自然人，你会经历这样一个在情感与心理上的过程，经历悲伤或危机后，人在很长一段时间里都会有不正常的感觉，这本身是正常的。

本章所包含的故事展示了不同的人分别怎样渡过了难关。我接下来会阐述一些个人经历，你还会读到其他人的经历，了解他们如何经历生活的至暗时刻，而我则会分享一些整体上的建议。这些故事可能与你自身的具体情况不同，但其重点在于阐明人们如何处理、应对困难，并继续前行，而这往往具有相当的普适性。倘若你也正在经历艰难时期，看看别人如何渡过他们困顿与挣扎的人生阶段，也会让你定定心。

大学毕业那年，我经历了一场地震

1989年秋，我21岁，刚从大学毕业，正在与丹热恋。我们一起在校外找了个住处，坦率地说，费用超过了我们能负担的水平。但我已经说服了丹，我们就该住在那儿。在这个人生阶段，我还需要几年时间才能在财务上负起责任，而丹也还需要几年的时间，才能做到在这些事情上与我分

YOUR TURN: HOW TO BE AN ADULT
在世界上找到你的位置

庭抗礼。我在校园的公共服务中心工作，工作内容是让大学生参与社区服务。丹还是斯坦福大学的本科生，学产品设计。他秋季学期的最后一个项目，就是设计我俩的结婚戒指，再用银打造出来。

1989 年 10 月 17 日，星期二，我正在公共服务中心所在的那栋摇摇欲坠的老房子里上班。这栋建筑建于 19 世纪，就在一周前，老板请了油漆工，把这栋破旧的建筑粉饰得漂漂亮亮的。不过在他们上了楼梯，来到我办公室所在的二楼时，我无意中听到其中一位对另一位喊道："这东西扛住了上一次大地震，下一次就够呛了。" 10 月 17 日下午 5 点 04 分，洛马普列塔大地震袭击了旧金山湾区，震级高达 6.9。我一下子就想起了油漆工说过的话，据说房间门口最安全，于是我猛地扑到办公室门口。大楼剧烈摇晃，我努力稳住自己的身体，惊恐地看着裂缝在刚粉刷好的墙上出现、蔓延，还有一个五斗立式文件柜直接从我办公室的这边飞到了另一边。我抓着门框，试图站起来，往外面的走廊上看，一眼就看见了我的同事珍妮，她抓着她办公室的门框，也看着我。珍妮和我其实不太了解对方。她差不多 50 岁，我才 21 岁。但从那天起，我就觉得跟她有了一种亲近感。我俩都知道，就在我们头顶三楼的某个地方，有个沉重的爪足浴缸，它肯定要往下掉。我们的眼神都表明，我们根本就不知道自己究竟还能不能活下来。

地震持续了 15 秒，停了下来。我必须去找丹。我办公室没电话，而且也停电了。我们当时距离能用上手机、笔记本电脑和无线网络还有好几年时间。在那个时代，电子邮件就算是一种能快速联系到他人的新技术了，可你只能在办公桌上使用它，因为要用当时还插在电源插座上的所谓"台式电脑"。而且我也说过，停电了，电脑根本没法指望。我拿上自己的东西下楼，走出建筑物，发现所有同事都安然无恙，不由得松了口气。人们都忙着捋清楚有哪些损失，比如我们大楼的砖烟囱就已经倒塌在地，

第 9 章
法则 8：在困境中破局，激发你的心灵韧性

而我告诉同事们，我要去找丹，然后就跳进车里。我们住的地方不远，但几分钟后，车就没法往前开了，因为交通灯坏了，而每个司机脸上都有着同样不知所措的表情。我发现这也真是种奇怪的安慰，那就是我们每个人其实都知道对方刚刚经历了什么。

地震发生时，丹正在我们的公寓里做作业。他抓着门框等到地震彻底结束，看到只有一叠盒式磁带掉到了地上，便松了一口气。那是一栋现代化的公寓楼，刚刚建成，也符合各种规范，这也是它租金如此昂贵的部分原因。丹刚刚在加利福尼亚州住了两年，这是他第一次经历地震，所以他对地震的严重程度也没什么概念。

于是他尝试通过电话联系正在上班的我，当然没打通。他决定来找我，并且正确地猜到了道路上要么不安全、要么会堵塞，所以跃上自己的自行车。在离开之前，他在我们大楼大厅的玻璃门上贴了一张神奇的手写便条，上面写着："朱莉，我骑自行车去学校找你。丹，下午 5 点 15 分。"他后来跟我解释，他不想在纸条上写任何跟地震有关的东西，因为他担心自己看起来小题大做了。30 年后，他说："我当时担心这个干什么？"但他把时间写上了，这样我就能知道这是他在地震后写的，而且他也没出事。

开车回家用了我差不多 1 小时的时间。我把车开进有顶棚的停车场里，看到一群人聚集在草坪上，等待管理人员检查大楼，评估建筑状态是否安全，能不能让大家回去。我和一群陌生人站在一起，跟他们交流地震发生时我们在哪里，当时又是什么感觉。我环顾四周，看到丹的车停在停车场，可他又不在这里。我十分担心。他还在楼里吗？没过多久，我看见他在街上，正朝我们这边骑过来。我内心顿时松了一口气。我们紧紧拥抱，还掉了几滴眼泪。然后我们站在那里，和我们认识的邻居开起了玩

239

笑。最后，大楼被贴上了"绿色标签"，允许我们进去了。直到我们进楼，我才看到他留给我的那张告诉我别担心的便条。

公寓里的电力状况正常。我们试着打电话给我们住在纽约地区的父母，可电话还是打不通。我们打开电视，肩并肩地坐在蒲团上看，紧握着彼此的手。一位新闻播报员说："人们刚刚察觉到地震的时候，还觉得颇为有趣。但很快，笑声就变成了尖叫，因为情况实在太可怕了。"随后便是源源不断的电视图像：滚滚浓烟，滨海区的房子就像一摊碎掉的品客薯片；旧金山海湾大桥顶层的一部分像直角三角形的斜边一样倒向了底部；奥克兰的两层尼米兹高速公路也坍塌了。地震发生在交通高峰期，肯定死了不少人。我们一直在尝试分别给双方父母打电话。无奈一直打不通。

我们当地 ABC 电视台的一位名叫安娜·查维斯的女记者反复去现场采访，再回来给观众提供更多最新的消息。几小时后，我们的电话响了。是我们一方的父母打来的。我们向他们保证，我们情况很好，然后接着打电话给另一方的父母。那还是个尚未出现互联网的世界，人们可能直到看过晚间新闻或看到第二天早上的报纸，才能知道地震的消息，不幸中的万幸，全国人民都实时了解了这场地震，它刚好发生在世界职业棒球大赛的第三场比赛开始之前，比赛就在旧金山巨人队的体育场进行，每个看比赛的人都留意到了烛台公园体育场的剧烈晃动。

丹和我盯着安娜·查维斯和她的同事们，就这样过了好几天。安娜负责播报下午 6 点和晚间 11 点的新闻。她每次播报的新内容都发人深省，给我们留下了"她关心着所有人"的印象。我非常信任她。我还收到了老板发来的一封电子邮件，里面说我们正在组团去沃森维尔帮忙，沃森维尔是一个距离震中更近的小镇，住着许多农场工人，损失惨重。但我除了看新闻、吃饭、睡觉、黏着丹之外,什么都做不了。随着时间的推移,努力的方向从"搜救"转向了"恢复",不过我只有在公寓里陪着丹,看到电视上的安娜·查维斯的时候,才有安全感。一想到周一要回去工作,甚至还要去别的城镇帮忙,我就非常害怕。

伤亡人数的统计结果是 3700 多人受伤,63 人死亡,这已经是个奇迹。人们普遍认为,死亡人数如此之低,是因为当时正值世界级的"海湾之战"系列赛时期:旧金山巨人队对阵奥克兰运动家队。湾区的每个人,要么是这支球队的球迷,要么是那支球队的球迷。地震发生时,球迷们要么在烛台公园现场观战,要么在相对安全的家里看电视。1989 年 10 月中旬的一周,丹和我认真地思考了一下,到底还要不要把加利福尼亚州当作我们安家的地方。但它已经是我们家的所在。在这里,我们觉得比在任何其他地方都更快乐,也更有归属感。我们最终还是决定要留下来。我要回去工作,我要去沃森维尔帮忙。湾区终将从洛马普列塔地震的影响中恢复过来,生活也会继续下去。

将近 30 年后,我在某个城市的机场看见了一位非常眼熟的女士。她是拉丁裔,可能比我大 10~15 岁。我觉得自己跟她特别熟,却怎么也想不出因由。我在记忆中苦苦搜寻,这位女士究竟是谁,我为什么会认识她。最后,我猛然回忆了起来。我已记不起她的名字,但还能认出她的面容。我走向她。"不好意思,"我说,"请问您是湾区的新闻播报员吗?""对,我是。我的意思是,我以前是。"她回答道,仍然那么充满善意,"我叫安娜·查维斯。"我不由得哽咽起来,虽然我知道她可能会觉得这很奇怪,但我还是继续说了下去:"你并不认识我,但我还是想说,你在洛马普列塔地震期间真的宽慰了很多人。就像你当时在抱着我一样。我只是想致以由衷的感谢。"然后,她居然真的握住了我的手,感激我能有这番谢意。

YOUR TURN: HOW TO BE AN ADULT
在世界上找到你的位置

如何面对亲人离世

1990年1月，我收到一封手写信。我当时刚因为工作原因拜访了一家疗养机构，趁着午饭时间，回家看看我14岁的侄女，她来我们家住几天，又刚好得了肠胃炎。信在一个白色的商务信封中，信封上是我母亲非常工整的笔迹。我在前厅打开信，侄女正靠在蒲团上。收信人是"亲爱的孩子们"。信上说，我父亲得了前列腺癌，并且已经转移，也就是说，已经扩散到了身体的其他部位，并且无法治愈，他生命垂危。所有的孩子都同时收到了这封信，不过，我们不能给家里打电话，而且除了我们的伴侣，我们也不能告诉其他任何人。我一边读着信，一边走进卧室，关上了门。

我刚22岁，就要失去自己的父亲。我的父亲，一个参与了推广疫苗、消灭天花的人，一个在卡特总统执政期间改善了边缘化人群健康状况的人，一个帮迪金斯市长照顾纽约儿童健康的人，现在正要被一种在他体内蔓延的疾病杀死，对于这种病，其实也有药物，有疗法，有治愈的先例，可惜他之前忽略了种种症状。他去接受治疗，可惜为时已晚。我猜，他其实未必相信药物能救自己，或者他也害怕直面死亡逐渐降临的感觉。

从母亲的叙述中，我了解到，父亲从医的这些年里，见过了太多满是怜悯的眼光，而他自己不希望别人以这样的眼光看待他。我当时特别恨父亲，因为倘若他能接受治疗，我们就能有更多的时间陪着他。

1991年3月，我大哥乔治计划安排一场全家人都参加的度假，这在我家还是头一回。他选了加利福尼亚州北部里诺西北部的一栋房子作为度假地点，旁边就有个特别适合钓鱼的湖，而钓鱼是父亲的一大爱好。尽管我们不能谈论父亲的健康情况，可我们其实都知道，这才是这次全家人相聚的原因。丹也参与了这次钓鱼之旅。

第 9 章
法则 8：在困境中破局，激发你的心灵韧性

1991 年 6 月，丹大学毕业。那年秋天，我去了哈佛法学院读书。1992 年 8 月，我们在纽约成婚。我挺过了法学院的求学岁月，甚至还交了几个知心朋友。1994 年 3 月初，距离毕业还有 3 个月，丹和我正在吃晚饭，电话响了。我接了电话，电话另一端，我父母都在。我特别担心要谈父亲的病情，但实际上是与我哥斯蒂芬有关，他因为肺炎住进了芝加哥的一家医院，已是弥留之际。

在所有哥哥姐姐中，我最了解的就是斯蒂芬。他 20 多岁的时候，我还年幼，他在我和父母居住的城市里读法学院。他就是那个每周末都会回家跟我一起瞎玩瞎闹的大哥哥。他通常会带着女朋友马西娅一起回来，后来她成了我的嫂子，我也特别喜欢她。我乘飞机来到斯蒂芬身边，家里的每个人都在。他躺在病床上，周遭满是医疗器械，他盖着一张被单，而透过这张被单，我甚至能看到他骨头的轮廓。他已经在靠着呼吸机维持生命了。在我和他单独相处的那段时间里，他的心脏跳动得很厉害，仿佛很激动。我跟他说话，只把他当作一个普通的人，而非垂死的人，我跟他说我们一起做过的各种事情。我也一遍又一遍地告诉他，我非常爱他。他的心跳慢了下来，变得平稳，我觉得这也意味着他听到我的话后，平静了许多。回来后，我逼着自己不去瞎想，开始撰写我毕业论文的初稿。两个月过后，斯蒂芬去世了。在他的葬礼上，在我的毕业典礼上，在为律师资格考试而奋力学习时，在参加考试的过程中，在成为一名公司法律师的过程中，我其实一直都在逼着自己别瞎想。

在我得到新工作一年，即将 28 岁的时候，我父亲也正处于与前列腺癌长期斗争的最后时刻。1995 年 10 月初的一个星期五，我和哥哥姐姐们陆续接到电话，让我们回家。我们或开车或乘飞机，从全美各地赶回去。星期六清晨，我们都赶到了岛上，向父母在树林中间的房子走去。我们十几个人聚集在一间凉爽寂静的房间里，这曾经是父亲的办公室，现在则是

送他最后一程的地方。我们肩并肩地跪下，用家人温柔的爱意，环绕着他冰冷的病榻。

那个周六的早上，我走进房间，看见父亲靠着墙，半躺在床上。他似乎就在我眼前逐渐凋敝，整个人都暗沉了下来，这个曾经高大强壮的男人征服过山峰、麻疹、天花和很多坏人，而现如今，身躯却只有我记忆中的一半大。我吻了他最后一次，感受到了他干燥的嘴唇，还有因为不再刷牙，所以牙齿、嘴巴和舌头上难免会有的味道。"我就在这儿，爸爸。是我呀。"我像一只小羊羔一样，轻声地说。他说不出话，甚至都不能微笑，但他还是靠强壮的右臂把手抬离床面，我抓住他的手指，很久很久。就是这双手，曾在我学着骑自行车时，一把扶住了我那摇摇晃晃的座位。

不到半小时，一直在角落里保持着沉默的临终关怀护士终于站起身，向我们走来，带着温柔与善解人意的目光点点头，无声地告诉我们，他已经去世了。随后便是哭泣，大家爆发出悲恸的哭声，人们终于可以释放出那被告诫要藏在心里长达 5 年的情绪。有人劝我们离开房间，这样护士才可以好好清洗遗体，并做好准备送父亲去停尸房以及火葬场。我们一个接一个地离开房间，我低垂着眼睛，正好经过了立在门边的一尊雕像，我们把这尊来自马里的雕像称为"大夫人"。我抚摸着她的肩膀，有点像抓住栏杆的把手来撑住自己，也有点像在博物馆那庄严的入口处摸摸某个著名铜像的弯曲膝盖，以求永远记住这一刻。

悲伤如何涌现

父亲去世的时候，我差不多刚进律师事务所一年，工作多得像是永远都干不完一样。不过我还是请了 3 周丧假，帮母亲处理所有与父亲离世有关的银行及保险文书工作，但我也知道，要回去工作的那一天迟早还是会

第 9 章
法则 8：在困境中破局，激发你的心灵韧性

来。11 月初，我回到了工作场所。我的确会投入工作，并试着把事情做好，但大多数时候，我其实都只是在搬弄桌上成堆的文件。我会花很长时间吃午饭。我会避免跟搭档们的目光有所接触。我好像都不认识我自己了。我列不出待办事项清单，就算我列出来，我也坚持不下去。我的想法甚至都变得很模糊。我试图寻找一些合乎逻辑的方式来解释发生在自己身上的事情：是不是哪天晚上我枕枕头的方式不对，把自己闷坏了？对吧！一定是这样。

假期之后，哥哥的遗孀马西娅打电话来，问我过得怎么样。这挺奇怪的，我们虽然从小就很亲密，却很少互通电话。我告诉她我的情况还可以，只是工作上很难集中注意力。她说她觉得我还陷在悲伤中，还问我有没有接受过悲伤咨询。我当时还没有接受过咨询。在那几年里，抚养我长大的人并不太信任心理咨询，我自然也不太信任。"去找个支持小组吧，"马西娅敦促我，"除此之外，丹可能也正对怎么能帮上你不知所措呢，可以让他给你找一个。"我向丹转述了这次谈话的内容。那时候还没有谷歌，所以他翻遍了我们当地的黄页，找到了一个名叫"卡拉"的非营利悲伤咨询小组，可以在晚上提供团体咨询。我觉得他跟马西娅串通好了这一切。既然要我去，那我不试一次的话，他们也不会放弃，所以我索性同意下来。最近一次团体咨询安排在 1 月 3 日晚上 7 点。

"卡拉"位于一栋很是庄严的老宅子内，就在一条住宅区街道上的大停车场后面，我把车子停在了那里。在这个时间，室外已经黑下来了，当我蹑手蹑脚地走到看上去不怎么吉利的前门时，感觉颇有些诡异。好在还有几盏灯亮着，我穿过了前门，就看到一群人在一个大会议室里围坐在一张椭圆形的桌子周围。我评估了一下现场的情况，差不多有 10~12 个人，有男有女，28 岁的我看上去是其中最年轻的一个。主持人对我们这些新加入的人表示了欢迎，并说我们可以轮流分享自己的名字、失去了谁以及

YOUR TURN: HOW TO BE AN ADULT
在世界上找到你的位置

我们的应对手段。她让我左手边的人先发言，然后顺时针发言，这样一来，我是最后一个，这让我松了一大口气。

我听到其他人分别描述了自己的情况，他们失去了伴侣、兄弟姐妹、父母或者朋友。我也听到大家分享自己的故事，有人说工作艰难，有人说自己集中不了注意力，还有人说感觉自己整个人都变了。在他们说的时候，有的人会点头表示认可。倘若他们崩溃，则会有一盒纸巾被递去。我开始意识到，也许我并不是在某个晚上被枕头闷坏了，而是经历了一个合理的情绪过程，进而对大脑产生了明显的影响。这个情绪过程就是"悲伤"。我一直在认真地听，终于轮到了我，我敞开心扉，说出了自己内心的想法。1996年1月，在一座庄严的老宅子里，我和一群陌生人围坐在一张大桌子旁，度过了一个半小时。这是自从洛马普列塔地震、斯蒂芬去世、父亲去世以来，我第一次不再努力着挣扎前行，不再扮演那个要处理好所有事务的角色，而是放慢脚步，释放自己，并探索自己的状态。我觉得，我所经历的一切都很重要，我自己也很重要。

从那天晚上开始，我再也不用别人劝着去"卡拉"了。

我在这里知道了悲伤真实存在，而且我可以通过倾听别人的故事和敞开自己的心扉来加以应对。虽然我正在一个荒凉而陌生的领域中四处游荡，但多亏了"卡拉"，我知道自己并不孤独。

那时候，在我的生活中，没什么比去"卡拉"这件事更重要。我有时在介绍自己的时候会提到斯蒂芬，但我一直在想，他的离世还能不能算作悲伤的原因，毕竟他已经离世两年了。我认为还是应该算。我需要处理斯蒂芬的离世、父亲的离世，以及坦率地说，还有地震时我对自己生命的担忧。我需要回过头来审视这一切。那年8月，我觉得自己状态好了，于是就不再去"卡拉"。而随着年龄的增长，我了解到，倘若你不去应对自身的悲伤，它将是你人生中沉默且永远不会离去的樊篱；倘若你开始与它交谈，它就会在某个时候，悄悄地站起身来，一去不复返。

找个能依靠的人

我总是很容易就能交到朋友。从我年幼的时候开始，我就拿友谊当作生命的要素。大学一年级的时候，我在宿舍才艺表演中唱了首《你有个朋友》。我想让我的这些新同伴们知道我会唱歌，同时也想让他们知道我关心他人，会陪在他们身边。我也希望他们能同样陪在我身边。

20多岁的时候，我失去了兄长和父亲，我了解到，悲伤是一种只有经历过才真的懂得的体验。人们在痛失所爱之后，还可能会因为第二种原因导致痛苦的加剧，那就是遭遇好心朋友们的疏远，因为他们要么因为担心"提醒"了你而不愿提及你失去的事物，要么就是压根不知道该说点什么。我的大多数朋友都不知道斯蒂芬的死讯。事情发生得太快，再加上还要费心思处理法学院的毕业事宜并开始我的律师生涯，导致我自己都很难花精力来处理这件事。但是父亲的离世，大家都知道。我收到写着"节哀顺变"的卡片，电子邮件里也写着"如果有什么我能做的，请告诉我"。还有几个人打电话来："你妈妈还好吗？"可我的心在哭泣，能不能问问我的情况呢？我愿意付出一切，换几个朋友来问问我的情况："你还好吗？你应对得怎么样？你今天过得好吗？"

我把悲伤想象成一个藏在墙后又装满泪水的大桶，只在我们能看到的这边墙上有一个水龙头。有时我们让水龙头松开，眼泪就流了出来，然后我们又自己把水龙头拧紧，按照习俗和老板的要求继续我们的生活。但是，如果有什么事让我们想起自己所爱的人，可能是一首歌，可能是一个里程碑，可能是他们永远不会知道的孙辈降生，水龙头就又会被打开。它打开又关上，可以持续数月、数年，甚至数十年。谁也不知道这缸水有多少，人的悲痛究竟有多么强烈。我们需要朋友，不是需要他们给我们留出空间，而是需要他们在水龙头打开时，能够坐在我们身边。

在去"卡拉"的那几个月里，我发现有一个人就是这样做的。塞恩只比我大 6 岁，我俩是小组中年纪最小的两个人。他的母亲玛丽莲刚去世不久，他的父亲就跟着离世了。7 个月来，塞恩和我坐在一起，悲伤挤压着我俩的内心。然后我们都会回到各自正常的生活中，塞恩是一家生物技术公司的项目经理，我是一名公司法律师。如今，四分之一个世纪过去了，我们仍然会在重要的日子里适时地给对方发信息，比如"你的妈妈会为你感到骄傲的"或"你一定知道你爸爸会很高兴看到这些"。在我身边的塞恩，不像其他任何朋友或家人，我想，在我们紧紧依靠对方、共同面对巨大的悲痛时，我们会对彼此更加开放，也更能够展现出自身的脆弱。除了死亡和悲痛，我们其实对彼此的生活几乎一无所知，所以这种具体的了解会愈发深刻与强烈。我最近在一个朋友的社交媒体账户上看到了这样一句话："伤悲就是无处可去的爱意。"我想，塞恩和我有这么多的爱无处可去，所以我们就把它给了对方。我们彼此的支持变成了一条编好的毯子，紧紧地裹着我们，也赐予我们坚强。

接受新的现实

如果你家停电了，就算你已经知道没电，还是会出于习惯，按下电灯开关，对不对？这说明你大脑中知道事情应该如何发展的那部分暂时还没有跟上事情本身的发展程度。停电通常不是什么大事，却是个很好的例子。当灾难降临、有人死亡或发生了其他什么可怕的事，你的大脑需要花些时间才能适应你正在经历的现实。

第 9 章
法则 8：在困境中破局，激发你的心灵韧性

要想让你的大脑意识到事物不好的那一面，意识到突如其来的损失与变化，就需要让它先意识到究竟发生了什么，然后再学会接受。我哥哥乔治曾在 1991 年经历过一场可怕的悲剧。他的房子在一场席卷奥克兰和伯克利山区的大火中烧毁了。几年后，有一次我问他："我能借你的帐篷用用吗？""我没有帐篷。"他笑着回答。"你有啊！"我坚持要跟他借。"我真没有。"他再次这样回答，微笑仍在，但没有改变回应的内容。"得了吧，乔治。几年前我们还跟你借过呢，你忘啦？"可他还是淡淡地回答，说没有。我恍然大悟，顿时觉得自己像个麻木的白痴。除了妻女和来得及塞进车里的几样东西之外，乔治在那场火灾中失去了一切。他的大脑已经适应了他所失去的一切事物，但我的大脑还没有。

本书中有一个基本的建议，那就是作为成年人，你必须培养出自主和韧性，才能一路前行。所谓自主，就是你知道自己能完成眼下的任务，有着"我能/我愿意"的感觉；而韧性，就是你知道自己不管碰到任何麻烦，都能从中恢复过来，有着"我能应对"的感觉。但是，无论你有没有、有着何种程度的自主和韧性，它们同时也都存在于一个更大的生活背景中。而在这种情况下，其实大多数事情你都承担不了。这就说回了我们刚才的话题。此时，我建议，虽然你没法控制发生什么，但你起码可以控制自己如何反应。即使面对生活中最困难的挑战，我们仍然可以前行。

创造意义

我们在前文中提到过我亲爱的朋友阿迪娜·格利克曼，她之前在斯坦福大学帮助学生们克服各种心理障碍，比如焦虑、拖延，甚至是学习技能方面的问题。如今，阿迪娜已经在以私人身份执业，在学术、生活和职场领域从事教练工作。她提醒我，人在碰上大麻烦的时候，会发展出更好的

韧性水平。"你经历的烂摊子越多,你就越知道该如何好好收拾残局。下一次再碰见有人离世或者遭遇意外,甚至碰上什么大灾大难,你就会动用头脑、心灵和精神中的储备资源了。你会这么想:'没事,我以前碰见过类似的事情。'你也会让自己确信,你能比第一次遇到糟糕事件时更加坚强,而且你还会真的因此更加坚强。"

如果碰到的是绝对的悲惨事件,阿迪娜则有着这样的观点:我们可以通过"创造意义"生存下去。"创造意义"的概念来自积极心理学领域,是一种相对前沿的去理解人类心理的方式。积极心理学并不关注我们身上的错漏,而会关注人类体验中的美好事物,并进一步探究该如何发展出健康与幸福。阿迪娜还说,给坏事赋予意义并不同于认为"事出有因"或者"注定如此",而是需要问自己:"我该如何处理好这段艰难的日子,才能继续前行?"也许,你能从中学到点什么。也许,你会在某个重要的方面改变自己的生活。也许,你只是要感恩自己失去的人或物。

说到这里,你可能会觉得"嗯,没错"。但如果事情真的很糟糕呢?比如有个朋友过世了,该怎么应对?阿迪娜建议可以"做回自己",去问问"我的人生轨迹是什么,我的生活目的又是什么"。我生活的目的,肯定不仅仅是悲伤,它应该包含成长、创造和给予。我过世的朋友未必实现了自己的人生目标,也未必走到了追求人生理想之路的尽头,但我自己的生命目标依然是有事可以为荣,有人可以去爱,有难过的事情可供悲伤,有自己的生活可以投入。我们希望生活有条不紊,但往往事与愿违,生活中充满了混乱。

阿迪娜还告诉我,她有个朋友在 24 岁的时候,父亲因心脏病突发离世了。"这位朋友说,失去父亲的悲痛给她带来了一种承载悲伤的能力,这种能力也派上过不少用场。父亲去世后,她与病理性的不孕抗争 7 年,

第 9 章
法则 8：在困境中破局，激发你的心灵韧性

每次失败，每次流产，每次尝试试管婴儿却无法如愿以偿，都使她感到无比痛心。她会把这些悲痛的体验与自己 24 岁时的经历联系起来。她有过一些悲痛的经验，也知道悲痛究竟有着怎样的体验，便有了一个参考的基点。就算当下情况糟糕，她也总是知道现在能具体做点什么，以缓解悲痛。最终，她生了 3 个女儿，而且现在都已经长大，这些孩子并非通过人工授精怀上的，而都是通过常规手段受孕的。父亲的离世让她长出了一块可以用得上的'肌肉'。"

12 步，在绝境中求生

你丢了工作。你遭受虐待。你爱的人受了重伤，或者病入膏肓。你要进监狱服刑。你严重受伤，或是被诊断患有重症。你的家在自然灾害中被毁掉了。你与某人的关系正在走向终结，并不是一种"有意的脱钩"，而是一种非常纠结的分离。以上这些，都算得上是"碰见了大麻烦"。其中的关键，是要弄清楚已经发生或正在发生的具体事情，先找些即时的支持，制订能让局势扭转的前行计划。就像温斯顿·丘吉尔曾说过的："穿行地狱之时，别停下脚步。"

1. **打个电话**。本章一开头就引用了弗雷德·罗杰斯的话。他主持过一个面向学前儿童的公共电视节目，叫《罗杰斯先生的邻居》。该节目于 1968 年在美国首播，当时的我刚满 1 岁，这一播就是 30 多年。每个"婴儿潮"中出生的人，以及一些千禧年前后出生的人，都是这个家伙陪着一起长大的。罗杰斯先生告诉我们，要是碰上什么糟糕的事，就应该去"找人来帮忙"，在关于如何渡过难关这件事上，这便是我想传达给你们的关键智慧。这里指的应该是事情发生的瞬间。那一刻，你就可以从那些正在帮你的人，或者看上去很

面善也表示愿意帮你的人身上获得帮助了。

就算是半夜出事，也可以打电话。外人往往能更清楚地思量当下正在发生的事情。你自己可能已经"惊到了"，也就是"无法准确或深入彻底地处理好正在发生的事情"。虽然在吓到了的情况下，你不一定能意识到自己无力处理当前的挑战，但事后你往往就能意识到了。所以，在出事的时候，你要找个你知道自己能够信任的人来支持你进行思考和决策。当我30岁出头的时候，跟我特别好的大学同学吉姆发现他的妻子出轨。虽说我们有几年没见面了，但感情纽带依然还在。他给我打了电话。而我赶到他的住处，紧紧地拥抱他，体恤他的痛苦，帮助他好好地处理所发生的事情，也帮助他思考下一步该怎么办。

2. **记录下正在发生的事**。事情发生的时候，你可以从你周围的人那里获悉各种情况及建议。如果你失业了，去找你的老板和人力资源经理谈谈。如果是医疗方面的问题，去找专业的医疗人士谈谈。如果是自然灾害，会有公共安全工作者、邻居和保险代理人跟你谈谈。如果你被他人伤害，可以找社会工作者、护士、非营利组织工作者或旁观者跟你谈谈。如果有人出了事故，那就找执法部门和目击者。做好笔记，记下日期和时间，跟你分享信息的人的姓名和职位，他们的联系方式，以及他们所提供的信息本身。你所建立的记录会是个重要的信息来源，因为几周过去，你的记忆在细节上会变得模糊。有一次，我看见一个骑自行车的人在过马路时被车撞了。他当时虽然没事，但我们还是打了911，并一直等到救援到来。我提供了自己的名字和电话号码，这样如果他需要目击证人的证词，就能联系到我。几个月后，他的律师确实给我打了电话。

3. **寻求支持**。当麻烦事，或者日常生活中的事件超越你的应对能力

第 9 章
法则 8：在困境中破局，激发你的心灵韧性

时，你就需要帮助，也需要外界的支持。倘若大家根本不知道你正在经历怎样的境况，他们就没法给你提供支持。所以，要选择一批与你合得来的人，并告诉他们究竟发生了什么。根据事情本身性质的不同，你可能需要布置一个支持网络，或者只想要一个能紧紧依偎的安全背心。这一切都取决于你，但别试图自己蛮干。你有没有信任的人？有的话，那就叫上他们。

4. **接受外界提供给你的支持。**人们听说发生了什么事后，通常都会表示："如果有什么我能做的，请告诉我。"这句话有着很好的出发点，却往往让听到的人更加沮丧，因为这句话把考虑如何帮助你的任务放在了你身上。当然，在他们这么说的时候，如果你刚好想到了什么，那不妨直接说出来。比如：我需要有人帮我去机场接家人；接下来的几周，我需要有人能为我的家庭提供食物；我需要一个用来洗衣服的地方；我一个人会很难熬，你能不能晚上睡在我家？能够帮上具体忙的人，往往才是更好的帮助者：我来顶你的班；我去接你的孩子；我会替你处理好这些任务；我会给你带些吃的。当出现了这样一个人，能为你提供你真正需要的帮助，那就让他们好好帮你吧。不过，你没有义务一定要接受所有帮助。有些人的确特别喜欢从他人的痛苦中吸取养分，或者想要离你更近，会在这个时候试图把自己强行插入你的生活。你跟蜘蛛侠一样的"蜘蛛感应"会告诉你，自己是否想要接受这个人的帮助。没准这会导致情况愈发糟糕，没准他的帮助根本派不上用场，没准你会对这种帮助产生厌恶感，相信自己的直觉。

5. **做个待办清单，并保持更新。**你的情绪势必会受到影响，你甚至还会发蒙一段时间。需要一些时间，你才能恢复。别指望你的大脑能记住所有你需要去处理的事情，把它们写下来吧。那些值得信赖

253

的人还能帮你找出单子中应该留下哪些事项，并定期跟你过一遍清单。这条建议可以跟"记录下正在发生的事"搭配采用，用来保留你一路走来的相关信息。

6. **做调研**。如果碰上了疫情，那你需要定期阅读相关新闻，了解自己需要做些什么来保证自身和亲友的安全。如果确诊了大病，那你可以在互联网上找到公开分享的大量有用信息。如果身边有人时日无多或者已经离世，你可以跟医生、权威机构和最了解情况的家庭成员多沟通、多提问。如果是遭遇自然灾害，你可以靠读、看或听的方式更新信息，可以参加社区信息会议，阅读保险公司处理情况的通报。信息收集很可能是你最想蜷起来躲着不干的事，或者是你最希望父母能为你代劳的事。虽然你也需要去确保自身的心理及情绪健康，但收集信息这一行为也刚好是你能够着手开始处理问题的标志。成为你自己正经历的某件事的小专家，其实也是一种赋能，这使得你能成为这样一个人：在一两年后，可以跟碰见同样问题的朋友说"我也经历过，我来跟你分享分享我的发现"。

7. **想想你能做什么**。我的女儿埃弗里 18 岁时在杜克大学读大一，她本可以随心所欲地做自己喜欢做的事情，可惜新冠疫情迫使她回到了家里。就这样，埃弗里的生活就跟一条鱼缸中的鱼没两样，父母、哥哥、祖母好像随时在窥视她。我的这个孩子决定，她最需要的还是一个家，她可以把她的东西放在里面，没有谁可以带走。她和一位室友在校园附近租了一套公寓，安排好水电和互联网，买了租赁保险，还买了一辆二手摩托车，她用自己的积蓄支付了部分费用，其余的是我们资助。她的大学可以决定彻底不开放，但埃弗里做出了自己的决定，只要她能负责地处理好自己住的地方，她就不会有事。

第 9 章
法则 8：在困境中破局，激发你的心灵韧性

8. **寻求资源与支持**。突发事件结束、新闻变成旧闻之后，你就已经远离了给你带来痛苦的东西。离职前的最后一个工作日会过去，爱的人会离世，你会承受折磨人的病痛，你的某段关系终告结束，你已经着手重建之前轰然倒塌的事物。这时的你，已经准备好接受一些咨询，这可以帮你处理发生过的事情，思考其对你的影响，以及下一步该做什么。你要把发生的事情说出来，否则它会一直作为创伤留在你的内心，影响你未来的人际关系、决策，以及你在他人面前调节情绪的能力。

9. **吃一堑，长一智**。如果发生在你身上的事并非你自己的过错，比如确诊某种可怕的疾病，遭遇自然灾害侵袭以及亲人离世，那"智"很可能会延后到来，你可能会因此更加心存感激，或者获得你之前没有意识到的力量。如果你主动做了什么让自己陷入一堆麻烦事的话，那除了上面提到的"智"之外，你还需要花时间去处理自己究竟做了什么可能本来不该做的事，以及如果在未来，你发现自己处于类似的情况中，你会有哪些不同的举措。

10. **参与进行中的恢复项目**。对于数以百万正在与酗酒和其他形式的成瘾作斗争并处于康复中的人，我致以深深的敬意。如果你本身有成瘾问题，那一些戒瘾项目，比如匿名戒酒团体或其他类似项目就很可能是你要参与的。你会跟其他人共处，他们会让你觉得自己受到关注，可以提醒你如何进行这些规划好的步骤，并帮助你重新回到生活中。

11. **摒弃负面影响，在新事物中扎根**。在艰难时期，我们知道自己时间有限，所以把时间留给谁就显得至关重要。从你的生活中删掉那些影响不好的人、事、物，让你周围的人充满活力、支持你、

255

以积极的方式挑战你，并能激励你对他们报以同样的态度。不管是谁激励你做同样的事情，无论是浪漫相待、强调精神沟通，还是聚焦于专业领域，学会以这种方式给时间安排做优先级规划，是实现目标的一大关键。这么做并不意味着要自我封闭、与世隔绝。这是要建立人与外界之间健康的界限，这样你才能有更多精力去做对自己来说更重要的事情。

当你从糟糕的环境中恢复过来时，把时间和精力投入一些新的东西，也会对你有所帮助。比如，某个你喜欢的并希望精进的爱好，某个你一直想学的技能或语言，更加深入的人际关系。利用你敏锐的目光去追寻生活中真正重要的事情，去追求那些能为你创造更多意义和乐趣的事情。

12. **帮助他人**。当你从可怕的经历中走出来时，所能做的最好的事，可能就是承诺去帮助他人。丹的朋友理查德在一次皮划艇事故中痛失爱女，当时他的女儿刚刚二十出头。事故已经过去多年，但理查德仍然没有走出来。我问他情况怎么样，他只是严肃认真地说："我今天还活着而已。"他是悲伤咨询机构"卡拉"的咨询师，我很久以前就在那里寻求过帮助，除了我参加的小组团体会之外，它还提供一对一的支持。当你自己体会过情感上强烈的痛苦，你便能更好地帮助他人应对类似的境况。除此之外，帮助他人还会让你觉得自己有了奔头，也会有更好的自我感受。但请记住，你不必非要成为咨询师、治疗师或志愿者才能帮助别人。只要记录下你做过的所有调研，以及你从艰难境遇中学到的教训，就意味着你有能力陪在另一个同样经历大麻烦的人身边。成为别人信任的人，感觉很棒。

我亲爱的朋友多诺万也是"卡拉"的志愿咨询师。39 岁时，他不到两岁的小女儿突然离世。我从 18 岁起就认识多诺万，也

第 9 章
法则 8：在困境中破局，激发你的心灵韧性

一直知道他有副热心肠。但在我看来，忍受着"最严重的损失"，使他变得对他人的痛苦更有同情心了。他有个习惯，就是记录朋友们挚爱之人的去世日期。"每周我都会翻开我那本绿色支票簿的日历页，跟那些失去了亲人的人联系一下。每一次联系，都会给缅怀故人留出时间和空间。"

**YOUR TURN:
HOW TO BE AN ADULT**　　**我身边的故事**

艾米拉的故事：获得了看透生命历程的视角

生活曾两度让艾米拉憎恨自己的生日。她在芝加哥郊区长大，来自一个巴基斯坦移民家庭，是家里 3 个孩子中最小的一个。她的家庭来到美国后的起步阶段非常艰难，可在艾米拉出生时，他们已经过上了中产阶级的生活。17 岁生日的晚上，生日庆典变成了悲剧现场，她的两个朋友因为车祸离世了。25 岁生日的时候，她感觉到乳房里有一个肿块，结果确诊为癌症。这样的经历给了她两个选择：要么忍气吞声，要么奋力成长。我是通过艾米拉的哥哥认识她的，她哥哥是我们这儿的一名医生，自己的妹妹这么年轻就已经应对过如此多的逆境，他很是钦佩，听说我在写这本书，便劝我去听听她的故事。艾米拉同意了跟我交流，我也很高兴。

那场车祸"改变了一切"。"那是 2010 年 8 月 15 日。我们在从芝士蛋糕工厂回家的路上，大家都没有喝酒，也没做什么出格的事情。我失去了两个男性朋友，而其中一个，还是我第一次萌生好感的对象。每当有坏事发生，你胃里会有不舒服的感觉吗？那之后

257

的几个月里，我胃里一直都有这种感觉。就算后来得了癌症，我都没有这样。我希望爸妈中能有一个人可以陪我走过这段创伤期，但事实上我只能靠自己走出阴霾。我感到了深深的负罪感。失去了这么多，还要靠自己寻找答案，我记得我一直在思考，这也使我变得比其他的朋友以及之前的自己更加成熟了。这就是我迈向成人生活的第一步。"

故事还没结束。失去朋友后不久，艾米拉的母亲患上了乳腺癌，不过还是活了下来。几个月后，一位她非常喜爱的叔叔死于癌症。"这些危机事件背靠背地发生。我一直以为，像死亡和癌症这样的问题都是属于成年人的问题。可一旦你自己经历过，你就会意识到，也许我其实已经是个成年人了，我要面对这些事情，还得学会处理。"这些生活事件迫使艾米拉提前问出了那些更宏观的问题，比如：我该做什么？为什么会有这样的事发生？带着这些问题，艾米拉去了伊利诺伊大学厄巴纳-香槟分校，主修心理学。

2015年，艾米拉大学毕业，2017年，她开始在芝加哥职业心理学院攻读临床心理学硕士。2018年8月15日午夜，也就是她25岁生日那天，她确认了乳房里有一个肿块。她打电话给当医生的哥哥，他说这可能只是个纤维腺瘤而已。第二天，艾米拉预约了医生，虽然有九成的可能什么事都没有，但她还是做了活检，以防万一。"所有人都想错了。"她告诉我。

检查显示她是三阴性患者，唯一的治疗方法就是积极化疗。"前3年复发的概率很大，所以必须要做大量监测。扛过3年，你就是个普通的乳腺癌患者了；扛过5年，你就是个正常人。"我跟她的沟通前前后后持续了差不多6个月，当时的她正专注于使用一种能

第 9 章
法则 8：在困境中破局，激发你的心灵韧性

挽救头发的"冷帽"技术，并坚持努力学习，以完成硕士学位。

艾米拉意识到，8年前那场可怕的车祸虽然使她失去了朋友，但有助于她更好地处理癌症诊断中的一些问题。"我讨厌听人们说什么'天注定''命里有'一类的话。他们能这么说，那是因为没'注定'到自己头上。我真的特别不喜欢这种解读。所以我试图找到另一种逻辑，能让自己感觉好些。"

"生活本就不公。"她告诉我。我对此表示同意。"人被置于这样一种境地：不管你渴望什么，不管是想要更坚强还是更聪明，你都不会直接得到，而必须通过经历一些事情，才能让自己成为想成为的人。从朋友们的离世中，我得到的启示就是该学会如何去应对挫折。我一直想让自己的生活有更多的目标和意义。所以我希望有朝一日，我熬过了癌症，就会拥有某种新的视角或意义。对我来说，最重要的事是对世界产生积极的影响。我的朋友们就影响了我，他们的离世教我更珍惜生命。也许有些经历过困苦的人看到过我的经历，读过我的博客，和我交谈过，所以受到了我的积极影响。或许因为经历过癌症，我能成为一名更优秀的心理咨询师。我会把这件事放进我的工具箱。"

"你原本想不到人会在25岁就得癌症，可一旦有了这种独特的经历，会让情况变得更可怕。"艾米拉说。一路走来，她通过阅读别人的抗癌历程找到了安慰。"不管这些故事彼此相似还是不同，读起来都会让你觉得自己不孤单，让你觉得自己也能渡过难关。并不是说得癌症是件人人都会遇到的小事，只是仅仅感受到有人已经渡过难关到达彼岸，就会让事态变得轻松一些。'

她重新开始写博客，也要做个能帮助他人减少孤独感的人。"我新开了个博客，叫'艾米拉的日常生活'，我决定在上面公开自己的抗癌经历。这件事有多个角度的意义，读者可能会觉得自己收获了新知，也可能觉得有所共鸣。"她的新博客获得了很多流量，并被分享给世界各地的人。

艾米拉获得了一种能看透整个生命历程的视角。"得过癌症的人能告诉你究竟什么才重要，什么才该去关注。我们能这样说，你那交往了两个月的男友甩了你，这不会成就你，也不会毁了你。你还有许多别的事要关注呢。如果你有什么具体想做的事，那就放手一搏吧。你知道究竟什么才最重要。得了癌症，这影响很大，却也不至于一无是处。你会因此更喜欢正常的生活。我会回顾往昔，欣喜地跟家人共处，去上大学，和朋友一起去欧洲旅行。如果不曾经历过悲伤，就不会真正明白快乐的感受。"

我问她从抗癌的经历中学到了什么，不出意料，听到了一个充满活力和韧性的答案。"通过接触医生的经验，我觉得人一定要为自己谋利益。我不是说你不能信任医生，也不是说医生没把你的最大利益放在心上，而是说我自己在没有上过医学院的情况下，对自己的病症做了尽可能多的研究。我读了 300 多页的研究报告，网上什么都有。每次我跟医生见面，他们都会笑，因为我其实已经什么都知道了。如果你也正在经历医疗上的挑战，那你应该尽可能多地了解这个疾病。只有你本人，才是你自己最长情的陪伴者。如果你有某种本能或者直觉，那一定事出有因。去探索你为什么会有这样的本能或者直觉，去找出原因。自从我发现了那个肿块，我就百分之百地清楚事情肯定不对劲，我得接受化疗。对于了解你认为的事物究竟有着怎样的真相，你一定要有信心，因为你可不想在 10 年后才发现，有的事你原本能在可处理的时候处理好，却错失良机。你宁愿在某件事上努力找出真相后发现自己之前想错了，也不愿意在为时已晚的情况下才意识到自己当年的直觉其实是正确的。这一条对什么事都适用。比如开创某类事业，你可能很早就有了想法，却因为觉得有点蠢而没有付诸实践，结果别人做到了，你只能望尘莫及。所以说，机不可失，时不再来。如果你要做什么，那你现在就要去做。"

我很高兴地看到，虽然艾米拉绝对算得上碰上了大麻烦的人，但她的生活还是能够鲜活地继续下去。在本书即将出版的时候，我和她又取得了联系，我得到了这样的回应："生活很棒，我已经远离癌症一年半了。我的头发长出来了，现在做了个波波头。化疗后，我体重有所减轻。去年结束治疗后，我也按时拿到了硕士学位。我如今是个有执照的专业咨询师，工作也很有趣。现在的生活和我们上次谈话的时候已经大不一样了！" 28 岁生日又成了人生的拐点，在承担这一天挥之不去的悲伤的同时，艾米拉可以庆祝自己在地球上又度过了一年的喜悦，也能庆祝现代医学带来的奇迹。

安东尼的故事：在深渊中努力治愈自我

安东尼是一位 54 岁的非裔美国人，来自康涅狄格州的斯坦福德。他毕业于塔夫茨大学，并在加州大学洛杉矶分校获得了非洲研究方向的硕士学位。他还教各行各业的人练瑜伽。但在他人生的最初 18 年，没有谁能预料到他今天能疗愈自我，过上"治愈系"生活。安东尼 6 个月大的时候，他母亲把他带到密西西比州，交给他外祖父母抚养。直到他的外祖母病倒了，他们才离开那儿。安东尼大约 5 岁时，母亲把他带回康涅狄格州，却又不太能照顾他。他被住在隔壁的哈里斯一家非正式地收留了。一开始只是日托在哈里斯家，后来日托变成了过夜，又变成了全周住宿。几个月后，州政府成了安东尼的监护人，并宣布他"被弃养且无家可归"。哈里斯一家正式成了他的寄养家庭。

通过自己的努力，安东尼艰难地完成了学业，并进入马萨诸塞州梅德福的塔夫茨大学就读。他希望在塔夫茨的生活会一帆风顺。不过事与愿违，无论他去哪儿，所有人的目光都会盯着他。"在一个兄弟会派对上，我卷入一场斗殴，有人报了警。几分钟之内，8辆警车包围了我，他们拔出枪，准备在校园里射杀我。那是我在塔夫茨大学求学经历中的低谷。"

那次经历使安东尼崩溃了。"不过幸好，有一位非裔女政治学教授，名叫珀尔·罗宾逊，她问了一个改变了我一生的问题：'你有没有想过去非洲？'我非常敬重的女士提出了一个如此有力的问题，也打断了我愤怒的心理模式。世界仿佛停止了运转。我请她再说一遍。她便又说了一次。那一刻，我仿佛看到自己整个人生的画卷徐徐展开。我意识到自己必须离开塔夫茨，离开波士顿，离开马萨诸塞州，离开东海岸，离开美国，我已经准备好干一番大事了。"

我自己也是非裔美国人，虽然我的生活起点要比安东尼的情况好一些，但我知道，我们这个群体中的不少人喜欢把非洲视为故土，在我们的基因中寻觅她，在我们的表达中写下她，在我们的梦境中梦到她。在我们的文化仪式上，我们还是会披上加纳特色的肯特布披风。非洲仿佛一座灯塔，一直隐隐召唤着我们。那里也让我们感觉是一个不必因为自己的肤色而自卑的地方。

第 9 章
法则 8：在困境中破局，激发你的心灵韧性

罗宾逊教授觉得，让安东尼在非洲大陆度过有意义的时光，很可能教会安东尼爱上作为非裔美国人的自己。教授说得没错。安东尼在东非的肯尼亚所度过的那个夏天的确改变了他的生活。"住在肯尼亚的村庄里，让我能看清自己和我的潜能，看清我在这个世界上可以成为怎样一个不同于当下的自己。有个很尊敬我的年轻人，他会说 5 种语言。他对我很是推崇，跟我称兄道弟。他说：'你来自美国，请告诉我，我的兄弟，你又会说多少种语言呢？'我猛然意识到，哇，我才是这个村庄里最笨的人。我可能看上去情况不错，可实际上颇有外强中干的嫌疑。我意识到自己有不少短板。我想当个有文艺复兴范儿的人，但我的水平其实还差得远。我在村庄里坐定，写下了自己的生活宣言。我要掌握多种语言，去周游世界，真正地自学成才。"

安东尼回到美国，从塔夫茨大学毕业，获得英文文学学位之后，搬到了华盛顿特区，并在一家叫"非洲关护"的公司找到了理想的工作，该公司涉足非洲 40 多个国家的基层工作。公司把他送到非洲，先是安排了一堆短期工作，又在他去法国学完法语后，让他去尼日尔工作两年半。"无论我去哪里，都是为了疗愈，"安东尼回忆道，"工作只是载着我的特洛伊木马而已。在撒哈拉沙漠中部的尼日尔，我遇到了一位 105 岁的僧侣，并学会了如何呼吸、冥想和找到自我的核心。两年半间，坚持在一间土屋里打坐，这让我看到了生活的本质。我学会了如何放慢脚步，跟着大自然的节奏前行。这才是关键所在。"每天日落时分，安东尼都会停下工作，回到自己家。他用电池供电的音箱听迈尔斯·戴维斯的歌。他也听村里人打手鼓。"夜色壮美。因为没电少车，所以也没有污染。沙漠中的圆月仿佛仙境中的样子，它所照亮的，只有茫茫沙海。我能看到星星，

263

也能看到月亮上的沟壑，我感觉自己和宇宙融为了一体。"

安东尼离开尼日尔 6 年后，那个村庄通了电。"我去过非洲 10 个国家，还在亚洲待了 4 年，主要在中国、日本、韩国和越南待过。我周游世界，疗愈自我，从古代文化中窥见亘古不变的道理。我也开始意识到，我在肯尼亚的经历其实正是我在美国的兄弟们所需要的。我知道，我需要把这些带回去，给那些在美国的兄弟们。多年以来，这件事一直萦绕在我的脑海。"

每个人都会在某个时候遭受巨大的痛苦。你可能会坠入地狱的深渊，甚至还可能因为自身选择而让自己陷入困境。你其实要比自己想象的更加坚强，你其实拥有站起来继续前进的勇气，也有能力成为一个比从前更完整的自己，更有见地、更有同情心、更有韧性，而且也更强大。你要成就更完整的自己，世界对你也抱有同样的期望。所有人都在忙着处理自己的事情，而世界就是这些人、这些事的简单集合。如果我们中能有更多的人在有资源、有意愿的基础上去超越自我，问问自己"我如何才能发挥最大的作用""我怎样才能让别人的生活变得更好"，"世界"这个集合将会大大受益。而这，也是我们迈向成年生活的下一步。

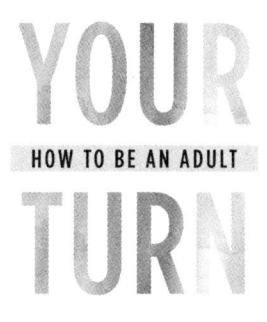

第 10 章
法则 9：建立使命感，投身于社会责任

> 当今世界太糟糕，要是人们都不出份力，
> 世界怎么能变完美。

——美国女演员贾米拉·贾米尔

我之前以为自己生活在一个实实在在的社会系统中。而且我认为，"社会"的定义就是指为了共同利益而走到一起的不同个体。因此，新冠疫情在美国肆虐的那几个月里，世界上不少地区已经能把疫情控制得很好了，而我在疑惑，个体生活在社会中，究竟意味着什么？

在书写本书的时候，我已经可以清楚地看到，在美国，个人主义已经彻底侵蚀了集体与整体的需求，成千上万的人死于其他社会结构可以控制的病毒传播。因为人们无法工作，大量失业，甚至流离失所，经济也逐渐萎缩。总之，这部分内容读下来，我认为你会觉得很难体悟到还要在这种情况下"更上一层楼"的信念。

相信我，我很清楚要让任何比你年长的人说出这句话，需要有多少勇气。在我写下本书的时候，美国各地的年轻人都在尝试着带领我们走出糟糕的局面。提醒一下，我并不认为自己比你或任何你的同辈人更明晰"更上一层楼"的必要性。我只是怀着谦卑之心，代表着那些辜负了你们的老一代人，提出一个简单的观点，那就是人们应该、能够并且必须努力让情况越来越好。

让使命感激发责任感

冥冥之中，我感觉在自己内心深处的某个地方，有着与人类中所有其他个体之间的联系，就仿佛我们都是亲人一般。我知道自己并非唯一有这种感觉的人，不过我也知道并不是每个人都会有这种感觉。每每想到我们中有人境遇窘迫、状态不佳、孑然遗落，而其他人却依然在前行，我就会感到某种生理上的不安。虽然我知道地球上有着超过70亿人口，还面临着种种巨大的威胁，比如气候变迁、系统性的种族暴力、日益扩大的收入不平等、饥饿与疾病，让每个人都平平安安并不可能，但我依然坚信，我们中那些有着更丰盈的生活元素的人，无论你所拥有的是更好的教育、更多的机会、更多的财富、更大的影响力、更强的能力还是更充裕的时间，都应该勇敢往前迈一步，为那些在这些方面没有那么丰盈的人提供帮助。

你可能会觉得，人人有别，各安天命而已。那也没关系。我不打算告诉你该相信什么，但请记住，没有谁有权告诉你该怎么对待你自己宝贵的生命。我在本章中想传达的信息很简单：不管你有着怎样的信仰，或有着

第 10 章
法则 9：建立使命感，投身于社会责任

怎样的哲学层面上的意识形态，这个世界总有需要你帮助的地方，哪怕只是一个小小的角落。

此外，即使你觉得对别人没有任何责任或义务，也应该努力让世界变得更好，因为你本人也会因此受惠。有人称此为"开明利己主义"。我们需要找到一件超越自身的事情去加以关注，这样才能在生命结束时感受到自身的价值。为了进一步阐释这一点，作家阿图·葛文德（Atul Gawande）在他的著作《最好的告别》（*Being Mortal : Medicine and What Matters in the End*）① 中引用了哈佛大学哲学家乔赛亚·罗伊斯的话："这件事可大可小，大如国家、家庭、信条，小如一座建筑、一只宠物。在赋予这件事价值并认为它值得为之牺牲时，我们便赋予了自己的生命以意义，这才是最重要的。"

如果你已经有了优越的条件，可以读到这本书，那就一定有人能受益于你的辛勤工作、时间付出以及财富的分享，受益于你的帮助和你选择的"这件事"。我希望你能找到那个超越了自我的信仰所在，也希望你能全力以赴去追逐它。

在成长的过程中，你可能听过"找到你的热情所在"这句话，但我觉得"热情"这个词在人们的童年时期遭遇了滥用。父母、老师和其他成年人可能会敦促你要"找到自己的热情所在"，但其直接原因往往并不是希望你拥有幸福而有意义的生活，而是因为他们希望你能用这种热情给其他人留下深刻的印象。他们的本意不错，但在我成年后的这 30 多年里，我所认识的大多数人，不管在大学里的论文里写了什么，其实在 18 岁之前

---

① 《纽约时报》畅销书，讨论了人们面对衰老和死亡的时候，应该如何优雅地跨越生命的终点。该书的中文简体字版已由湛庐引进，由浙江人民出版社于 2015 年出版。

都没有找到过自己的热情所在。在这一章中，我会敦促你去思考哪些事物对你来说非常重要，会让你发自内心地对其做出承诺，也会让你在这件事上投入时间、精力、金钱与真心，纵然全世界都嘲笑你，也绝不动摇。正如我在前文中所说，倘若你的内心深处真的觉得某件事情重要，纵然全世界都在嘲笑你也没关系。你只需笑着回应：你们怎样，我无所谓。对我来说这件事很重要，所以无论如何，我都要为之努力。

也许需要解决的问题有很多，也许其中许多问题看上去难以解决，但别因此退缩。我承认，虽然我已做好准备，也的确渴望去帮助某个有特定需求的人，但我仍然比较怀疑，倘若没法修复整个系统，单单试图挺身而出修补系统的一小部分，到底有没有意义。比如，有几百万人陷入了饥荒，一个施粥铺又有什么意义呢？比如，当数以百万计的孩子没有机会接受体面的教育时，只让一所小小的学校或教室"更上一层楼"，又有什么好处呢？无法解决所有的问题使我感到绝望，有时也使我没法体察自己通过亲力亲为解决一些问题所带来的实际效果。我真的认为自己会终结饥荒，或者整体改善公共教育吗？也许可以呢？

"更上一层楼"并不一定非要达到带领所有人摆脱束缚，进入应许之地的程度。不过，靠着一群人让世界的一小部分变得更好实际上很可行。总的来说，我们可以一起大规模实现积极的变化，我们的后代也指望着我们去努力加以尝试。要记住，努力本身就会让你感觉很棒。

"更上一层楼"的方法有无数种。你可以通过改变自己的时间规划、支出规划、决策方式、生活方式来做到这一点，你也可以把整个个人生涯都奉献给服务于他人。例如，成为教师、护士、急救专家和消防员，这些人日日为了保障他人的生活而工作。你也可以为某个项目每周做一次或者每月做一次志愿工作。你可以对一些问题展开调查，针对这些问题设计和

第 10 章
法则 9：建立使命感，投身于社会责任

开发解决方案。你可以开创一个全新的行业，或者以全新的方式去做一件本身非常古老的事情。你可以种植树木、净化空气、清洁水资源。你可以创建一个企业，通过调整原材料渠道，善待你的员工，以及售卖有意义的产品，来让世界更美好。你可以竞选地方、地区、全州乃至全国性的行政职位。你可以疗愈病人，安慰伤者。你可以通过创作文章、图像或声音来感化他人，让他们能以更好的方式去生活。你可以为那些需要支持的人大声表达。你可以去抓坏人。你可以阻止人们残忍对待其他生物。你可以彻底改变自己的生活方式，成为他人的榜样。你可以捐一些小钱给不同的对象，鼓励其他人效法。你可以在离世后把一部分财富留给某个组织。你还可以通过参加"无人孤独终老"这一组织的志愿活动，来表达对即将离世之人的尊重。

你也可以很轻松地让周围的人感觉到来自你的善意。不妨想象一下，如果你或者你的家人属于人群中占比四分之一的那部分有着或隐或显的残障的人，那就意味着没法进常规的游乐园游玩。我的朋友吉尔·阿舍和奥伦卡·维拉里尔就把解决这个问题作为他们的"因由"。他们是"魔法桥基金会及游乐园"的联合创始人，他们的行动证明了游乐园可以且必须在设计和建造时考虑到"所有人"。奥伦卡说："身体有残障的儿童和成人能玩我们这里专门设计的旋转木马，他们也可以旋转起来，跟其他人享受同样的乐趣。他们在这里可以暂时抛开轮椅去玩滑梯，而不必顾忌旁人的目光。身体残障人士还能上我们的两层树屋玩耍，荡我们的水桶秋千，甚至坐我们这里的摇摆船。针对患有孤独症或感官障碍的人，也有比较柔和的游玩项目，比如激光竖琴的声音就很柔和，对感官负荷过高的人来说非常悦耳。"他们的团队在世界各地建造了十几个这样的游乐园，其中就包括我所在的小镇，他们也正好住在这里。我去参加游乐园开幕式的时候，看到了每个人都能在这里简单地享受自己开心快乐的一天，我的内心也因此满是幸福。

不管你为了"更上一层楼"做了什么，我都向你保证：如果你利用了自己内在的技能和天赋，关注了自己所喜欢的投身于世界和成长环境中的方式，那你就可以利用这些原始材料做出改变。为了"更上一层楼"，就要抛下以前固有的行为方式。所以，试着跳出限制去思考。再想想身边的那些问题。你大可以从完全不同的角度来看待同一个问题，就如吉尔和奥伦卡所为。这就是我们该如何同时获得有趣的真实体验和创新的解决方案。

5 步，推动世界变得更好

你不必从根本上改变美国，才能让世界"更上一层楼"。但为了让事情变得更好，你还是可以做出以下这些基本的举措：

1. **登记投票，并投出属于自己的一票。** 去你所在的州注册，并承诺无论发生什么，你都会亲自投票。在我理想的世界中，一旦你到了法定年龄，投票站就会自动向你开放，但目前每个州都有自己的规则和规定，涉及谁可以投票，需要在选举前多久登记，如何登记，以及投票的时间、地点及方式。要知道，根据你所居住的地区和你的身份，你所在地的领导人可能会试图增加你投票的难度，所以你还可能需要多跑些路程才能顺利投票。那也要做。有时候，几百张选票就能影响一场重大的选举，比如 2000 年戈尔与布什间的选战。所以永远不要落入思维的陷阱，觉得"我没投也没什么关系"。不，有关系。如果你是通过邮寄来投票，那一定要在选举日前及时把选票寄到。

2. **定期看新闻。** 如果你首选听广播或者新闻播客的话，那我说的

第 10 章
法则 9：建立使命感，投身于社会责任

"看"也完全可以换成"听"。你可能已经通过社交媒体账户与视频网站了解了不少新闻信息。倘若你主要是通过这种方式了解新闻的话，一定要做深度的了解，而不是被发布者牵着鼻子走。另外还要注意，阅读自媒体或者朋友们发布的新闻，以及算法为你推荐的新闻，基本上就会提前把你已经关心的事情过滤出来。所以还是要挑战自己，拓宽视野，接受更多信息，否则你将生活在一个泡沫之中，每个人随时随地都说着一样的东西，你也可能因此很快被谎言所蛊惑。不仅仅在对时事的了解上需要拓宽视野，更要在地域上拓宽视野，你应该要在自己所处的城市、地区、州、国家和这个世界的主要问题上有所作为。地方官员对你所在的城市和地区的生活质量和经济繁荣度有着很大的影响力，这影响到谁会因为什么事情而被起诉，以及警察会如何执法。所以你需要注意你所在城市的议会在做什么，如果你对教育感兴趣的话，你还要注意你所在的学校的董事会。抽空多看看当地的新闻。

3. **注意偏见的影响，不要相信谎言。**上过新闻学院才能当记者，这是有原因的。在那里，他们会学习如何确保信息能够被多个来源验证，进而确定何为事实。但随着互联网、社交媒体和智能手机的诞生，人类历史上头一次，只要手里有手机，人们就可以肆意表达自己的观点，只需按下几个按钮，就可以与世界上的任何人分享。这感觉就像是在某种程度上达成了信息的民主化。然而，这也意味着有很多未经证实的垃圾在冒充着新闻。就算是主流的、有资质的新闻来源往往也有倾向。《纽约时报》就偏向于自由派，《华尔街日报》则偏向于保守派。人类写的任何东西都会受到偏见的影响，就算机器人写的东西，也会受到机器人创造者的偏见的影响。简而言之，你需要对信息来源保持警惕。问问你自己，用这种方式讲故事，究竟谁会受益？在理性的范围内去寻求理解对

方的观点，再运用分析推理来判断究竟哪些是事实，哪些是观点，还有哪些完全是子虚乌有的胡编乱造。要是需要去分辨某件事的真假，那就自己做调查。我曾经发布过某个信息，可后来发现那是假的。实在是尴尬！如果我身上能发生这种事，那你身上也有可能发生。这些经历教会了我最先要做的，就是核清事实。

4. **让你的朋友、家人和邻居也参与进来。** 无论你正在思考的是和你本人的生活经历有关的问题，还是仅仅在学校或新闻中了解到的某个普通议题，抑或是有某个你很尊敬的人所支持的事情，而你也想出份力，或者是你所在的地区议会当下正在论证着的某个决议，你都需要带着初学者的心态、足够的谦逊与好奇去对待。你要多多向那些在你之前已经多年致力于这一议题的人学习。你要去了解一下，哪些行动没用，哪些行动有用。利用你的发声、时间投入、努力付出、影响力乃至金钱，去让事情"更上一层楼"。如果你碰见了某位老友或某位你平时不常交流的家庭成员，也可以好好谈谈自己内心深处所担忧的一些事情。倘若我们能够集思广益、群策群力，以公民该有的方式去参与社区活动，就能够让事情变得越来越好。

5. **不要只是嘴上说说，直接行动更加实际。** 别当先说再做的那种人。要让朋友和家人突然发现，你其实已经达成了目标。我们的联邦政府会把一些移民家庭的孩子从父母身边带走并拘禁起来，对此我非常在意。有差不多整整一年的时间，我见到朋友就说："太可怕了，简直难以置信。咱们该做点什么！"终于，2019年6月，报纸上又发表了一篇跟这些孩子们恶劣的生活条件有关的报道，我惊觉自己不能再继续自欺欺人。

　　我冲到沃尔玛，买了个扩音器。我跟收银员说："我要去得克

第 10 章
法则 9：建立使命感，投身于社会责任

萨斯州，为那些移民家庭的孩子发声。"她朝我眨了两下眼睛，从自己的口袋里掏出一张 20 美元的钞票，递给了我。我又去办公用品商店买了海报板、记号笔、胶带、电池、剪贴板、纸、水，还有几个塑料垃圾箱专门用来装这堆东西。我跟收银员说了自己此行的目的，他回应道："我必须先征求一下经理同意，才能好好拥抱一下你。"经理同意后，他问我能不能拥抱我。我当然答应了。然后，我把我的那辆牧马人吉普车开到平时帮我修车的师傅那里，告诉他们我要开 17 个小时的车去得克萨斯州。他们说我的轮胎有些老化，所以我得找家轮胎店换上新轮胎。轮胎店的活儿很多，他们告诉我可能需要等上几天，才能轮到给我换轮胎。我表达了谢意，同时也跟轮胎店的小伙子说明了我的情况。"我要把这辆车开到得克萨斯州去，要让更多人能关注那些孩子的遭遇。"他看了我许久，又低头看了看自己手上那叠订单，然后告诉我，下一个就给我换。

我没能把那些移民家庭的孩子救出来。但我的"大篷车"的确吸引了一些非常正经严肃的媒体关注，还有很多人陆续加入了我，和我一起去得克萨斯州，或在那里等着我。我们就站在埃尔帕索的街角示威，就站在埃尔帕索和克林特的联邦大楼外表达着诉求。捐款如潮水般涌来，我们把这些钱交给了埃尔帕索的一个收容所和墨西哥华雷斯的一个收容所，我们需要穿过边境，才能到达后者的所在地。每天晚上，我们都会在孩子们被抓捕的地方为他们守夜。还有人想出了好主意，那就是隔着高墙铁窗，用西班牙语给里面的孩子们唱摇篮曲。在我内心深处，那些孩子也是我的亲人，所以无论多么微小，我都要尽自己的一份力量，让他们知道，他们不曾被遗忘。

YOUR TURN: HOW TO BE AN ADULT
在世界上找到你的位置

YOUR TURN:
HOW TO BE AN ADULT　　我身边的故事

安杰利娜的故事：让社会对女性的认知"更上一层楼"

安杰利娜·卡多纳·基利在 28 岁时以选手身份参加了《幸存者》第 37 季，该季主题为"大卫对阵歌利亚"，于 2018 年播出。她拒绝屈从于制片人对年轻女选手该如何表现以及该如何被展示的刻板印象，成为该真人秀节目中最有策略且最直爽的女性选手之一，这也使得她在一些人的眼里显得太过"专横"。纵然如此，她还是闯进了最终的投票对决。虽然情况并没能按照她所期待的方向发展，但她所得到的东西，在价值上可以说已经超过了百万美元。我给她打了电话，想好好听听她的故事。

安杰利娜来自内华达州的斯帕克斯，她父亲在当地经营着一家商店。她父母在她很小的时候就离婚了，她母亲用每天晚上的时间修完非全日制大学的学业后，成了一名小学教师。她父母都是努力奋斗的人。安杰利娜后来获得了斯坦福大学的全额奖学金，这对全家人来说都是件大事，这也使得我和她相识。"大学中的一切我都觉得新鲜。"安杰利娜说。她接触到了女性在生活中会面临的那些重大障碍，比如性侵犯、工资差距和职场中的无形天花板，她在课堂上研究这些问题，并成为学生社群中的活动家，也进一步引起了他人的注意。她说："这些问题给了我动力。"在大四的时候，她担任斯坦福大学的学生会主席，竞选纲领是终结基于性别的侵犯和人际关系中的虐待。可即便坚定如她，还是遭到了另一个同学的跟踪，而对方的行为也愈演愈烈，逐步发展到威胁。"我当时 20 岁，想努力

第 10 章
法则 9：建立使命感，投身于社会责任

当个优秀的领导者，但我觉得自己面临太多的打击，安全感也因此越来越少。"她打电话给警察，警察却问她："你觉得自己做了什么，才让他对你有了这样的行为？"她战胜了这种指责受害者的错误心态，申请了对方的永久限制令，并在法庭上代表自己出庭，也赢得了胜利。大学毕业后，她为大学校园研发了"反围观"培训课程。"我们需要赋予人们权利，去让他们明白，在这些问题上，他们有着属于自己的角色。很多事不仅仅只与受害者和肇事者有关，而是与所有人有关。我们其他人的所作所为，可能会对某种文化起到推波助澜的作用，当然也可能使之产生彻底的改变。"

安杰利娜毕业后加入了咨询公司德勤，先在旧金山办公，然后去了加利福尼亚州的科斯塔梅萨办事处办公。她的工作是帮助客户公司解决问题，并满足他们在企业发展战略方面的需求。她的同事都很棒，她挣的钱也足以让她过上远比小时候轻松的生活，但刚一开始这样的生活，她就觉得有些地方不对劲。"我相信我们都有自己存在的目标和计划，我们每个人都可以为世界做出独特的贡献。我白天忙着给客户做电子表格和营销材料，但我内心知道，这不是我该做的事情。到了晚上，我才会做一些业余活动，比如帮助客户研究为什么在并购工作中没有更多的女性参与进来。后者对我来说，其实才是最重要的事情。"这种融合了成就感和不安感的体验持续了几个月，继而又持续了几年。

我懂，我当年也进入了公司法领域，而非为遭遇边缘化的人群做律师，可后者其实才是我去读法学院的动因。经历了很多坎坷，我最终才明白，要是你想让世界变得更好，却又只把这项工作放在生活的边边角角，只能在从正常的工作抽身之后的深夜里完成，那就注定要失败。安杰利娜觉得："要打破现状真的很难，尤其是你已经收入丰厚，又有着良好的人际关系，体验到了某种程度的舒适，又害怕面对未知的时候。直到我真正地有了一次暂停的机会，我才下定决心：好吧，我得做出改变了。""暂停"的契机就是参加《幸存者》，这是她一生中的重要冒险，也使她对性别动态变化这一话题产生了意外的深入认识。

《幸存者》的制片人当时正在筹备"大卫对阵歌利亚"，他们希望成员阵容中包括受过常春藤盟校教育的女性，要有魅力，还要有直言不讳的性格。有人向他们介绍了安杰利娜，激烈的竞争和可观的奖金对安杰利娜有着强大的吸引力。这个节目的每个参赛者都能赢得一定数量的金钱，而这份收入也许就能帮她创建梦想中的非营利组织。不过她的加入并不顺利。她当时并不知道，《幸存者》跟其他真人秀一样，重点在于对性、冲突和喜剧内容的展示，所以制片人通常不会接受一个已经处于严肃情感关系中的年轻女性，因为她没法调情、有性感的表现，也没有成为业内所谓"表演者"的潜力。安杰利娜当时刚刚嫁给她一生的至爱奥斯汀，他是海军陆战队的一名军官。

不过最先找到安杰利娜的选角经纪人，还是一直在推动她去参加节目。距离这季《幸存者》开拍还有几周的时候，选角经纪人绕过了标准程序，直接给节目的主持人、真人秀引导人、执行制片人杰夫·普罗布斯特看了安杰利娜的视频和申请。经纪人直接告诉普罗布斯特："这就是你要找的人，这就是出演阵容不可或缺的人。你的部落里需要这么一个人。"杰夫同意了。他们加快节奏，让安杰利娜接受所有决赛选手都要经历的一系列测试和面试。"在全过程中我都只是在做我自己，不过杰夫还是向我竖起了大拇指，并眨了眨眼睛。两天后我接到了电话。我当时觉得，虽然参加节目后注定要挨饿，而且我现在的体能也没那么棒，但我还是要参加。我有很强的

第 10 章
法则 9：建立使命感，投身于社会责任

自驱力，我喜欢冒险，我还很有竞争力。我跟老板请了假，他也没意见。就算没有那些可能赢到手的奖金，光是这一整套历险，就很有吸引力了。我甚至还希望借着这次上电视的机会，通过我的一些言行来推广我的价值观。"

最终，安杰利娜做出了一些在《幸存者》中从未出现过的来自女性参赛者的战略性举措，比如制作了一个颇有争议的假的豁免神像，还有与杰夫讨价还价，宁愿放弃自己的豁免权，为她的部落换回了更多的大米。交易达成了，而且安杰利娜在随后的投票中亦幸免于难。《幸存者》节目的粉丝盛赞她在隔天一次的参赛者访谈中改善了性别的动态水平。他们也认为她推动了这部真人秀的发展，可以针对性别及其动态水平展开更公开的讨论。

安杰利娜最终获得了第三名的成绩，同时也获得了 85 000 美元，她也帮助改善了其他女性幸存者的参赛体验，并激励了一些观众去改变自身在某些方面的态度与行为。

就连我在看这季节目的时候，也在给安杰利娜加油，并不仅仅是因为我了解她、爱她，还因为这个敢作敢当的女性聪明、坚强、美丽。我女儿埃弗里当时 18 岁，刚刚开始看《幸存者》的最早几季，而我鼓励她直接跳到这一季，好好去看看安杰利娜。

杰夫·普罗布斯特也同样支持安杰利娜。2018 年 12 月，《娱乐周刊》在安杰利娜参加的那季的大结局播出前几天发表了对杰夫的专访，当被问及有没有一个他想以后还能在比赛中见到的人时，他的回答就是安杰利娜。"《幸存者》的真谛在于参赛者的阵容能够反映出我们的文化中正在发生的事情。作为一个女儿的父亲，最让

277

我兴奋的，就是能够看到女性力量在上扬。多年来，在生活中，在《幸存者》中，坚强的女性一直在蒙受不同于男性的评判。很是奇怪，多年以来，我们都很难找到像男性一样'令人难以忘怀'的女性。可现如今，女性的声浪与日俱增，我们也希望这种声浪能在节目中得到体现。对安吉莉娜的评价两极分化。的确有些人批评她'太过分'，但她投身的是一场激烈的比赛，必须拼尽全力，不容任何退缩。我喜欢这样，我们也需要这样。要是有男人做到了某件事，他能功成名就，那么如果女人做到了同样的事，也应该有同样的回报。总之，我投安杰利娜一票。"

安杰利娜改变了《幸存者》，而《幸存者》同样也改变了安杰利娜。她以此为契机远离了自己的日常生活，同时也知道了自己来到世上，其实并不是为了去帮什么公司解决问题、制定战略。就在斐济的沙滩上，她独自一人重启计划，开始着手建立一个旨在把年轻女性培养为领导者的非营利组织，她要从节目里赢到些钱，这样才能有资源去养活自己、投身事业。

"在斐济的沙滩上生活了两个月，参与了一个疯狂的游戏，我与世隔绝，甚至根本听不到外界的新闻，不过也终于因此得到了喘息的机会。从 13 岁起，我就一直在拼，从未止步。在这个游戏里，你只能枯坐在那儿，除了衣服之外，没什么别的东西。身上很脏，闻着也臭，腹内更是空空。但我还是看到了此生最美的日落景象。生活被迫暂停，而我之前从未有过这种体验。在这种情况下，有个参赛选手猛然意识到，自己该跟女友求婚。而我却在思考：我所害怕的到底是什么？我害怕没钱赚，害怕没有安全感，害怕没有一份光鲜的工作，害怕做出他人无法理解的选择。

"《幸存者》给了我另一件礼物，那就是击碎了我原本都没有意识到的完美主义问题。我差点儿就因为没法化妆上节目而放弃这个机会。我也担心自己在电视上看起来会很胖、憔悴或者疲惫。参与《幸存者》使我扪心自问：'什么使我变成了这样？为什么我如此害怕表现出不尽如人意的一面？'节目拍摄时，每隔一天我就会跟制片人深谈45~60分钟，而他们的确会深挖你灵魂深处的东西。有几个制片人说过，他们注意到了我特别不喜欢有事情脱序失控，或者言行上有什么不合时宜的表现。这仿佛一面镜子，照出了我的情况，我想：'哇！他们没说错！'我对这个游戏一开始参与度不高，因为我担心自己在电视上看起来不够完美。但我终究还是投身进去了，我别无选择，只能把所谓的完美先放下。因为我有拉丁裔血统，我的脸上、胳膊上、身体上的毛发会越来越重，而且在比赛第一天，杰夫喊出'出发'后，我跳进海里，妆容就一去不复返。就这样看着自己的人生，我发现有一条线贯穿其间。其实一年没工资也没什么，可以拿节目里的奖金来维持生活。我大可以冒一次险，去找一份不是所有人都能理解的工作，或者在他们看来只能以志愿者身份投入的工作。这使我允许自己去尝试、失败，也不必完美，这其实很重要，因为作为一个去开辟新道路的人，不能残留这些恐惧。这让我感觉到无比自由。"

我们这个社会、这个星球上有着太多的问题。你们成长的时代，也正在经历着匮乏与动荡。但你的能力无可限量，所以别被那些看上去做不到的事吓倒。想想自己能做什么，可能特别适合做什么，然后赶紧开始！无论你是谁，无论你来自哪里，都起码有3件你随时能做并能助你成功的事情，就仿佛超人可以随时穿好斗篷，施展超能力一样。而这种凡人就有的超能力，便是我们接下来要探究的内容。

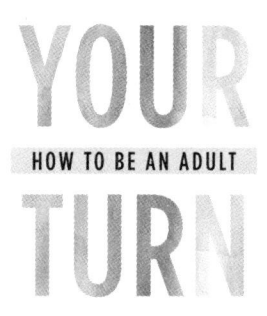

第 11 章
聚合超能力，在世界上找到你的位置

> 我们每个人，
> 都是送彼此回家的同行者。

——心灵读物《活在当下》作者拉姆·达斯

拉姆·达斯原名理查德·阿尔伯特，出生于 90 年前的经济大萧条时期。他父母在波士顿地区将他抚养长大，在那里，他上的都是最好的学校。他后来就读于塔夫茨大学，并深受心理学研究的吸引。他相继在卫斯理大学获得心理学硕士学位，在斯坦福大学获得博士学位，博士论文所探讨的话题便是"成就焦虑"。在哈佛大学任教期间，他已在业内崭露头角。就在我出生的那一年，1967 年，他把名字改成了拉姆·达斯。

如他所说，我们每个人，都是送彼此回家的同行者。这是对人类存在究竟有何目的的诸多解释中，我最喜欢的一个。这句话使我产生深深的共鸣，就好似听到了一种我曾经熟悉却已经忘记该如何去表达的语言。

而本章真正要探讨的，是你身上所拥有的绝佳超能力：正念、善意与感恩。这3种超能力各有一个你可以随时打开的开关。不骗你，真的随时可以。每当你使用这3种超能力中的任意一种，就能立刻改变自己跟身边其他人的体验。你所要做的，仅仅就是下定决心使用这些超能力而已，就这么简单。就跟超人克拉克·肯特某天突然发现了一个斗篷，说用就用起来一样。你越多地去使用某种超能力，并围绕这一力量去建立意识，就越会进一步强化它。所有与这些超能力有关的信息都应该保存进某个空间之中，日记可以，电子文档也可以，你大可以自己决定。我姑且先把这个空间称为"你的记录册"。一旦你学会了使用这些超能力，生活便会变成你最喜欢的歌单，而你的至爱之人，也会跟着你一起开心地融入其中。一起来吧！

我从 2007 年开始接触正念，当时我正跟斯坦福大学的一些同事相处得不太融洽。我半被迫地接受一位高管教练的指导，她的工作就是帮我去了解我该如何给他人留下好印象。就是这位高管教练玛丽埃伦教会了我正念。进行正念练习一开始会非常尴尬怪异，但仅仅几年后就非常容易了。如今过了 14 年，正念对我来说已经像是呼吸般自然顺畅。

所谓正念，是一个密切关注在自己身体里和心智中所发生的事情的过程。这一概念其实可以追溯到很久以前，却在 21 世纪突然流行起来，其中的关键就是马萨诸塞大学退休老教授乔·卡巴金的一系列著作。我首先要澄清，正念并非"自我接纳"。恰恰相反，正念实际上是让你在每个时刻都能足够了解自我，这样才能好好地去感受周边所发生的一切。

正念就像是我把某种最持久的自我赋予自己的精神、灵魂及内心深处，让我能告诉自己当下发生了什么，进而帮我确定此时此刻我该怎么说、怎么做，才能让我的言行在与自身价值观保持一致的同时，还能不伤及他人。正念也让我能够自己去选择自身的表达方式，这样就不至于显得太过冲动甚至于鲁莽，也避免了日后还要转过头来好好道歉。

将正念根植于内心的 10 个方法

我要在此向我的教练玛丽埃伦致以深深敬意，她向我介绍了正念，并帮助我在工作场所、个人生活中。以及表现不佳时，利用好这一工具。正如我之前所说，如果人在濒死时会想到生命中出现过的重要他人，那我能想到的人里一定会有她。当然，这里只是我个人的见解，以及我从别人那里掌握的一些方法。（为了真正理解正念练习的程序，建议你阅读一些乔·卡巴金及其他相关专家的作品。）要知道，我经过多年练习才将正念养成根深蒂固的本能，可以不用去想，便能手到拈来。所以不要期望能一下子就掌握这个技能。但还是有如下一些方法，可以帮你掌握正念。我希望你已经对释放这种超能力拥有足够的好奇心了。

1. **静下来**。若非你对正念已经练习到炉火纯青的地步，只要周围有些噪声，你就很难进入正念状态。所以，先要找个你能舒舒服服地躺下或坐下一两分钟，不会让你分心的地方。正念关乎用心智去关注心智，倘若总有事情干扰，心智自然就无暇关注它自己了。是不是挺有趣的？

2. **觉察自身想法**。你所要面对的并非什么随机的糟心事，而是碰见这些事时，冲进你心智中的想法。这些想法对你非常重要。要注意马上要涉及的话题，并注意你因之而生的想法。要对自己做好梳理："我想的是甲事，担心的是乙事，感受到的是丙事。"觉察自身想法的时候，要对自己友善点。你对自己有兴趣，你支持着你自己，所以，别做评判，仅仅觉察就好。把想法说出来，你会发现它就不再那么激烈、过分了。就算依然平复不下来，你也可以对自己说："我听到了，没错，的确很值得担心。"通过留意这些想法，你能让自己的心智明白你已经了解了各种情况。

3. **"扫描"身体**。缓慢扫描身体的每个部分，让这个承载你一生的物理实体的各个部分都能感觉到自己被关注。有没有疼痛或者不适？有没有缺失感或者觉得哪个部位实在多余？去留意、认可，不要批判，这个身体就是你自己。留意并感知身体的不同部位最终会成为一种自我珍视的练习，虽然略有离题，但依然值得一提，毕竟这也是进行正念练习的好处之一。

4. **做好记录**。当然，你没法边做正念练习边做记录。但在做完练习之后，还是可以把记录册拿出来，花上几分钟时间，把所思所想记下来。随着时间推移，通过把心智中、身体上发生的事情记录下来，你会越来越清楚什么让你感觉不舒服，又有什么会让你的正念练习愈发深入。

5. **每天都要练习以上所有项目**。要想养成一个习惯，需要花上几周的时间。况且这还只是习惯，而非把正念变成"本能"。所以说，要坚持，要努力！你要养成的习惯，是一件不需要逼着自己去完成的事情，它要成为生活中使你乐在其中的一部分。

6. **带着正念上路**。一旦你认为自己知道了什么是正念，而且自己也已经完成了几次，那你就做好准备更进一步，带着正念上路了。

第 11 章
聚合超能力，在世界上找到你的位置

你可以在房间里跟室友或者家人一起践行正念，也可以在职场、学校，甚至跟陌生人通过各种随机互动来践行正念，在你跟他人以及更广阔的世界互动时，就能注意到自己在心智和身体上发生了哪些变化。可能是惊讶，也可能是惊喜哟！

7. **留意即将面对的事情。**你可能在各种地方碰见各种人、各种事：开会、逛杂货店、跟朋友聊天、开车过路口、参加读书俱乐部、去健身房健身。身体会在大脑解释和表达所发生的事情之前向你发送信号，你可能会口干舌燥，可能会手心出汗，声调可能会变；胃里面可能翻江倒海；膝盖可能在抖；牙齿可能会咬到腮肉；手可能在扯头发；心率可能会上升；方向感可能会变差，甚至还会头晕；你可能觉得自己难受得要炸开了。以上所有情况都是身体在试图告诉你情况特别不对劲，它告诉你，你正处于恐惧、愤怒或者羞愧之中。我在此更聚焦于那些负面感受，是为了强调你一定能重新掌控局面。

8. **试着去了解有哪些潜在诱因以及是哪些感受触发了它们。**问问自己，在身体做出反应之前，你究竟说了什么、看了什么，或发生了什么。这是在寻找究竟是什么触发了你身体的反应。头脑会利用记忆和语言来总结出答案告诉你。一旦你获得了这样的信息，比如"我看到了某件事""有人说了某句话"，你就可以问问自己，对此究竟有着怎样的感受，又为什么会如此介怀。如果可以的话，赶快记下自己注意到了什么，你所认为的诱因是什么，以及为什么你会觉得这是一个能影响自己的诱因。从给自己的一些简短表述开始，日积月累地填充记录册，你就能更加了解自身的复杂性。你的人生阅历多种多样，有些使你放松、满足、平衡，还有一些则使你害怕、生气、羞愧。你已经掌握了如何去应对这些事情，但通过正念，你能进一步学会去放下所有的包袱，理解内心的郁结，这样便能更好地去掌控接下来要做的事情。

9. **从"反应"过渡到"有选择地反应"**。你会明晰诱因在何种情况下会产生影响，进而积极干预，不至于让你处于被动，受制于这种影响。通过正念练习，你会这样想："啊，没错，我感到自己的确产生了防备心理，因为他们的话听上去在质疑我不够聪明。"或者："好，关于这件事我有很多要辩驳的，不管现在说话的是谁，我都不能等了。"只需要这样把节奏降下来，你就能更好地控制自己下一步的行动。倘若没有正念参与，你接下来的行动只是基于反射做出的。碰见了好事，你可能会打断别人的表达，插进他人的谈话，不再倾听他人的声音，任由热情引领着你行动，随心所欲。碰见了坏事，你可能会大喊大叫，变得暴躁，一走了之，或者因为口无遮拦而激化矛盾，甚至对别人大打出手。可一旦有了正念参与，你就会问自己："我要不要加以回应呢？如果要的话，又该如何去回应呢？我的回应该是一个动作，还是一段文字？该现在做，还是暂时按兵不动？"

10. **练习，练习，再练习**。随着时间的推移，通过不断练习，你会很好地让正念保持"后台运行"。而你自己，也好像变成了专属于自己的搜索引擎。通过搜索"现在发生了什么"来激活这个引擎，就会有答案弹出来。一旦你喜欢上了正念，不必强迫自己也照样可以做到，那你就能够有意识地把它升级成一种帮自己理解周围事物或帮你更好地"做自己"的手段。再过一段时间，你甚至都不需再这样思考，它会从"我该"过渡为"我是"，甚至变成"我"本身。读到这里，你要有一种能完成跨越的强大信心，因为你暂时还没能做到那种地步，但还是要做，因为这很值得。作为一种

第 11 章
聚合超能力，在世界上找到你的位置

对自身心智的感知手段，正念是一种永远深植于你内心之中的工具。你要做的，便是寻觅、加工、打磨、使用它。随着熟能生巧，正念会成为你再也放不下的优质工具。终有一天，你会单靠意念就能召唤超能力，就像雷神召唤他的战锤一样。

12 件充满善意的人生小事

要想定义善意，似乎很难不使用"善良"这个词。"做善良的事情""对其他人保持善良"其实并不算是什么好定义。那究竟什么是善意呢？怀着善意做人做事，又究竟意味着什么呢？你看到善意的时候，就知道那一定是善意。注意，在本章我将重点介绍你现在就可以为身边的人做的事情。你也可以在更大的范围内去做善事，比如为某项事业做志愿者或为其捐款，但本章重点是使用你的善意超能力，让你作为一个个体，去充满善意地对待另一个个体。

有超过 70 亿人生活在这个离太阳第三近的星球上，有时候，日子的确难过。我们承受着沉重的负担与伤痛，以及大量的需求与琐事，这让我们不禁叹息与疑惑"究竟为什么"。在这样的时刻，倘若能够得到他人，甚至是别的动物的帮助，其间的善意不仅可以减轻实际的负担，也会安抚我们的内心。我们终于可以告诉自己："还是有人能充满善意地对待我的，这起码是世界尚有美好的一点证明，既然知道了这一点，那我就要继续自己的旅程。"魔法在此时就开始发挥作用，别人以善意待我们，我们便更能以善意待人。任何看到我们对另一个人表现出善意的人，都更有可能再对其他人表达出善意。你对别人表达善意，甚至还能让你自己的感受变得更好。善待他人会提升你的精神境界，甚至还能把你从悲伤的状态中一把拉出来。善意简直就是一剂灵丹妙药。

YOUR TURN: HOW TO BE AN ADULT
在世界上找到你的位置

在"混沌理论"看来，一个小如蝴蝶的物体做出动作，几周之后，便可以在远方引起龙卷风。这种"蝴蝶效应"也同样适用于善意。就在我打出这些字的时候，俄勒冈州波特兰市一位叫楠的先生刚刚又给我寄了一张明信片，而我并不认识他。这些明信片经常会寄到我的公开邮箱，这是我收到的第六封来自楠的信件，他写着流畅的草体，字写得很大。他寄明信片来，似乎是要表达一种对我的关心，明信片的正面有两只会飞的大黄蜂，而反面则写着："希望你近来一切顺利。写作顺利，心情愉悦！真诚的，楠。"这可都是一个陌生人写给我的！楠的明信片让我觉得有人在关心我，而我则扪心自问，自己上一次对别人这么好又是什么时候？我决定给楠回封信。我找了一张小卡片，上面写着"是你让我拥有美好的一天"，我在内页写下："我只想让你知道，收到你的明信片，使我度过了美好的一天。谢谢你念着我，我非常感激！朱莉。"楠的明信片上不仅画着忙碌的蜜蜂，还画着蜜蜂拍打翅膀飞舞的样子，这我并不陌生！这就是蝴蝶效应！

有一天，丹在他的社交媒体账户上提出了一个问题："用一个词来形容我的话，你会用哪个词？"没过多久，他那美好的一生中所结识的朋友们就纷纷写下回复。其中一个词占比具有压倒性的优势：善良。让我跟你简单说说，丹到底有多么善良。一个周六上午，我俩还赖在床上。我其实已经醒了一段时间，把手臂支在床头柜上，处理着手机上传来的各种工作。丹可能感觉到了我的压力指数在上升，便朝我这边转过来，又把脸贴在了我的背上，说："我能做些什么才能让你今天过得更开心呢？"

接下来的几个月里，我给多个学校社群做了一系列线上演讲，在新冠疫情期间饱受折磨的家长特别渴望得到有效的指导。可我能提供怎样的指导呢？我自己也不清楚。毕竟我也是第一次亲历疫情，没有前车之鉴。这些人曾邀请我在不同情况下就养育子女问题发表演讲，如今他们又来向我

第 11 章
聚合超能力，在世界上找到你的位置

求助，所以我还是想试着发挥一些积极作用。我得利用自己的聪明才智，想想办法。我列出了一个清单，叫"让你在就地隔离时不会失去理智的 10 个步骤"，其中就提到了那天早上丹跟我在一起时发生的事。我讲了 35~40 分钟，然后主持人整理了我讲解过程中，人们在评论区里不断提出的问题。第一个问题是："我怎样才能找到我自己的那个'丹'？"这个问题显然已经有很多人问过，我想比起如何找到自己的'丹'，更好的问题应该是："我如何才能成为像丹一样的人？"这才是本章的目的。如何像丹一样，也就是如何成为充满善意的人。

拥有善意并非难事。你只要想拥有，便可以拥有。只要你想拥有善意，你就能发现处处都是表达善意的机会。当然，生活中也处处是可以捐款或提供志愿服务的项目，但正如我之前所说，我在本章所关注的主要是个人对个人层面的善意表达。你可以在家里表达自己的善意，也可以在街上，在商店里，在学校里，在职场上，甚至在你的车里。你表达得越多，这种表达就会越自然，你从中得到的共鸣也就会越多。它会像你体内的肌肉一样不断生长。不妨想象一下，你是一只蝴蝶，用善意拍打着翅膀，就可以为整个世界掀起一场深度改变生活的善意旋风。以下是一些基于我在自己生活中所看到的和所做的事情的建议。注意，善意对所有人都有效果，不管是亲人、熟人，还是陌生人。不过，对亲人表达善意偏偏最为困难，所以尤其值得我们注意。

1. **问问你的伴侣、朋友或同事："我可以做些什么让你今天过得更开心？"** 先去问这个问题，接下来则是关键，那就是要在合理范围内，真的按照对方说的去做。他们可能会回怼你："去让这个世界正常点！"但不要气馁，就算他们真的这样回应，也可以继续问问："那今天，总可以做些什么让你的世界更好一些吧？"仅仅是被别人这样问，对很多人来说就很吃惊了。有研究表明，如果我们问别人一句："从 1 分到 10 分，你给今天打几分？"就会大大改善对方的情绪状态。不管他们给出的答案是几，都可以继续追问："我能做些什么，把 X 变成 X+1 吗？"我们有着强大的超能力，去通过提供善意来帮助我们的同胞，好好试试吧！

2. **问候新人**。不管是公寓楼、公园、办公室，还是"支持小组"，倘若有个新人，总会希望有人能注意到他，并表现出对他的兴趣。不妨从互相介绍开始，然后可以这样说："要是你需要什么帮助的话，跟我说。"然后按照你们的年龄和具体情境来交换联系方式。我们都处于人类社区之中，而你则是其他人进入人类社区某个新部分的入口。仅仅注意到对方，就已经是一种具有善意的行为了。你不必表现得过于热情，以至于惹人生疑，还需要把握分寸，给对方了解你的时间与空间。但随性地表现出善意，并深化彼此间的关系并无坏处。我的社交媒体经理克拉丽斯·周在新冠疫情期间移居至布鲁克林，因为一直想养条小狗，她觉得这刚好是收养一条的好时机。她家的小黑狗克劳斯在如厕训练方面碰到一些麻烦，而刚好有个善良的邻居帮上了忙。"我连续两天都遇到同一个人。他一开始说：'嘿，我以前见过这条狗，它叫什么名字呀？'不久，他就给了我一个建议，说在楼群拐角处有片草地，所有的狗都在那里撒尿。而克劳斯一去那里，就撒尿啦！几天后，我又去了那片神奇的草地，看见了那位邻居，他微笑着向我打招呼，还过问了克劳斯的情况。我不再只是人群中的一张新面孔了。"

3. **在陌生人迷路时，帮他们找到路**。现如今，发生这种事的概率已经远远低于过去，因为大多数人都有配备全球卫星定位系统的手机和汽车。可如果今天真有人说自己迷路了，那他一定是真没招了。在大学校园里工作时，我最喜欢做的事之一就是帮那些明显迷路了的游客指路。我看到人们先是环顾四周的建筑物，又低头看看手上的纸张或自己的手机，然后再抬头看看，这就是"的确迷路"的信号。我会走过去说："嗨，你们可能在找什么地方。需要帮忙吗？"请注意，你的语气必须礼貌且诚恳。要带着你心中为他人服务的真诚动机去问，你的目的是且仅是表达自己的善意而已。

4. **要是有人在杂货店里找不到东西，那就告诉他们在哪里。** 在圣诞假期里，我总喜欢戴上自己的圣诞帽去逛超市。就算拿好了自己想要买的东西，我也会再四处逛逛，看看有没有谁找不到东西，或者迷了路。因为在假期里，平时去超市买东西的那个人需要在家里给一大家子人准备大餐，所以来超市里买东西的人，通常都是他们的伴侣、孩子或其他亲人，他们往往只能对着手里的购物清单"照方抓药"。所以我会多逛一会儿，顺便听听大家在说什么。他们很可能会念叨着那件自己找不到的东西。你可以说："嘿，你在找无麸质意大利面吗？就在9号通道！"然后微笑着接着逛吧。如果你也不确定无麸质意大利面在哪儿，那你可以跑到9号通道仔细检查一下，如果找到了，就跑回那个人身边，喘口气，然后漫不经心地说："嘿，你在找无麸质意大利面吗？就在9号通道！"

5. **如果有人东西掉了，那就跑过去捡起来，然后还给他们。** 请原谅我暂时先把传染病的风险放一放，首先让我们假设陌生人周围的两米范围内并无危险，这样一来，如果他们掉了什么东西，你就可以跑过去把东西捡给他们。

6. **帮某人结账。** 我想讲一个我自己的故事。我当时在加州海岸上的一个小镇休养与写作,一天,我去一家小型杂货店里买吃的。我刚好排在一位女性后面,她买了烟、酒和阿司匹林。不过她的信用卡刷不了,连刷两次都没有支付成功。她让我先付账,然后便开始在钱包里翻找现金。收银员招呼我上前付款的时候,我朝那位女士的方向示意了一下,又举着手指绕着她买下的物品划了一圈,意思就是我会替她付钱买这一小堆东西。收银员朝我扬了扬眉毛,我则点了点头,又指了指她的东西。我付过款后,那位女士说:"我要去车里拿点现金,稍等我一下。"而我对她说:"不用啦。"她说:"啊?"我说:"我帮你付完了。"她说:"你不必这么做的!"我说:"我明白,但我想这样做。我知道人在什么情况下才会同时要买烟、酒和阿司匹林,所以我把账结了。"

7. **分辨你是该解决问题还是该好好倾听**。人们有时候抱怨,是想找到解决方案,不过还有的时候,他们只是想把心里话说出来,有个人能倾听。在特定情况下以正确的方式去回应,同样是一种善意的表现。如果回应的方式错了,还很可能惹恼对方。我本人总是倾向于解决问题,所以,在我的女儿埃弗里只想发泄并找个人倾诉的时候,我老是能把她惹恼。不过我已经学会了充分共情她的感受,再问问她究竟需要什么。比如这么说:"很遗憾你碰上了这种事,实在是让人难过。你现在是想找人支支招,还是想好好发泄一番?"站在你所爱的那个人的角度去思考,而不要总是自己拿主意,这样才能以合适的角色与状态出现在对方身边,进而表现出强烈的善意。

8. **结为同盟**。如果看到弱于你的人碰上了麻烦,那就站出来去帮助他。这种事在任何地方都有可能发生。比如有人在公园里遭遇欺凌,或者在地铁里,有警察对并非罪犯的人挑刺。成为他人的盟友需要勇气，而你越是拥有资源和能力，就越要站出来。仅仅是注意到某人在某种情况下可能需要帮助、需要证人、需要一个能拉他一把的人，就已经是一种善良。所以，带着你的善意和勇气去与人结盟，会有人非常乐于拥有你这样一位盟友的。

9. **和青少年交谈**。青少年是出了名的喜怒无常、待人冷漠、不辨是非。之所以这样，一部分因为我们的感知，一部分因为他们躁动的激素，还有一部分则是受他们遭遇的社会中负面事件的影响。青少年是最该受关注的人，却也是最容易被忽视的人。所以，当你在见到一个认识的青少年时，不管他是弟弟、妹妹或者其他家庭成员，还是邻居或者朋友家的孩子，都可以看着他的眼睛，跟他说："嘿，很高兴见到你，你好吗？"如果你了解他有怎样的兴趣爱好，还可以顺便提一句："嘿，上次你跟我说你上的那个吉他课，最近怎么样了？"如果你跟他的关系足够亲密，还可以问问他的个人生活状况，这样问就不会太尴尬："你的生活中有没有什么我该认识一下的人呀？"注意，在这里所使用的语言不应该强调性别上的区分。别去谈大学、考试或者成绩这一类话题，别去涉及会让青少年感到压力的东西，而是要向他们"人性"的一面靠拢。向青少年展示你注意到了他们的存在，也关心他们的真实情况，这同样是了不起的善举。

10. **听长辈讲讲故事**。我总是觉得自己很难随时善待自己所爱之人。挺扎心的，但事实如此。我敢向你承认这一点，就是想提醒一下，你也可能如此。以我母亲为例，我在成年后和她同住超过20年。她如今82岁，就像任何一个她这个年龄段及人生阶段的人一样，她总是喜欢讲故事，有时我甚至觉得有必要告诉她："你以前讲过啦！"其实，我们应该多听听长辈们讲的话，而非置之不理。如果你特别幸运，还有在世的祖父母、外祖父母，那就多多给他们打电话，或者去看看他们，告诉他们，你想听他们讲讲他们最喜欢的那些故事。虽然这些故事你可能已经听过无数遍，但这并不重要。故事不一定会给你带来什么，但你这是在对老人做善事。对很多老人来说，昨天发生了什么可能记不太清楚，但对 20 世纪 40 年代、50 年代和 60 年代的事，他们依然有着清晰的记忆，去问问他们那个时代的故事，再好好听听。这样的倾听不仅是一种表达善意的行为，还是一种展现尊重的举措。你还可能真的学到些新东西。就算你没有年长的亲戚，那有没有上了岁数的邻居？或者你的社区有没有老年人护理机构，刚好需要志愿者？放慢脚步，近距离地坐下来，好好听听那些年龄 3 倍于你，甚至 4 倍于你的人讲人生故事，也是一种善举。

11. **举手之劳，助人为乐。** 假设你今天打算去趟杂货店，或者要进城办点事，那大可以给邻居写张便条，塞进门缝里，问问有没有要顺手帮他们买的东西。新冠疫情期间，有一对夫妇搬到了我们住的街区，我开车去商店时，刚好看到他们在车道边上。我把车停在路边，在安全距离外做了自我介绍，闲聊了一会儿后，说："嘿，我正要去沃尔格林，你们需要我帮忙捎点什么吗？"他们笑得特别开心，仿佛觉得"我的天，这里住的人真好"。我也感觉"嘿，我真是个好人"。虽然他们不用我捎任何东西，但我想就因为这句话，我们 3 个人都非常开心。

12. **做个"魔法小精灵"。** 我特别喜欢这样一个想法：某个人从来没见过我，却能得到我的帮助，然后感觉"有个我不认识的人居然在照顾着我"。有一年圣诞假期，我们家在塔吉特百货为另外 3 个家庭付了账单尾款，我知道这一定能让几个孩子体验到圣诞老人的垂青。如果你在经济上比较宽裕，那可以用钱去做些善事。就算不在圣诞假期也同样可行。可如果你的手头并不是特别宽绰呢？那你还是可以成为不花钱的魔法小精灵。比如找个早晨，帮邻居家扫扫门前雪。又如帮邻居把报纸送到门口，或者把垃圾桶拿进院子。如果某个家庭的圣诞假期并不好过，那可以拿一些漂亮的饰品帮他们装饰一下院子里的树。他们并不会知道谁做了这件事，但他们还是会被他人的关心所感动。

你还可以在记录册里记下那些你注意到自己在做的事情，以及做这些事情前后的感受。通过做记录，你能更好地意识到这些行为，以及它们所起到的效果。随着时间推移，你会让这些事情成为你本能中不可或缺的一部分，善意也便成了你自身不可或缺的一部分。

值得感恩的 10 件事

如果说正念是一种感知，善意是你能为他人做的事情，那你的第三种超能力感恩，则是两者的结合：一种对发生在你身上的善事的感知。感恩不仅仅是把"谢谢"挂在嘴边，感激你所拥有的事物，更与培养某种关注值得感激的事物，并对之表达谢意的能力有关。有研究表明，关注那些值得感激的事物有助于让你在未来的生活中吸引更多事物。这就有点像你在学了个新单词后，突然就能在所有的地方见到它。这个单词之前也在你周边的环境中出现过，只是你现在注意到了它。感恩也是同样。你越能注意到自己拥有一颗感恩之心，就越能发现值得去感恩的事情。我之所以鼓励你要做记录，有这样一个关键原因：随着时间推移，你会记录下越来越多值得感恩的事情，也能发现自己在生活中有了越来越强烈的感恩之心。你同时还会对自己的生活更加满意。

古希腊哲学家伊索曾经说过，感恩使人知足。在这样一个充斥着不平等的世界中，有一些研究的结果让我始料未及：幸福并非直接与你拥有多少相关，而是与你多么珍惜自己所拥有的东西相关。早在 21 世纪初，资本主义就已经把我们与我们作为有生命、会呼吸的人的价值割裂开来，就好像我们银行账户的余额就足以衡量我们作为人的价值高低。注意到那些我们心怀感激的事物有助于我们重回正轨，并在自己所处的位置上获得满足感。

感恩本身就是一种谦恭，是一种觉知，觉知到自己并非某个紧紧依托于自我的混蛋，更是一个与其他人共同缔造的集合体。的确，有很多东西是你挣来的，但更多的东西是他人赋予你的，你一直就站在那些曾经全力以赴的人们的肩膀之上。这其实也能让你觉知到自己今生并不孤单，你亦是宇宙的一部分，宇宙是一个由相互交织的生命所组成的彼此互通的社群，大家的行为都会彼此影响。每次有人来听我演讲，我都心怀谦恭，我也试着把这份谦恭传递给听众。我会说："非常荣幸，您决定今晚花上几个小时来听我演讲，而非做些别的事情，我会争取让您不虚此行。"我说到做到。

我们一般在表达感恩之情时，都会提及"生命、健康、伴侣、餐桌上的食物"这些了不得的大事。能意识到以上的事值得感恩，这很重要，可如果我们能对更细微、更具体的事情，而非更宏大、更抽象的事情表示感恩的话，似乎会获得更为丰富的幸福感。所以在你所记录的正念清单与善意清单之外，再写一个感恩清单吧。而且就跟正念和善意一样，认识到你所感恩的事物，也会让你个人受益。如果你回顾自己经历的一天，意识到那些发生过的虽然细碎但美好的事物，心灵自然便会感觉：今天过得真棒！那有什么值得感恩的呢？以下便是一些可以稍加留意的事项：

1. **你自身的存在。**随着年龄增加，你也会愈发感恩每天还能醒来，健康状态也还不错。如果你本身有健康方面的困扰，或者有认识的人正在与病魔抗争，那你就能明白我的意思。只要这天你的身体状态和精神状态都很稳定，这已经是一件礼物了。好好珍惜，更要心怀感恩。

2. **身边人的存在。**如果你跟其他人生活在一起，那一定要学会"珍惜眼前人"。无论对方是恋人、室友还是家人，请把你手头的事停下来6秒钟，把手搭在他们的肩膀，看看他们，也让他们看看你的笑容。大家都很忙，但跟我们生活在一起的人会跟我们构成最为亲密的关系。关系就像植物，要么繁盛，要么枯萎。所以请先暂停一下忙碌的生活，去和身边人好好相处一下吧。

3. **那些你所爱的人以及同事们为你做的小事。**面对所爱的人，可以不必把"我爱你"挂在嘴边，而是可以在"你 _____ 时我特别爱你"的空处填入他们刚刚为你做的具体的小事。你可能还记得，我在前文分享了一些多年以来丹和我彼此交换的爱情便条，我们用这种方式来表达对彼此的感恩之情，也使得我们的关系能够常保激情。面对同事，不用说"跟你一起工作感觉很棒"，而要说"你是个很棒的同事，因为……"或者"我很感激你能……"，并列出非常具体的内容。这么说人们会感觉更好，而这样比较特殊的内容也会让他们向你回报同样精彩的评价。

4. **快递员或其他服务人员为你提供的服务。**比萨不是他们做的，快递盒子里的东西也不是他们造的，家里断网、汽车爆胎也不是他们的错，可他们带来了你需要的东西，解决了你手头的问题，给了你快乐。不要仅仅说一声"谢谢",更要说"实在是太感谢你了"。最好还能来一个露出牙齿的笑容,再搭配眼神上的交流。如果眼神交流对你来说很困难,或者你本身有社交方面的焦虑,那只要敢于尝试,就可以算作加分!

5. **为你提供专业建议及知识的人所做的工作**。医生、老师、牙医、木工、水管修理工,这些人你都离不开。体检过后,要感恩医生的专业知识。下课后,要感恩老师的教导。水管修理工修好漏水的地方后,要感恩他们能在深夜出现帮助你。人人都渴望得到赞赏,也许你会以为对方不需要赞赏,但其实人人都需要。你所表达的感恩会进一步传递到他们接待的下一个病人、教的下一个学生、服务的下一个客户,也会让他们更好地去应对接下来的种种挑战。通过表达感恩,你为大家铺平了通往更美好体验的道路。

6. **对方的优良品质**。对我来说,这条尤其困难。在我和我的家人之间,有过太多力证自身观点的训练,却很少有与人相处的训练。如果你一开口先对对方说过的话,对方的表达方式,对方在社区、家庭或组织中的身份表达感恩,那你所表达的观点就更有可能深入人心。

7. **得到了优先体验**。很多人都习惯于因为自身的阶级、种族、性别和社会地位等原因,在生活中获得更多特权。可我们中其实并没有谁比其他任何人更高一等,不管是谁,如果在跟你同行时让你先走,或者为你开门,都值得你真诚地去感激。有时候,你接受了他人这种出于尊重的行为,却可能根本没注意到。所以要多加注意,也要自己思考一下,是怎样的系统性社会文化因素导致了这种情况的发生。然后一定要为之说声"谢谢",不管对方是不是

第 11 章
聚合超能力，在世界上找到你的位置

专门受雇来做这件事的，都要感谢他们。

8. **你所拥有的物质资源。** 如果你有地方栖身，又不会因此承受太大的经济压力，这就已经很值得你感恩了。对食物和其他基本生活用品来说也是同样。新冠疫情后，我发现自己希望存钱去买的东西没之前那么多了，以前的我想买套海景房作为第二套房产，可现在我对于目前所住的房子愈发感恩，我和丈夫及母亲在这里把两个孩子养大，这温暖而安全的居所也一直为我们遮风挡雨。这本书就是我在房子后院的小办公室里为你写下的，每当我晚上结束工作，根据季节不同，关掉了暖气或风扇，最后关灯回屋，我都非常感恩之前全家人能为我买下这个小屋。我之前的第一本书，可是在卧室里写的！

9. **随时发生的各种小事。** 现如今，收到一封平邮寄到的信，就跟收到一份礼物一样。就像我那位好笔友楠给我寄来明信片一样，你可以购买或制作一些卡片，随时拿来用。可以给某位致力于服务你所在的社区的书商写一张，可以给一位不知疲倦、为你所关心的问题而奋斗的公务员写一张，也可以给一位在你碰上麻烦事对你表达了善意的人写一张。我们总是说"我真应该去见见某个人"，然后过去了几个月，也没有付诸行动。没事，就算几个月甚至几年来都忘了去做，也不妨碍现在可以去做。把"应该"变成"要"，这样的感恩之举会让人开心一整天。

10. **大自然。** 我不是一个喜欢户外活动的人，但在新冠疫情期间，我连着被关在家里两个月，所以我女儿埃弗里在母亲节那天开车带我去看风景后，我便无法忘怀那天的红杉与丘陵，以及穿过树林洒下来的阳光。看到好风景，就值得感恩。如果可以的话，去呼

YOUR TURN: HOW TO BE AN ADULT
在世界上找到你的位置

吸新鲜的空气，去逛逛公园，去漂亮的街道上走走，去花园里转转，去喂喂鸟儿，去照顾照顾花园里的土豆、豌豆、辣椒、西红柿、薄荷和罗勒。就算看到繁盛的野草，也依然值得感激，它也想在这世界上好好生存，如你一样。

在新冠疫情期间，埃弗里离开家去了大学，有一天晚上往家里打回一个电话，沮丧地讲自己上在线课程有多麻烦，去车管所登记自己的小摩托、跟房东提报维修清单以及买够一周的食物有多不方便。我跟其他所有父母一样想着怎样才能帮上我的孩子，就像我之前跟你分享的一样，我有着一种解决问题的倾向，而不是倾听孩子的表达。所以，我开始给她提各种建议。而她只是叹了口气，说："妈妈，我都知道。我只是想告诉你，我很难过，还必须把这些事都处理好。"我一下子就难受起来，我只是想帮忙，无意去伤害。不过埃弗里在向我反馈时，对我表达了善意，这特别值得称赞。我的孩子也教会了我很多！

就在第二天，我和母亲一起喝早茶，跟她聊起来，为了写好你正在读的这本书，我特别紧张。除此之外，在某个时间点之前，我还有很多事要忙，还有我的编辑对我的各种期待。我母亲也开始给我提建议，该怎么处理各种事，而我则愈发难受了。这时，正念开始发挥作用。我母亲一个劲地给我提建议时，正念告诉我究竟发生了什么：我觉得自己遭遇了批判，而且还必须好好听。所以，我不该像以前习惯的那样对母亲发火，而是可以和善地告诉她，我只是想发泄一下而已。但我也会用感恩来表达对母亲的感激之情，感激她试着为我提供帮助。正念还告诉我，这也是埃弗里昨晚跟我交流时的感受。所以在跟母亲交流过之后，我又发信息给埃弗里，说："很抱歉，我昨晚只是想要解决问题。我爱你，你有难受的事我很遗憾，不过我一直在，我也知道你能做好。"而这就是一种善意的行为。我收到的回复里有好几个表情符号，还有"啊啊啊！谢谢妈妈"。接下来，

第 11 章
聚合超能力，在世界上找到你的位置

我静静地与我自己以及我的想法独处了一会儿，感谢宇宙和这世间的每个人，使我能有这样一个人生位置，既是母亲，又是女儿，还能让彼此的感受融会贯通。那天早上，我跟母亲喝早茶时，同时出现了正念、善意和感恩。在我的工具箱里，这 3 个工具都已经打磨得非常好用了，结果我跟母亲的相处充满了正念、善意和感恩，我和女儿的关系也得到了修复。我的周围也是一片宁静清明。我很想给我的教练玛丽埃伦打个电话："看我刚刚做得如何？"作为一个和其他人共处的人，其实很辛苦，可只要我们好好聚合这 3 种超能力，就可以成为更好的自己，也可以成为一股不可阻挡的力量。

YOUR TURN: HOW TO BE AN ADULT　我身边的故事

奥利的故事：搭建传递善意的通道

奥利是一位 38 岁的犹太女性，纽约的布鲁克林是她出生并长大的地方。奥利 15 岁那年的某个深夜，一场大火烧毁了他们的房子，父亲的产业也随之付之一炬。她的父母试着去抢救任何能够挽回的东西，但从废墟中找到的东西都"烧得焦黑，支离破碎"。接下来的几年，这一家人从这里搬到那里，往往是和亲戚同住一段时间后，再继续搬家，最终有的家庭成员留在这儿，有的去了那儿，一家人分散在了整个纽约地区各个不同的地方。6 年里，他们都没有稳定的居所，生活质量也一直在下降。

火灾几个月后，奥利的父母强迫她回学校上完高二的课程。"别人不想跟我交流，我也不想跟别人交流。我整个人都是病态的，学业更是一落千丈。有一天早上，我在上学前洗脸的时候，抬头看到了浴室镜子中的自己，我对自己许诺，要以我希望他人待我的方式去帮助他人，要以我希望别人看待我的方式去看待别人。这一许诺唤醒了我，并指引着我前进。接下来的几年，我独自前行，这也使我收获巨大。我不再指望给别人留下深刻印象，现在也有机会去为了自己来爱自己。"在我看来，其中的关键是奥利意识到了她自己本身的重要性。

高中时光就这样慢慢过去了。她形容自己在这些年里"既安静又害羞"，甚至上课都不敢举手。不过临毕业那年的一天，她在一场校内研讨会上冒险举了一次手。"大家围坐成一圈，讨论着如何克服种种障碍。我觉得自己有些东西值得分享，便举起了手。我当时并没有太过专注于自己的行为本身和这样的行为会给别人留下怎样的印象。我大胆地分享了我家经历的火灾和我难熬的高二时光。那也是我第一次大声地去跟别人谈这些话题。那些以前总欺负我的孩子都在听我讲，甚至还问我对他们有何建议。我给他人提供的建议或帮助越多，我自己获得的疗愈也就越多。于是我就投入并爱上了'奉献给予'这样的概念。"

可奥利其实一直都在付出和给予，所以我继续追问，这其中还有什么关键的转变。按照她的解释，其中的不同就在于付出的原因。"我以前其实不知道，付出和给予有两种形式：发乎软弱的给予和发乎力量的给予。发乎软弱的给予就像是一种单纯的牺牲。你的给予可能是出于缺乏安全感，或者想给别人留下深刻的印象，或者是想让别人喜欢你。以前多年我一直都是如此。这样的付出可能会让你疲惫不堪，也可能会让你开始对它心生怨恨。不过，如果是发乎力量去给予的话，就像是用一根蜡烛点燃了另一根蜡烛一样，使得火焰能够一直保留下来。这样的付出很有力量，也非常积极。你可以自由地付出，却不会因此枯竭，就是因为你的付出来自强烈的自我关爱。"

高中毕业后，她上了布鲁克林学院，并在那里获得了电影制作专业及英语专业的学位。在闲暇时间，她还导演了多部戏剧，也做了大量社区服务工作，其中就包括给孩子们做辅导。大学毕业后，她成为布鲁克林弗拉特布什犹太学校的代课老师。她干得特别棒！他们后来给她提供了全职教学岗位，还请她指导孩子们排练音乐剧目。"教学能够激励学生们看到自己身上的美，这样他们就能够开始觉察到别人身上的美。如果我们能向孩子们灌输自爱的思想，他们的内心就会有更多的空间去爱他人、拥抱他人。这样我们才能够疗愈世界，让世界变得更美好。"

多年来，奥利一直在教育孩子们如何去爱自己，这样他们才能进而去爱别人。她还围绕这个概念创建了一种能够视觉化的隐喻：我们每个人都有一件救生衣，它能救起我们，从而让我们能进一步去帮助他人。后来，凭借在电影制作方面的背景，她又创作了一部以这一隐喻为中心主题的电影，展示了善意是如何从一个人传递到下一个人，最终又回到了最早启动善举的人身上的。全片时长不足6分钟，仅仅用一台相机就完成了拍摄，其中的所有动作都连贯地完成。一开始，是一位穿着橙色背心的建筑工看到了某个孩子从滑板上摔下，便出手帮助了这个孩子；孩子又扶着一位老太太过马路；老太太又把零钱给了一个要给停车计时器付款却没带硬币的人……于是一传十，十传百。这样的善意被"易手"13次之后，电影最后的桥段又落回一开始的那位建筑工，他还穿着那件橙色背心，一位女服务员看他工作辛苦，递给了他一杯水。

"2010年9月，用了整个夏天来筹备拍摄这部电影后，我站在新泽西雷德班克的一条街边，准备最终开拍。我心中有种感觉，今天我在这里要做的事情会改变我的生活。我不知道能改变我生活的究竟是什么，也不知道人们到底会不会看到这部电影，但还是感受到了强烈的意义感。"

2011年10月，奥利发布了这部电影《善意回旋》(*Kindness Boomerang*)。几个月内，它在世界范围内迅速传播。"我要谦恭地承认，这件事其实并不是我的功劳。我只是一个向大家传递向善之心的通道而已。只要人们愿意，这样的通道大家都能当。能够通过我们去流动起来的美好事物还有很多。我越来越多地看到，人们用不同的语言分享着同样的善意，我也开始看到世界各地的变化。"《善意回旋》这部电影的观看次数累计已超过1亿次。奥利仍然以志愿全职的形式投入该组织的工作，"激励所有人都过上充满善意的生活"，同时做些其他工作以补贴日用。除了那部鼓舞人心的电影之外，她还创立了"生命背心"组织，该组织提供领导力培训、面向学龄儿童的善意教程，以及一些国际活动，比如"为善意而舞"，会组织世界各地的人在同一天同跳一支舞。他们的目标是让尽可能多的人认识到所谓最大的力量其实就在每个人的内心之中。

安东尼的故事：拥有一张传递超能力的路线图

我们又提到了安东尼，就是那位在大学里被警察拿枪指着的非裔美国人，我们在前文中就讲过他的故事。你可能还记得，在一位

第 11 章
聚合超能力，在世界上找到你的位置

老师的敦促下，他去了非洲大陆，在那里重新获得了对自我持久的爱，同时对自己有着怎样的力量去影响世界也有了一种感觉，还得到了一张该如何帮助他人的路线图。

安东尼回到美国后，在加州大学洛杉矶分校攻读研究生学位，致力于人类学的非洲研究。"我本计划拿到博士学位，当教授。但在我快拿到硕士学位的时候，我发现心理学系里有一半人都是我做整体治疗及幸福感提升服务的客户。情况一开始是这样的：我每天早上 5 点起床开始做呼吸调理。我当时有个朋友情绪很糟糕，而且身体也老疼，我便跟她分享了该怎么调理呼吸和身体，还告诉她别一直担心论文，那会影响呼吸情况和姿势体态。我教她该怎么呼吸、该怎么躺下、该怎样睡觉，告诉她身体上有哪些压力点需要去留意。我还告诉她：'你的生活需要缓一缓，先搞明白这点。'"他说对方跟他自己在塔夫茨大学时所经历的那种思维模式一模一样。"我当时对塔夫茨大学的看法给我带来了负面影响。我在那里得到的对待使我非常生气，进而影响了我的呼吸，影响了我的生理健康，还影响了我的内分泌系统。"这位朋友把情况分享给了另一位同事，于是一传十，十传百。"有差不多 8 个研究生来找我，让我帮帮他们。他们甚至还鼓励我离开学术圈，直接在自然健康及疗愈方面从业。我也认真思考了这种可能性。"

安东尼开始带着监狱里的囚犯和寄养家庭中的孩子一起练瑜伽，当然还有一些手头宽绰的客户，这也是他得以谋生的手段。我问他，那些本就"高人一等"的人对他有着怎样的看法，他跟这些人的关系如何。"我上学的时候，身边就都是这样的人。在学校时，我甚至要扮演他们爸妈的角色，因为他们得不到双亲的爱。这些人其实才是最孤独、最沮丧的，他们除了钱什么都没有。虽然我来自

底层，但其实很了解他们。

"我接待公司的首席执行官们时，也会告诉他们：'你要明白，优越意味着盲点。你要明白自己其实未必有身居高位的真才实干。'我不会直接这么说，但我还是会让其在通往自我实现的路上意识到这一点。我会说：'你是个享有特权的人，不过相对于那些游历广泛、从世界各地汲取知识的人来说，这却成了劣势。你的特权亦有其缺点。因为没有谁会挑战你，你的特权制约了你。'我会告诉他们：'我了解你们这些人。我跟你们做过同学，也知道怎么做你才能觉得舒服。我知道怎样在你还没觉察到的时候就褪去你的伪装，然后你会猛然发现自己的真实情况已经暴露无遗。可眼下我们并不在你那豪宅之中，你的团队也不在附近，所以去表露真实的自己吧。我绝不会在你的同事和员工面前贬低你，但我们在静修结束后回到这所房子时，我一定会让你重新认识真实的自己。我一定会让你搞清楚自己需要弄明白的事情。'只要经过 4 小时的指导，这些人就能产生巨大的变化。第二天去上班时，他们就能够亲切地跟别人交流了，甚至跟变了个人一样！我会把他们引领到能够看见自我的地方。你必须处理好个人的痛点所在，也就是缺少安全感的地方，如果对方身居高位，那就更要多加注意。如果你帮助他们缓解了问题，那他们就会对别人表现出更多的兴趣。不幸的人总喜欢找伴。他们会这样想：'要是我痛苦，我也要让你痛苦。不过要是我高兴，我也会尽力让你高兴。'"

安东尼的一部分工作就是教授富裕人群正念技术，这也是他养家糊口的收入来源。不过向被监禁中的青少年及成年人教授正念技术则是纯粹的志愿服务。"他们长大的环境中，要么是'杀人'，要么是'被杀'。而我的工作就是帮助这些人体验到来自他人的无条件

第 11 章
聚合超能力，在世界上找到你的位置

的爱。"这才是正念、善意和感恩加以结合的终极境界，也是通过身体力行去进一步传递这些超能量的最终方式。

正念、善意和感恩，这 3 个练习中的任何一个都能让糟心的一天从阴转晴，你甚至还可以利用它们来让别人拥有更加美好的一天。通过不断努力，你还能把这些练习中的每一个都磨炼成本能反应，这样就可以更自然地调用这些超能力，就像呼吸一样。它们会成为你的剑、盾、披风、战锤与魔法，去释放这些超能力吧！你不会失望的。

我在本章开头引用了拉姆·达斯对人类之所以存在的原因的表述："我们每个人，都是送彼此回家的同行者。"我之前对丹说："我觉得这话其实没什么道理，因为如果我们送彼此回家，到了第一个人的家，大家又必须一起折回去，去第二个人的家，这样下来，其实人们永远没法真正回家。不过，我还是喜欢这种人们需要彼此承担起一些责任的说法，如果可以的话，大家应该力所能及地为彼此做些事情。"丹看着我，跟我说："这话跟具体住在哪里其实没什么关系，相伴而行这件事，本身就是家。"我一时语塞，泪水也顺着脸颊流下来。同行即为家。你根本无法预知在一生的同行之旅中，会发生些什么，但你总有能力去应对。我们会在最后一章讨论该如何去面对各种情况，包括目前为止你所收集到的各种灵丹妙药、工具、提示与资源。一起来吧！

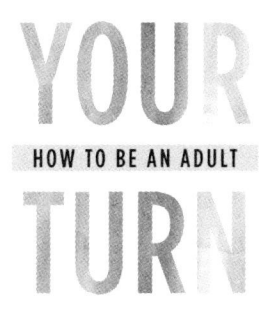

结语
在成年生活中闪闪发光

> 我要骑着马,驰骋在这老城旧路。
> 我要骑着马,直到我精疲力竭。

——说唱歌手利尔·纳斯·X演唱歌曲《老城三路》的歌词

有些人说,当下正在步入成年生活的人实在是生不逢时。世界范围内的新冠疫情曾造成全球性的经济停摆,也进一步揭示了人们之间强烈的不平等,已经影响到了全世界各国人民的生活机遇及生活质量。你原本的计划可能已被完全打乱,在经济复苏阶段,你甚至很难找到工作,更不用说你觉得有意义的工作了。要是你觉得这样不对劲,那你其实没想错。

可纵然如此,当下依然算不上最糟糕的时代。你的祖先曾经忍受过战争及其带来的威胁,也忍受过缺吃少穿、暴力横行、写在律法中的歧视,以及种种其他类型的苦痛。毕竟,一定有人生存了足够长的时间,才能有机会孕育你。如果实在忧心，那不妨这样想想，负担会降低不少。

只是现在轮到你了，你生来就注定要完成这一历程。作为一个成年人，你会有机会欢笑到嗓子嘶哑，经历狂喜与各种惊奇时刻，你也会遭遇绝望、崩溃与失败的瞬间。有太多的事情不在你的掌控之中，你唯一能负责的对象便是你自己，纵然如此，有时依然不遂人愿。但"大自然自有其解决之道"，我的儿子索耶总爱这么说。虽然他如今每天都在对抗着焦虑，但我还是可以想象，终有一天他能够平静地面对自己的恐惧，进而走上自己的道路。我希望你也可以如此。

如果你将本书的9大法则连在一起，会发现一张迈向成年的路线图。它将帮你走上属于自己的成年生活，并在生活中闪闪发光。

1. 别太在意尽善尽美，更要关注持续的学习与成长。

2. 好好塑造优良品格。

3. 弄清自己究竟是谁，究竟想用此生去做些什么。

4. 看看自己受制于什么，并努力冲出樊篱。

5. 跟他人建立良好关系。

6. 对自己的财务负责。

7. 照顾好自己的身心健康。

8. 相信自己有能力，也终将撑过那些可能会发生的糟心事。

9. 有信念让世界变得更美好。

让我们以最后一个故事来结束本书。

> **YOUR TURN:**
> **HOW TO BE AN ADULT**　　**我身边的故事**

肖恩的故事：勇往直前，拥抱变化

　　我在澳大利亚的朋友肖恩总给人留下一种随遇而安的印象。他之前邀请我去他的育儿播客上当嘉宾，我满口答应，其中一部分原因是我很喜欢尝试新鲜事物，哪怕是虚拟的也无所谓，另一部分原因则是很少有男性会在育儿领域写文章、做播客。我这个人总是对"特例"很感兴趣。相处了 2 个小时，肖恩跟我非常合拍，尤其是他谈到自己两岁半的儿子奥斯卡时声音中流露出的那种温柔，我特别喜欢。我发现，他在育儿方面的观察成果，以及所秉持的哲学观都很正确，也很接地气，更没有大人气十足的刚愎自用。总之，是非常棒的现代育儿理念。交谈结束后，我告诉肖恩，虽然我无意让别人觉得我像个爱管闲事的家长，但我还是想称赞一下，他这么年轻，就已经如此成熟了。"你多大了？有没有 31 岁？"我问。他笑了："我 24 岁。"这说明奥斯卡出生时，他才 21 岁。这引起了我的兴趣，所以几周后，为了专门采访他，把他的情况写进这本书中，我们又通了次电话。

我之所以拿肖恩的故事来给本书收尾，并不是说我觉得你有朝一日也会生个孩子，所以需要知道该怎么带孩子，而是因为最能让你快速成长的，就是养育一个小婴儿。如果说买株室内绿植是迈向成年的一小步，养一条狗是一大步，那么生个孩子就是一步登天，这个孩子会给你带来很多很多。肖恩告诉我："如今回想起来我都很激动。奥斯卡的降生让我的生活产生了翻天覆地的变化。我之前其实一直没料到自己会这么早有孩子，不过话虽这么说，我倒是一直都想成为一个父亲，只是其中原因发生了改变罢了。"

肖恩在 19 岁时遇到了奥斯卡的母亲杰丝，当时她 20 岁。那时他刚刚搬到澳大利亚西海岸的大城市珀斯，约了个牙医做牙齿治疗。他尴尬地躺着，周围的人都盯着他，而他看到了一双美丽的蓝色眼睛，那就是当时的牙医助理杰丝。"我俩就这样互相看着对方的眼睛，并没有什么尴尬或者不舒服的感觉。她甚至不用说一句话，就能让我感到阵阵温柔。我觉得我们彼此非常有感觉。我们总爱琢磨该做什么或者要做什么，但就在某一刻，柔情就在那里，简简单单，纯纯粹粹，仿佛一声不自觉的轻叹一般。"

看完牙以后，肖恩跟杰丝待了一会儿，闲聊了几句。他特别不舍得结束这段对话，甚至还考虑再约一次可怕的牙科治疗，不过不是为了看牙，而是为了见到杰丝。不过情况有了转机，一周后，杰丝主动联系了他，一个月后，他们开始约会。一年半后，也就是 2017 年 1 月，他们发现杰丝怀上了奥斯卡。

让我们先暂停一下，回顾一下肖恩的成长历程。

肖恩是家里 3 个儿子中的老大，从小就生活在酗酒的父亲身

结语
在成年生活中闪闪发光

边。碰上麻烦的时候，他总会支持母亲，同时保护好弟弟们。高中毕业后，他直接开始投身工作，给酒类商店和便利店进货，也给人安装泳池，做"挖大坑"的工作。不过他很快就意识到，作为一名体育爱好者，他其实更应该在这个领域找工作。他修完了一年期的课程，得到了体育发展专业的文凭，也因此获得了一份板球机构的工作。他之后还在西澳大利亚州橄榄球委员会工作过，职责是在各个学校、社区中心和课外活动中推广基于澳大利亚本土规则的橄榄球活动，"基本上就是鼓励孩子们去参与这项运动，并给他们提供一个地方，让他们能够提升身体素质、结交朋友和成为这项运动的终身爱好者"。他从那时开始进一步承接了教练业务，也开始面向运动员提供一对一的支持服务。

2017年1月，肖恩刚满21岁，就过上了无忧无虑的生活。光靠着口碑，他的教练业务就已经能得到长足的发展。他在城里有套很酷的公寓，他也跟杰丝住到了一起。一个周六，他们跟另一对夫妇一起去镇上度过了一个长长的夏夜。"我们吃了顿大餐。后来还去了几家酒吧。我在橄榄球俱乐部的一个朋友跟自己伴侣的关系总是断断续续的，可突然知道自己要做爸爸了。他这个人在我们眼里是个浪子，所以老实说，我们听到这个消息的时候，不由得笑出声来，进而又去思考，他会是一个怎样的爸爸呢？"

杰丝那天晚上不太舒服，次日情况恶化，她在床上躺了一天。到了周一，她还是病得很重，所以下午就去看了医生。肖恩因为要去给客户们当教练，所以没有陪她去，而且他们两个人都觉得这只是一点肠胃上的小毛病。辅导课刚上一半，肖恩的手机就震动起来，他收到了一堆信息，顿时"感觉不妙"。下课后，他看了手机，信息都是杰丝发来的："求求你赶快回家行吗？""我拨了电话回去，依然无人应答。我这个时候还想着要不要取消下节课。不过我试着又打了一次电话，依然无人应答。再打一次，依然无人应答。最后，她终于接起了电话，却只是沉默着不说话。'你在吗？'我说。'喂？'我只能听到轻轻的抽泣声，可这声音却像火车头一样撞击着我。'你是不是怀孕了？'我问她。结果我听到了一声略带幽怨的'嗯'。我僵在了那里，焦虑、兴奋、爱意和恐惧交织在我的内心之中。'我马上回家。'然后我立刻挂了电话，发动了汽车。我有一种强烈的感觉，我要跟我挚爱的女人在一起度过余生，共同抚育一个小生命，多棒啊！我把油门踩到底，如同《速度与激情》中的主角附身，直到我有了另外的想法。先别着急，要是杰丝不想要这个孩子呢？要是她不想跟我生孩子呢？我们毕竟还没讨论过生儿育女的事。于是我给我妈打了电话：'妈，我有话跟你说。'她回应：'是不是杰丝怀孕了？'然后她告诉我，'肖恩，要是你想支持她，那就陪着她、认可她。'于是我冲上楼梯，跑着冲过前门，给了杰丝一个我俩之间从未有过的大大拥抱。虽然我有一种冲动，想去交流，去把事情谈清楚，想做点什么，但我还是按照我妈的建议做了。我只是等着她开口。结果她跟我的感受完全一样，正因为要跟我一起为人父母而兴奋着呢。不过她也害怕这件事会在某种程度上阻碍我的职业生涯或者其他事情发展，同时她也害怕她的职业生涯受到影响。我们聊了很久，最终决定要一起迈出下一步。"生活将变得疯狂起来，他们告诉了杰丝的父母这个消息，并获得了他们的支持。肖恩受邀到新的工作岗位，而那正是他之前梦寐以求的职位，在离珀斯3天车程之外的一个叫布鲁姆的小镇上工作，去服务那些15~19岁、有抱负成为职业运动员的青少年，他们大多数来自当地原住民群体。"我几个月前就开始张罗这件事，也投入了很多。不过我之前根本没想过我真能得到这个工作机会。杰丝走进我的房间，而我只能茫然地看着她。我坦诚相告，跟她说这是个很棒的机会，但考虑到现在的具体情况,还要不要去呢?"这两个人刚刚知道自己即将为人父母,又在差不多同一时间,不得不去做出决定,要不要搬到远离父母的地方,让肖恩能获得这个职位。

考虑了一个星期后,肖恩接受了这份工作。一切都很顺利。奥斯卡出生了,在一岁半前一直生活在布鲁姆,对他们一家三口来说,这真是个好地方。我问肖恩,他跟杰丝是怎样决定搬到布鲁姆的,毕竟这也许是他们年轻的生命中迄今为止风险最大的决定。肖恩告诉我:"我觉得人还是要多往心之所向走,而非总是思考与权衡。我能感受到这个机会吸引着我,而杰丝也响应了我的感受。其实远离城市、去过乡土生活的想法我已经有了很久,虽然我相信养大一个孩子需要全村的力量,也相信父母给孩子的支持会得到让人惊叹的结果,可思来想去,我也不知道为什么,就是想抓住这个机会,获得某个方面的成长。我们在布鲁姆的时候碰上了太多的挑战,不过我们比在珀斯的时候要更加了解彼此了,那里给了我们太多的时间与空间。"肖恩所说的"时间与空间"并不是拿来让他们"冷静下来,什么都不做"的,而是拿来"挖掘我们究竟是谁"的,这才是真正重要的事。

我问他,为人父母究竟教会了他什么。"不管是个人成长、精神生活还是职业生涯,我以前到现在都很有抱负。我以前一直认为自己算是个很体贴的人了,可当了爸爸后,我才发现自己在很多方面其实做得很糟糕。这迫使我去考虑那些超越自我利益的东西,转而更多地去考虑奥斯卡和杰丝,还有我的所作所为会对他们产生的影响。"我让他举例说明一下。"嗯,其实我刚开始并不知道婴儿的睡眠方式跟大人是不一样的,后来才慢慢了解。所以实话说,我一开始会想当然地认为杰丝作为妈妈,就该在晚上多起来几次陪孩子,而她并不认为自己该这样，可我觉得情况就该如此。我对这背后究竟发生了什么非常好奇，这也使得我跟杰丝有了很多次交流。于是我了解到，我之前的那种还觉得自己想做什么就可以做什么的思维方式会导致我没法承担起自己的角色。因为各种各样的原因，奥斯卡很小就脱离了母乳，所以我也可以晚上起床，给孩子喂奶、拍嗝、换尿布，这样杰丝就能多休息休息。"

肖恩所举的这个例子说明了他是怎样不断追问为什么，以及表现出"对万事万物潮水般的好奇心"的。他说："为人父母甚至帮我在工作中能更多地考虑其他人的观点，使我更有耐心，更好地倾听他人的话语，成为一个更好的朋友。"

肖恩还特别好奇自己能从奥斯卡身上学到些什么。"在奥斯卡出生之前，我以为养育孩子的本质就是引导他们去认识生活中各种不同的事物。其实直到今天，我内心的一部分还是坚信这一点。但还有另一部分，就是彻底接受奥斯卡已经进入了我和杰丝的生活，并教会了我们很多我们永远不会教给他的事情。他只是通过我们而来到世上，却并非来自我们，我只是比他早了21年来到这个世界而已。每天总有那么几次，他教我的超过了我教他的。"

在我就我的第一本书《如何让孩子成年又成人》发表演讲时，我告诉父母们，如果我们替孩子做了太多，而不是教他们为了自己而做事，我们其实就剥夺了他们内心中的某种感觉，某种肖恩和杰丝在搬到布鲁姆时的感觉。我强调的是学习做成年人的种种任务，而非让别人替你代劳各种事务。你终归要亲力亲为，你终归要内心有所诉求，你终归要去学习如何应

对，你终归要去面对各种各样的"终归要"。

生活会不时地扔给你某个困局。这个困局可能是任何事情。它可以是一件关乎你个人存在的大事，就像你听到了内心狂野的咆哮，逼着你去做出别人无法理解的选择。它也可以是一件你需要去处理的实打实的事情，比如搬家的卡车起了火。但求成长，不问终章。问题并不重要，通过探究和处理问题而获得的成长才重要。这些成长是破局的扳手，你将通过一次次破局，在世界上找到自己的位置。

YOUR TURN: HOW TO BE AN ADULT 附录

YOUR TURN: HOW TO BE AN ADULT 迈向成年的思考题

本书中有许多值得你自己仔细思考的观点，甚至值得你去跟自己的朋友、伴侣、父母、咨询师与师长多加讨论。我从整本书中精挑细选出下列问题与练习，希望能够给你带来启发。

引　言　社会对成年的定义正在更新

- 成年对我来说究竟意味着什么？
- 看到做成年人的 3 个部分（想做什么，不得不做什么，如何去做）时，我在哪个部分需要更进一步？又在哪个部分需要有所推动？
- 是什么阻碍了我作为成年人的感受？我可以采取什么措施来解决这一问题？

第 1 章　成年人，就要拥有独当一面的能力

- 有哪些事能证明我有能力独当一面？
- 我有哪些值得自己为之骄傲的技能？

- 目前而言，我在哪些技能上过分依赖他人？
- 我可以找谁或什么地方去学习我接下来要做的事情？
- 如果碰上了阻碍，我可以怎么做？我可以采取什么措施来解决这一问题？

第 2 章 法则 1：拥抱不完美，从试错中学习

- 读这一章时，我想到了什么？我所惧怕的是什么？
- 我觉得生活中的哪些方面需要做到完美？怎样才算完美？
- 接受"我并非完美无瑕"难不难？
- 我在什么时候会更好地关注努力的过程而非结果？
- 我需要在哪些方面采用学习者心态，去关注自身成长？
- 有哪些事情能说明我能从逆境中恢复并培养自己的韧性？

第 3 章 法则 2：培养好品行，与周围世界共赢

- 要是有人为我写悼词的话，我希望他们会怎样评价我的品行呢？
- 我所能想到的在我生命中出现过的品行优良的人都有谁？我为什么会对他们产生这样的感觉？
- 如果我能诚实且无畏地去谈论我的品行的话，我该怎样进一步强化它呢？

第 4 章 法则 3：勇敢做自己，取得人生掌控力

- 对哪些事情，我既擅长又热爱？我能通过哪些有偿工作、志愿者服务或者兴趣爱好去做这些事情？
- 我的各种身份中哪一种对我来说最为重要？我是否生活在一个可以让我自由地去成就这一身份的地方？我是否在一个可以让我自由地去成就这一身份的环境中工作？
- 我在和谁讨论这些事情的时候会有安全感？
- 我害怕跟谁讨论这些事情？为什么？

第 5 章 法则 4：走出舒适圈，激活充满动力的自我

- 我觉得生活中哪方面的阻滞最为严重？
- 我究竟害怕什么？
- 我应该从何处开始寻求帮助？
- 我认为有哪些信息、经验或者答案能帮助自己前进？

第 6 章 法则 5：掌握社交规则，建立和维护你的圈子

- 列出对我而言最重要的 3～5 段关系，分别是和谁之间的关系？
- 在我的生活中，我跟谁的关系最为脆弱？谁是我最重要的陌生人？
- 谁会想让我在他们身边？我怎么才能知道有谁想让我在他们身边呢？
- 如何去加强和深化跟某些人的关系？
- 如果发生了特别糟糕的事，我能在深夜给谁打电话去倾诉、求助？

第 7 章 法则 6：学会管理钱，让钱为自己服务

- 我对自己与金钱的关系有何看法？
- 我在财务方面遇到了怎样的情绪问题？
- 我希望自己能更好地去理解跟钱有关的哪些事？
- 我有着怎样的财务目标？
- 我可以通过采取什么措施来让钱更好地服务于我？

第 8 章 法则 7：照顾好身心，让自己良性运转

- 在照顾自己方面，有哪些我擅长的事情？
- 有哪些我能做得更好的事情？
- 我该如何更好地去管理自己的健康状态？
- 是什么阻碍了我把照顾好自己放在首位？

第 9 章 法则 8：在困境中破局，激发你的心灵韧性

- 我经历过的最难的事是什么？
- 我从这些事中学到了什么？
- 我该如何给一位正经历类似情况的朋友提建议？

第 10 章 法则 9：建立使命感，投身于社会责任

- 我真正关心的不公现象具体有哪些？
- 我怎样才能为我所关心的议题做出最大贡献？又是什么阻碍了我更多地参与其中？
- 我可以通过做些什么来让社群活动成为自己生活中更加重要的一部分？

第 11 章 聚合超能力，在世界上找到你的位置

- 列出我在生活中运用正念、善意和感恩的方法。
- 列出我如何开始或加强自己在正念、善意和感恩方面的练习。

结　语　在成年生活中闪闪发光

- 回顾一下整个清单。有没有什么我突然想做的事情、想达成的目标？
- 我可以利用哪些资源来帮助自己实现这些目标？
- 通过阅读本书，我对自己有了更多的了解。我想跟谁去聊聊自己的想法和目标？

未来，属于终身学习者

我们正在亲历前所未有的变革——互联网改变了信息传递的方式，指数级技术快速发展并颠覆商业世界，人工智能正在侵占越来越多的人类领地。

面对这些变化，我们需要问自己：未来需要什么样的人才？

答案是，成为终身学习者。终身学习意味着具备全面的知识结构、强大的逻辑思考能力和敏锐的感知力。这是一套能够在不断变化中随时重建、更新认知体系的能力。阅读，无疑是帮助我们整合这些能力的最佳途径。

在充满不确定性的时代，答案并不总是简单地出现在书本之中。"读万卷书"不仅要亲自阅读、广泛阅读，也需要我们深入探索好书的内部世界，让知识不再局限于书本之中。

湛庐阅读 App: 与最聪明的人共同进化

我们现在推出全新的湛庐阅读 App，它将成为您在书本之外，践行终身学习的场所。

不用考虑"读什么"。这里汇集了湛庐所有纸质书、电子书、有声书和各种阅读服务。

可以学习"怎么读"。我们提供包括课程、精读班和讲书在内的全方位阅读解决方案。

谁来领读？您能最先了解到作者、译者、专家等大咖的前沿洞见，他们是高质量思想的源泉。

与谁共读？您将加入到优秀的读者和终身学习者的行列，他们对阅读和学习具有持久的热情和源源不断的动力。

在湛庐阅读 App 首页，编辑为您精选了经典书目和优质音视频内容，每天早、中、晚更新，满足您不间断的阅读需求。

【特别专题】【主题书单】【人物特写】等原创专栏，提供专业、深度的解读和选书参考，回应社会议题，是您了解湛庐近千位重要作者思想的独家渠道。

在每本图书的详情页，您将通过深度导读栏目【专家视点】【深度访谈】和【书评】读懂、读透一本好书。

通过这个不设限的学习平台，您在任何时间、任何地点都能获得有价值的思想，并通过阅读实现终身学习。我们邀您共建一个与最聪明的人共同进化的社区，使其成为先进思想交汇的聚集地，这正是我们的使命和价值所在。

CHEERS

湛庐阅读 App
使用指南

读什么
- 纸质书
- 电子书
- 有声书

怎么读
- 课程
- 精读班
- 讲书
- 测一测
- 参考文献
- 图片资料

与谁共读
- 主题书单
- 特别专题
- 人物特写
- 日更专栏
- 编辑推荐

谁来领读
- 专家视点
- 深度访谈
- 书评
- 精彩视频

HERE COMES EVERYBODY

下载湛庐阅读 App
一站获取阅读服务

YOUR TURN: HOW TO BE AN ADULT by Julie Lythcott-Haims

Copyright © 2021 by Julie Lythcott-Haims

This edition arranged with InkWell Management, LLC. through Andrew Nurnberg Associates International Limited

All rights reserved.

本书中文简体字版经授权在中华人民共和国境内独家出版发行。未经出版者书面许可，不得以任何方式抄袭、复制或节录本书中的任何部分。

版权所有，侵权必究。

图书在版编目（CIP）数据

在世界上找到你的位置 /（美）朱莉·利思科特-海姆斯 (Julie Lythcott-Haims) 著；叶壮译. -- 杭州：浙江教育出版社, 2023.5（2024.3重印）

ISBN 978-7-5722-5669-1

Ⅰ. ①在… Ⅱ. ①朱… ②叶… Ⅲ. ①青少年教育—家庭教育 Ⅳ. ① G782

中国国家版本馆 CIP 数据核字 (2023) 第 075484 号

浙江省版权局
著作权合同登记号
图字：11-2022-203号

上架指导：成长励志

版权所有，侵权必究
本书法律顾问　北京市盈科律师事务所　崔爽律师

在世界上找到你的位置
ZAI SHIJIESHANG ZHAODAO NIDE WEIZHI

[美] 朱莉·利思科特-海姆斯（Julie Lythcott-Haims）　著
叶　壮　译

责任编辑：刘姗姗　陈　煜
美术编辑：韩　波
责任校对：胡凯莉
责任印务：陈　沁
封面设计：ablackcover.com

出版发行　浙江教育出版社（杭州市天目山路40号）
印　　刷　唐山富达印务有限公司
开　　本　710mm ×965mm 1/16　　　　　插　页：1
印　　张　21　　　　　　　　　　　　　字　数：290 千字
版　　次　2023 年 5 月第 1 版　　　　　　印　次：2024 年 3 月第 4 次印刷
书　　号　ISBN 978-7-5722-5669-1　　　　定　价：119.90 元

如发现印装质量问题，影响阅读，请致电 010-56676359 联系调换。